中国地质大学（北京）2016年研究生教材基金资助

中国特色社会主义理论与实践研究

张秀荣　邹世享　主编

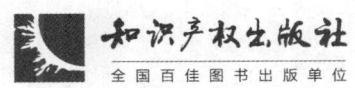

图书在版编目（CIP）数据

中国特色社会主义理论与实践研究/张秀荣，邹世享主编.
—北京：知识产权出版社，2017.4
ISBN 978-7-5130-4785-2

Ⅰ.①中… Ⅱ.①张… ②邹… Ⅲ.①中国特色社会主义—研究 Ⅳ.①D616

中国版本图书馆CIP数据核字（2017）第042769号

责任编辑：贺小霞　　　　　　　　　责任校对：谷　洋
封面设计：刘　伟　　　　　　　　　责任出版：刘译文

中国特色社会主义理论与实践研究
张秀荣　邹世享　主编

出版发行	知识产权出版社有限责任公司	网　　址	http://www.ipph.cn
社　　址	北京市海淀区西外太平庄55号	邮　　编	100081
责编电话	010-82000860转8129	责编邮箱	2006hexiaoxia@sina.com
发行电话	010-82000860转8101/8102	发行传真	010-82000893/82005070/82000270
印　　刷	北京科信印刷有限公司	经　　销	各大网上书店、新华书店及相关专业书店
开　　本	787mm×1092mm 1/16	印　　张	13.5
版　　次	2017年4月第1版	印　　次	2017年4月第1次印刷
字　　数	290千字	定　　价	48.00元
ISBN 978-7-5130-4785-2			

出版权专有　侵权必究
如有印装质量问题，本社负责调换。

目　录

绪　论　中国特色社会主义基本问题 ………………………………………（ 1 ）
　　一、中国特色社会主义的历史任务 …………………………………（ 1 ）
　　二、中国特色社会主义的基本问题 …………………………………（ 5 ）
　　三、坚持和发展中国特色社会主义 …………………………………（ 7 ）
　　四、学习本课程的目的意义与方法 …………………………………（ 9 ）

第一章　中国特色社会主义形成与发展的历史逻辑与现实逻辑 ……………（ 12 ）
　第一节　当代中国的历史方位和重要机遇期 …………………………（ 12 ）
　　一、当代中国的基本国情与阶段性特征 ……………………………（ 12 ）
　　二、当代中国的历史方位与重要战略机遇期 ………………………（ 14 ）
　第二节　中国特色社会主义的形成及其历史成果 ……………………（ 18 ）
　　一、中国特色社会主义道路的开辟 …………………………………（ 18 ）
　　二、中国特色社会主义理论体系的形成 ……………………………（ 20 ）
　　三、中国特色社会主义制度的确立 …………………………………（ 24 ）
　　四、中国特色社会主义道路、理论体系、制度三者的关系 ………（ 26 ）
　第三节　坚定不移走中国特色社会主义发展道路 ……………………（ 27 ）
　　一、发展是当代中国的主题 …………………………………………（ 27 ）
　　二、全面建成小康社会的目标 ………………………………………（ 28 ）
　　三、中国特色社会主义发展的核心是以人为本 ……………………（ 29 ）

四、中国特色社会主义发展的基本要求是全面协调可持续 ……………（30）
　　　五、中国特色社会主义发展的根本方法是统筹兼顾 ………………（32）
　第四节　全面深化改革是中国特色社会主义建设实践的最新理论探索 ……（33）
　　　一、全面深化改革是中国改革的历史抉择 …………………………（33）
　　　二、全面深化改革的最新思想成果 …………………………………（34）

第二章　中国特色社会主义经济建设理论与实践 ……………………………（36）
　第一节　中国特色社会主义经济建设概述 ……………………………………（36）
　　　一、经济和经济建设 …………………………………………………（36）
　　　二、中国特色社会主义经济理论 ……………………………………（37）
　　　三、中国特色社会主义经济制度和体制 ……………………………（38）
　第二节　全面深化经济体制改革 ………………………………………………（39）
　　　一、深化经济体制改革的现实动因 …………………………………（39）
　　　二、市场在资源配置中起决定作用 …………………………………（40）
　　　三、更好地发挥政府的作用 …………………………………………（40）
　　　四、推动收入分配体制的改革 ………………………………………（41）
　　　五、全面推进财税体制改革 …………………………………………（42）
　第三节　引领中国经济发展新常态 ……………………………………………（42）
　　　一、从战略上研判中国经济新常态 …………………………………（42）
　　　二、引领中国经济新常态的关键 ……………………………………（43）
　　　三、实施创新驱动发展战略 …………………………………………（43）
　　　四、强化经济金融方向防控 …………………………………………（44）
　第四节　推动城乡发展一体化 …………………………………………………（45）
　　　一、推进城镇化 ………………………………………………………（45）
　　　二、创新土地制度改革 ………………………………………………（45）
　　　三、建立适合农业农村特点的金融体系 ……………………………（46）
　第五节　全面提升开放型经济水平 ……………………………………………（46）
　　　一、中国的机遇与挑战 ………………………………………………（46）
　　　二、全面提高开放型经济水平的内容 ………………………………（47）

第六节　推动建立公正合理的国际经济新秩序 ……………………（47）
　　　一、构建互利共赢、公正合理的国际经济新秩序 ……………（48）
　　　二、促进经济的平衡发展 ………………………………………（48）
　　　三、积极参与世界经济治理机制改革 …………………………（48）
　　　四、推动"一带一路"建设 ……………………………………（48）

第三章　中国特色社会主义政治建设理论与实践 ……………………（50）
　　第一节　中国特色社会主义政治理论与制度概述 …………………（50）
　　　一、坚持中国特色社会主义民主 ………………………………（51）
　　　二、中国特色社会主义政治理论与政治制度形成的历史依据 …（52）
　　　三、不能搞"三权分立"和多党制 ……………………………（57）
　　第二节　坚持和发展人民民主 ………………………………………（60）
　　　一、健全民主制度 ………………………………………………（60）
　　　二、健全社会主义协商民主制度 ………………………………（61）
　　第三节　全面依法治国 ………………………………………………（62）
　　　一、中国特色社会主义法治道路的核心要义 …………………（62）
　　　二、法律是治国之重器 …………………………………………（63）
　　第四节　积极稳妥推进政治体制改革 ………………………………（64）
　　　一、中国政治体制改革的历程和成就 …………………………（64）
　　　二、市场经济对政权建设的影响与要求 ………………………（65）
　　　三、政治体制改革的总体思路和主要任务 ……………………（66）

第四章　中国特色社会主义文化建设理论与实践 ……………………（70）
　　第一节　中国特色社会主义文化建设概述 …………………………（70）
　　　一、中国特色社会主义文化的基本内涵 ………………………（71）
　　　二、中国特色社会主义文化理论与实践 ………………………（72）
　　　三、中国特色社会主义文化制度和体制 ………………………（74）
　　　四、中国特色社会主义文化发展道路 …………………………（75）

第二节　社会主义核心价值观的培育与践行 …………………………（79）
　　　一、价值观和价值的导向 ……………………………………………（79）
　　　二、科学发展观的价值导向 …………………………………………（80）
　　　三、社会主义和谐社会的价值导向 …………………………………（82）
　　　四、加强社会主义核心价值体系的建设 ……………………………（83）
　　第三节　加快文化改革发展 ……………………………………………（92）
　　　一、繁荣文化精品创作生产 …………………………………………（93）
　　　二、传承弘扬中华优秀传统文化 ……………………………………（93）
　　　三、推动基本公共文化服务标准化均等化发展 ……………………（94）
　　　四、推动文化产业成为国民经济支柱性产业 ………………………（95）
　　　五、提高文化开放水平 ………………………………………………（96）
　　第四节　提高中国文化软实力 …………………………………………（96）
　　　一、文化软实力是综合国力的重要组成部分 ………………………（96）
　　　二、扎实推进文化强国建设 …………………………………………（98）
　　　三、推动中国文化走向世界 …………………………………………（100）

第五章　中国特色社会主义社会建设理论与实践 …………………………（102）
　　第一节　中国特色社会主义社会建设的基本问题 ……………………（102）
　　　一、社会建设及其基本要素 …………………………………………（102）
　　　二、社会建设的基本要素 ……………………………………………（105）
　　第二节　中国特色社会主义社会建设理论 ……………………………（105）
　　　一、关于实现经济发展和民生改善良性循环的思想 ………………（106）
　　　二、关于抓住人民最关心最直接最现实的利益问题的思想 ………（107）
　　　三、关于坚决打赢脱贫攻坚战的思想 ………………………………（108）
　　　四、关于维护社会和谐稳定的思想 …………………………………（109）
　　　五、关于促进城乡协调发展的思想 …………………………………（110）
　　　六、关于构建全民共建共享的社会的思想 …………………………（110）
　　　七、关于坚持总体国家安全观的思想 ………………………………（111）
　　　八、关于推进中国特色社会主义社会治理创新的思想 ……………（111）

第三节 中国特色社会主义社会建设实践路径 ……………………… (112)
  一、中国特色社会主义社会建设的基本制度 ………………………… (112)
  二、保障和改善民生 …………………………………………………… (113)
  三、统筹协调社会利益关系 …………………………………………… (119)

第六章 中国特色社会主义生态文明建设理论与实践 ……………… (126)
第一节 中国特色社会主义生态文明建设概述 …………………… (126)
  一、生态文明概述 ……………………………………………………… (126)
  二、马克思主义的生态思想与实践 …………………………………… (128)
第二节 中国特色社会主义生态文明理论 ………………………… (133)
  一、中国共产党人的生态思想与实践 ………………………………… (133)
  二、新时期以来胡锦涛对生态文明思想的继承与发展 ……………… (138)
第三节 努力走向社会主义生态文明新时代 ……………………… (139)
  一、建设社会主义生态文明新时代的内涵 …………………………… (140)
  二、建设社会主义生态文明应处理好的几个关系 …………………… (140)
  三、建设社会主义生态文明新时代面临的问题 ……………………… (141)
  四、建设社会主义生态文明新时代的路径选择 ……………………… (142)

第七章 中国特色社会主义理论与建设的领导力量 ………………… (145)
第一节 中国共产党的性质与领导地位 …………………………… (145)
  一、中国共产党的领导地位是历史和人民的选择 …………………… (145)
  二、加强党的自身建设,坚持和改善党的领导 ……………………… (146)
第二节 中国共产党执政党建设的基本理论 ……………………… (149)
  一、把党的建设与中华民族复兴的伟大事业紧密结合的思想 ……… (149)
  二、把思想建设放在首位的思想 ……………………………………… (151)
  三、加强党的执政能力建设和先进性建设的思想 …………………… (154)
  四、立党为公、执政为民的思想 ……………………………………… (158)
  五、以改革创新精神加强党的建设的思想 …………………………… (159)
  六、党要管党、从严治党的思想 ……………………………………… (165)

第三节 党的建设面临的新课题和新考验 ……………………………… (167)
　　一、党的建设面临的新课题 ……………………………………… (167)
　　二、加强党的建设，积极应对当前面临的新课题 ……………… (169)
第四节 提高党的建设科学化水平 ……………………………………… (177)
　　一、提高党的建设科学化水平的目标与任务 …………………… (177)
　　二、全面推进党的建设新的伟大工程 …………………………… (180)

第八章 当代中国与世界 ……………………………………………… (185)
第一节 当今世界发展的新特点与新趋势 ……………………………… (185)
　　一、和平与发展是当今时代的主题 ……………………………… (185)
　　二、当今世界正处在大发展大变革大调整时期 ………………… (188)
　　三、格局转换："一超多强"向多极化发展 …………………… (190)
第二节 当代中国同世界关系的历史性变化 …………………………… (195)
　　一、中国与世界的联系日益紧密 ………………………………… (195)
　　二、中国的国际地位不断提升 …………………………………… (196)
第三节 中国的国际战略与对外方针政策 ……………………………… (197)
　　一、当代中国的国际战略 ………………………………………… (197)
　　二、从地缘政治看中国的外交政策 ……………………………… (199)
第四节 中国的和平发展道路 …………………………………………… (205)
　　一、中国的和平发展道路的内涵和特征 ………………………… (206)
　　二、中国和平发展道路的世界意义 ……………………………… (207)

绪论　中国特色社会主义基本问题

中国特色社会主义是当代中国的主题，是实现当代中国历史任务、引领中华民族开拓前进的伟大旗帜。中国特色社会主义，是在不断探索和科学回答什么是马克思主义、怎样对待马克思主义，建设什么样的社会主义、怎样建设社会主义，建设什么样的党、怎样建设党，实现什么样的发展、怎样发展这四个基本问题的过程中形成和发展起来的。中国特色社会主义道路、中国特色社会主义理论体系和中国特色社会主义制度，构成了中国特色社会主义的主要内容。中国特色社会主义的发展取得了举世瞩目的成就，谱写了当代中国发展进步的辉煌篇章。在新的历史起点上把中国特色社会主义伟大事业继续全面推向前进，必须坚持党的基本路线，坚持解放思想、改革创新，坚持以人为本、服务人民，巩固和发展全国各族人民的大团结。硕士研究生要学好《中国特色社会主义理论与实践研究》这门课程，首先就要明确学习目的和意义，掌握正确的学习方法，正确认识中国特色社会主义面临的重大理论和实践问题，坚持以正确的立场、观点和方法深入研究思考这些问题。

一、中国特色社会主义的历史任务

（一）认识当代的历史任务

中国特色社会主义是当代中国的主题。"这是因为，党和国家的长期实践充分证明，只有社会主义能救中国，只有中国特色社会主义才能发展中国。"中国特色社会主义"是党和人民90多年奋斗、创造、积累的根本成就，必须倍加珍惜、始终坚持、不断发展"。[1] 一个国家发展的主题总是同该国应当解决的主要问题和应当完成的历史任务紧密相连的。中国特色社会主义是当代中国的主题，与近代以来中国人民面临的两大历史任务紧密相连，是近代以来中国人民对争取民族独立、人民解放和实现国家富强、人民富裕伟大事业的继承和发展。

1840年鸦片战争以后，中国逐步沦为半殖民地半封建社会。国家备受帝国主义列强掠夺欺凌，人民备受帝国主义、封建主义和官僚资本主义的剥削和压迫。面对日益

---

[1] 习近平谈治国理政 [M]. 北京：外文出版社，2014：6-7.

严重的民族危机，救亡图存、振兴中华成为具有悠久文明历史的中华民族迫在眉睫的民族使命，争取民族独立、人民解放和实现国家富强、人民富裕，成为近代以来中国人民始终面临的两大历史任务。

为了完成两大历史任务，实现中华民族的伟大复兴，无数仁人志士进行了艰苦卓绝的探索和不屈不挠的斗争。太平天国运动、戊戌变法、义和团运动，不甘屈服的中国人民一次次抗争，但又一次次失败。孙中山先生领导的辛亥革命，结束了统治中国几千年的封建专制制度，对推动中国社会进步具有重大意义，但也未能改变中国半殖民地半封建的社会性质和中国人民的悲惨命运。"事实说明，不触动封建根基的自强运动和改良主义、旧式的农民战争、资产阶级革命派领导的革命，照搬西方资本主义的其他种种方案，都不能完成中华民族救亡图存的民族使命和反帝反封建的历史任务。要解决中国发展进步问题，必须找到能够指导中国人民进行反帝反封建革命的先进理论，必须找到能够领导中国社会变革的先进社会力量。"❶ 就在先进的中国人继续寻找救国救民真理之际，第一次世界大战和俄国十月革命发生了。第一次世界大战的爆发，进一步暴露了帝国主义的侵略本质和种种弊端，也造成了革命的形势。俄国人进行了十月革命，创立了世界上第一个社会主义国家。"十月革命一声炮响，给我们送来了马克思列宁主义。十月革命帮助了全世界的也帮助了中国的先进分子，用无产阶级的宇宙观作为观察国家命运的工具，重新考虑自己的问题。走俄国人的路——这就是结论。"❷ 与此同时，中国工人阶级也在五四运动中作为一支独立的政治力量登上了历史舞台，并对这场斗争的胜利起到了决定性的作用，显示了强大的力量。1921 年 7 月，中国共产党在马克思列宁主义同中国工人运动相结合的进程中应运而生。"中国共产党的诞生，是近现代中国历史发展的必然产物，是中国人民在救亡图存斗争中顽强求索的必然产物。从此，中国革命有了正确前进方向，中国人民有了强大精神力量，中国命运有了光明发展前景。"❸

(二) 中国共产党的历史担当

中国共产党担当起了完成两大历史任务的责任，这集中体现为党紧紧依靠人民完成和推进了三件大事。

第一件大事是完成了新民主主义革命，实现了民族独立、人民解放。中国人民经过北伐战争、土地革命战争、抗日战争、解放战争……28 年浴血奋战，打败日本帝国主义侵略，推翻国民党反动统治，建立了中华人民共和国。新中国的成立，使人民成为国家、社会和自己命运的主人，实现了中国从几千年封建专制制度向人民民主制度的伟大跨越，实现了中国高度统一和各民族空前团结，彻底结束了旧中国半殖民地半封建社会的历史，彻底结束了旧中国一盘散沙的局面，彻底废除了列强强加给中国的

---

❶ 胡锦涛. 在庆祝中国共产党成立 90 周年大会上的讲话 [M]. 北京：人民出版社，2011：2-3.
❷ 毛泽东选集：第 4 卷 [M]. 北京：人民出版社，1991：1471.
❸ 胡锦涛. 在庆祝中国共产党成立 90 周年大会上的讲话 [M]. 北京：人民出版社，2011：3.

不平等条约和帝国主义在中国的一切特权。中国人民从此站立起来了，中华民族发展进步从此开启了新的历史纪元。

第二件大事是完成了社会主义革命，确立了社会主义基本制度。我们创造性地实现了由新民主主义到社会主义的转变，使占世界人口1/4的东方大国进入社会主义社会，实现了中国历史上最广泛最深刻的社会变革。我们建立起独立的比较完整的工业体系和国民经济体系，积累了在中国这样一个社会生产力水平十分落后的东方大国进行社会主义建设的重要经验。

第三件大事是进行了改革开放新的伟大革命，开创、坚持、发展了中国特色社会主义。中共十一届三中全会以来，我们总结我国社会主义建设经验，同时借鉴国际经验，以巨大的政治勇气、理论勇气、实践勇气实行改革开放，经过艰辛探索，形成了党在社会主义初级阶段的基本理论、基本路线、基本纲领、基本经验，建立和完善社会主义市场经济体制，坚持全方位对外开放，推动社会主义现代化建设取得举世瞩目的伟大成就。

"这三件大事，从根本上改变了中国人民和中华民族的前途命运，不可逆转地结束了近代以后中国内忧外患、积贫积弱的悲惨命运，不可逆转地开启了中华民族不断发展壮大、走向伟大复兴的历史进军，使具有五千多年文明历史的中国面貌焕然一新，中华民族伟大复兴展现出前所未有的光明前景。"❶

中国共产党紧紧依靠人民完成和推进的三件大事，把近代以来中华民族面临的两大历史任务连接起来，把历史中国和当代中国连接起来。当代中国的历史任务，就是要在此基础上继续书写中华民族伟大复兴的辉煌篇章。

(三) 未来中国的发展前景

认识当代中国的历史任务，必须把握两大历史任务之间的关系。民族独立、人民解放，是实现国家富强、人民富裕的历史前提，只有实现这一历史任务，才能为当代中国的发展进步扫清障碍、创造条件。实现国家富强、人民富裕，是实现民族独立、人民解放的根本目的，也是保证国家强大、维护民族尊严的重要物质基础。当今世界一些发展中国家政局动荡、社会不稳，人民饱受战乱和动荡之苦的事实说明，如果不能实现国家富强和人民富裕，国家和民族的发展就会受到制约，甚至已经取得的历史成果也有可能重新丧失。

认识当代中国的历史任务，应当展望和把握未来中国发展的光明前景。为了建设富强民主文明和谐的社会主义现代化国家，实现中华民族伟大复兴，中国共产党人早在20世纪50年代中期即已开始探索国家经济社会发展战略，并在20世纪60年代初期正式提出分"两步走"实现四个现代化的发展战略。

1978年中共十一届三中全会后，以邓小平为代表的新时期中国共产党人，在继承

---

❶ 胡锦涛. 在庆祝中国共产党成立90周年大会上的讲话 [M]. 北京：人民出版社，2011：4-5.

以毛泽东为核心的党的第一代领导集体关于中国现代化建设发展战略思考的积极成果的同时，全面总结我国社会主义建设的历史经验，科学估量我国经济发展的现状和趋势，认真分析新的历史条件和时代特征，逐步形成了分"三步走"基本实现现代化的思想，制定了我国现代化建设新的经济发展战略。第一步，实现国民生产总值比1980年翻一番，解决人民的温饱问题。第二步，到20世纪末，使民生产总值再增长一倍，人民生活达到小康水平。第三步，到21世纪中叶，人均国民生产总值达到中等发达国家水平，人民生活比较富裕，基本实现现代化。然后，在这个基础上继续前进。❶

经过全党和全国各族人民的共同努力，到20世纪末，我国胜利实现了现代化建设"三步走"战略的第一步、第二步目标，人民生活总体上达到小康水平。但这时所达到的小康还是低水平的、不全面的、发展很不平衡的，巩固和提高目前达到的小康水平，还需要进行长时期的艰苦奋斗。据此，2002年召开的中共十六大提出，我们要在21世纪头20年，集中力量，全面建设惠及十几亿人口的更高水平的小康社会。并指出，这是实现现代化建设第三步战略目标必经的承上启下的发展阶段，也是完善社会主义市场经济体制和扩大对外开放的关键阶段。经过这个阶段的建设，再继续奋斗几十年，到21世纪中叶基本实现现代化。❷

2007年召开的中共十七大深刻分析了新世纪新阶段的发展变化，明确提出：全面建设小康社会是党和国家到2020年的奋斗目标，是全国各族人民的根本利益所在。我们已经朝着十六大确立的全面建设小康社会的目标迈出了坚实步伐，今后要继续努力奋斗，确保到2020年实现全面建成小康社会的奋斗目标。号召全党全国各族人民高举中国特色社会主义伟大旗帜，为夺取全面建设小康社会新胜利而奋斗，并在十六大确立的全面建设小康社会目标的基础上对我国发展提出新的更高要求。❸

到2020年要建成惠及十几亿人口的更高水平的小康社会，使经济更加发展、民主更加健全、科教更加进步、文化更加繁荣、社会更加和谐、生态环境得到改善、人民生活更加殷实，到21世纪中叶基本实现现代化，建成富强民主文明和谐的社会主义现代化国家。这一奋斗目标，是近代以来中华民族两大历史任务的继续和发展，是当代中国历史任务在现阶段的具体体现。牢牢把握当代中国的历史任务，要清醒认识我们肩负的历史使命，坚定不移地坚持和发展中国特色社会主义。中国特色社会主义是当代中国的主题，是当代中国发展中所表现出来的核心内容。我国在改革开放和社会主义现代化建设新时期的理论创新和实践探索，都是紧紧围绕着中国特色社会主义这个主题展开的。

在当代中国，只有高举中国特色社会主义伟大旗帜，坚定不移地走中国特色社会主义道路，才能完成当代中国的历史任务，实现中华民族的伟大复兴。

---

❶ 十三大以来重要文献选编：上 [M]. 北京：人民出版社，1991：16.
❷ 十六大以来重要文献选编：上 [M]. 北京：中央文献出版社，2005：14-15.
❸ 十七大以来重要文献选编：上 [M]. 北京：中央文献出版社，2005：1，15-16.

二、中国特色社会主义的基本问题

（一）中国特色社会主义旗帜的由来

马克思主义认为，党的纲领是一面旗帜，是党对自己所奉行的主义的公开宣示，是党的理想信念、斗争目标、政治主张的集中概括，是党的内在性质、历史使命和社会作用的集中体现。所以，马克思主义经典作家历来非常重视制定和实践正确的纲领，把它看作工人阶级政党的政治生命。早在1875年，马克思曾专门写了《哥达纲领批判》，对德国社会主义工人党起草的充满机会主义杂质和气息的纲领即《哥达纲领》进行深入剖析和尖锐批评，阐发了无产阶级革命和专政理论以及关于未来社会主义和共产主义社会的许多重要原理。恩格斯也曾就此给该党领袖写信，指出："一般说来，一个政党的正式纲领没有它的实际行动那样重要。但是，一个新的纲领毕竟总是一面公开树立起来的旗帜，而外界就根据它来判断这个党。"❶列宁也说过，"马克思主义政党的纲领应该以绝对确凿的事实为依据"❷，"完全建立在科学的基础上"❸，并认为要"彻底而完全地代表群众真正的切身利益"❹，"任何一个代表着未来的政党的第一个任务，都是说服大多数人民相信其纲领和策略的正确"❺。毛泽东早在1920年我国早期共产主义者积极酝酿正式建党的时刻就提出："要有一种为大家共同信守的'主义'……主义譬如一面旗帜，旗帜立起了，大家才有所指望，才知所趋赴。"❻可见，旗帜问题极为重要，是马克思主义经典作家的一贯教导。

关于中国特色社会主义旗帜的表述，是随着改革开放的深入和社会主义现代化事业的发展而不断明确的。

改革开放之初，邓小平多次讲到旗帜问题。针对拨乱反正过程中出现的一股怀疑和否定毛泽东思想的倾向，邓小平多次强调"毛泽东思想这个旗帜丢不得。丢掉了这个旗帜，实际上就否定了我们党的光辉历史"❼。

随着改革开放的全面展开，邓小平进一步从坚持建设有中国特色社会主义的意义上强调旗帜问题的重要性。针对20世纪80年代末90年代初错综复杂的国内外形势，邓小平明确提出"旗帜要鲜明""旗帜不倒"的问题，认为中国只要坚持中共十一届三中全会以来的发展路线，认真地真正地把改革开放搞下去，"旗帜不倒"，沿着自己选择的社会主义道路走到底，就会有很大的影响，世界社会主义就有希望。❽

---

❶ 马克思恩格斯选集：第3卷 [M]. 北京：人民出版社，1995：325-326.
❷ 列宁选集：第3卷 [M]. 北京：人民出版社，1995：460.
❸ 列宁专题文集论无产阶级政党 [M]. 北京：人民出版社，2009：339.
❹ 列宁选集：第1卷 [M]. 北京：人民出版社，1995：563.
❺ 列宁选集：第3卷 [M]. 北京：人民出版社，1995：476.
❻ 毛泽东早期文稿 [M]. 长沙：湖南出版社，1990：554.
❼ 邓小平文选：第2卷 [M]. 北京：人民出版社，1994：298.
❽ 邓小平文选：第3卷 [M]. 北京：人民出版社，1993：320-321.

面对世纪之交的新问题新挑战，江泽民做出"旗帜问题至关紧要，旗帜就是方向，旗帜就是形象"的著名论断，并在中共十五大报告中将"高举邓小平理论伟大旗帜，把建设有中国特色社会主义事业全面推向二十一世纪"确立为会议主题。[1] 2002年中共十六大报告宣布的大会的主题，也是"高举邓小平理论伟大旗帜""为开创中国特色社会主义事业新局面而奋斗"。[2]

需要指出的是，首次把"有中国特色的社会主义"作为伟大旗帜提出来的，是1987年召开的中共十三大。十三大报告指出："有中国特色的社会主义，是马克思主义基本原理同中国现代化建设相结合的产物，是扎根于当代中国的科学社会主义。它是全党同志和全国人民统一认识、增强团结的思想基础，是指引我们事业前进的伟大旗帜。"[3]

1992年中共十四大报告也明确指出，1982年中共十二大提出的"建设有中国特色的社会主义"的思想，表明"我们党举起了一面引导全国各族人民迈向二十一世纪的伟大旗帜"，并号召全党全国各族人民"高举建设有中国特色社会主义的伟大旗帜，朝着宏伟的目标奋勇前进"。[4]

虽然中共十五大报告和十六大报告使用了"邓小平理论伟大旗帜"的提法，但由于邓小平是中国特色社会主义理论的主要创立者，所以邓小平理论伟大旗帜实质上就是中国特色社会主义伟大旗帜。

2007年召开的中共十七大报告以《高举中国特色社会主义伟大旗帜，为夺取全面建设小康社会新胜利而奋斗》为题，对高举这面伟大旗帜的重大意义做了深刻阐述，指出："中国特色社会主义伟大旗帜，是当代中国发展进步的旗帜，是全党全国各族人民团结奋斗的旗帜。"[5] 2011年胡锦涛在庆祝中国共产党成立90周年大会上的讲话中，坚持中共十七大关于旗帜的表述，并且反复强调要高举中国特色社会主义伟大旗帜。

中共十三大、十四大、十五大、十六大、十七大和十八大在对旗帜问题的具体表述上不尽相同，但主题和关键词都是中国特色社会主义，都是在我国改革和发展的重要阶段鲜明地回答举什么旗、走什么路、朝什么方向前进这一根本性的重大问题。在党的最高权力机关——党的全国代表大会上强调高举中国特色社会主义伟大旗帜，就是向全党全国乃至全世界庄严宣告：在几代、十几代、甚至几十代人需要经历的漫长历史过程中，中国共产党建设和发展中国特色社会主义的奋斗纲领决不会改变；党的奋斗目标和前进方向是明确的，通过建设和发展中国特色社会主义、实现中华民族伟大复兴的脚步是坚定不移的。

---

[1] 十五大以来重要文献选编：上 [M]. 北京：人民出版社，2000：1.
[2] 十六大以来重要文献选编：上 [M]. 北京：中央文献出版社，2005：1.
[3] 十三大以来重要文献选编：上 [M]. 北京：人民出版社，1991：55.
[4] 十四大以来重要文献选编：上 [M]. 北京：人民出版社，1996：5，47.
[5] 十七大以来重要文献选编：上 [M]. 北京：中央文献出版社，2009：122.

（二）中国特色社会主义的基本问题

坚持和发展中国特色社会主义，最根本的是要从理论和实践上清醒认识和科学回答四个基本问题，即：什么是马克思主义、怎样对待马克思主义，建设什么样的社会主义、怎样建设社会主义，建设什么样的党、怎样建设党，实现什么样的发展、怎样发展。中国特色社会主义的全部理论与实践就是紧紧围绕这四个基本问题展开的，是在不断探索和科学回答这四个基本问题的过程中逐步形成和发展起来的。

在中共中央文献中，将四个基本问题作为一个整体进行连贯表述，主要体现在2008年12月胡锦涛在纪念党的十一届三中全会召开30周年大会上的讲话中。这篇讲话指出："30年来，我们党的全部理论和全部实践，归结起来就是创造性地探索和回答了什么是马克思主义、怎样对待马克思主义，什么是社会主义、怎样建设社会主义，建设什么样的党、怎样建设党，实现什么样的发展、怎样发展等重大理论和实际问题。30年的历史经验归结到一点，就是把马克思主义基本原理同中国具体的实际相结合，走自己的路，建设中国特色社会主义。"❶ 中国特色社会主义的四个基本问题都非常重要，关系到当代中国发展的思想前提、政治主题、根本保证和物质保证。其中，什么是马克思主义、怎样对待马克思主义，这是事关能否坚持和发展中国特色社会主义的思想前提问题；建设什么样的社会主义、怎样建设社会主义，这是中国共产党在整个社会主义历史阶段都必须探索和回答的问题；建设什么样的党、怎样建设党，这是中国共产党自成立以来始终面临的一个重大问题，也是坚持和发展中国特色社会主义的一个重大问题；实现什么样的发展、怎样发展，这是一个关系到能否为坚持和发展中国特色社会主义、实现中华民族伟大复兴奠定坚实基础的重大问题。中国特色社会主义的四个基本问题密切相连，其中对于马克思主义的认识和态度，是能否正确认识和把握其他三个问题的思想前提。对其他三个问题的正确认识和科学回答，只能建立在对马克思主义的正确认识和科学态度基础之上。中共中央文献中有时将这四个基本问题连在一起集中表述，有时又将认识和对待马克思主义的这一基本问题与其他三个基本问题分开表述，而在多数情况下包括胡锦涛在庆祝中国共产党成立90周年大会上的讲话是分开表述的，这就凸显了正确认识和科学对待马克思主义在中国特色社会主义四个基本问题中的重中之重的地位。

三、坚持和发展中国特色社会主义

（一）从理论上把握中国特色社会主义

胡锦涛在庆祝中国共产党成立90周年大会上的讲话中指出："经过90年的奋斗、创造、积累，党和人民必须倍加珍惜、长期坚持、不断发展的成就是：开辟了中国特

---

❶ 十七大以来重要文献选编：上 [M]. 北京：中央文献出版社，2009：808-809.

色社会主义道路,形成了中国特色社会主义理论体系,确立了中国特色社会主义制度。"❶ 显然,中国特色社会主义的道路、理论体系和制度,构成了中国特色社会主义的主要内容。习近平同志在主持十八届中央政治局第一次集体学习时也指出:"中国特色社会主义是由道路、理论体系、制度三位一体构成的……中国特色社会主义道路是实现途径,中国特色社会主义理论体系是行动指南,中国特色社会主义制度是根本保障,三者统一于中国特色社会主义的伟大实践,这是中国特色社会主义的最鲜明的特色。"❷ 具体表现在四个方面。

一是实践特色。中国特色社会主义是中国共产党紧紧依靠各族人民群众,在中国革命、建设、改革的长期实践中,特别是在改革开放和社会主义现代化建设实践中,在不断探索和科学回答"四个基本问题"的过程中形成和发展起来的,因而有着深厚的实践基础,并在指导实践中显示出蓬勃的生机与活力,具有鲜明的实践特色。

二是理论特色。中国特色社会主义是中国共产党人在遵循马克思主义基本原理,运用马克思主义的立场观点方法分析中国实际、总结历史经验的基础上逐步形成的,既坚持了科学社会主义的基本原则,又根据我国实际和时代特征,系统回答了在中国这样一个十几亿人口的发展中国家建设社会主义的一系列重大问题,形成了包括邓小平理论、"三个代表"重要思想和科学发展观在内的中国特色社会主义理论体系,丰富和发展了科学社会主义理论,具有鲜明的理论特色。

三是民族特色。中国特色社会主义在其形成和发展的过程中,不仅弘扬以爱国主义为核心的中华民族精神,而且汲取中华民族优秀文化传统的丰富营养,使中国特色社会主义立足我国基本国情,切合中国实际,着眼于国家繁荣富强、人民富裕和中华民族的伟大复兴,在经济、政治、文化、社会、生态、外交等制度设计上具有鲜明的民族特色。

四是时代特色。中国特色社会主义是在和平与发展成为时代主题的背景下逐步形成和发展起来的。它顺应时代潮流、体现时代要求,紧紧把握时代脉搏,不断与时俱进,努力学习借鉴现代文明的一切有益成果,始终与世界发展和人类文明进步紧密联系,通过改革开放赶上飞速发展的时代,又在改革开放中引领时代前进,因而具有时代特色。

(二) 从实践上把握中国特色社会主义

从实践上把握中国特色社会主义就是要实现中华民族伟大复兴的中国梦,这是近代以来中华民族两大历史任务的继续和发展,是当代中国的历史任务。中国共产党首次提出"中国梦"是在 2012 年 11 月 29 日,习近平在带领新一届中央领导集体参观中国国家博物馆举办的《复兴之路》展览时明确这个概念的。2013 年 3 月 17 日,习近平

---

❶ 胡锦涛. 在庆祝中国共产党成立 90 周年大会上的讲话 [M]. 北京:人民出版社,2011:7.
❷ 习近平谈治国理政 [M]. 北京:外文出版社,2014:8.

总书记在人民大会堂举行的第十二届全国人民代表大会第一次会议上再一次指出：实现中华民族伟大复兴的中国梦，就是要实现国家富强、民族振兴、人民幸福；实现"中国梦"必须走中国道路，必须弘扬中国精神，必须凝聚中国力量。之后习近平总书记在多个场合先后十多次提到中国梦，显然这是新一届中央领导集体对全体人民的庄重承诺，是我们党和国家未来发展的政治宣言。所以在实践上把握中国特色社会主义，就是今天和未来实现中华民族伟大复兴的中国梦。

实现中国梦，必须走中国道路。道路关乎国家前途、民族命运、人民幸福。中国道路就是中国特色社会主义道路，是创造人民美好生活的必由之路，它不是封闭僵化的老路，也不是改旗易帜的邪路，而是把科学社会主义基本原则同当代中国实际相结合建设社会主义的中国道路。

实现中国梦，必须弘扬中国精神。这就是以爱国主义为核心的民族精神、以改革创新为核心的时代精神。这种精神是凝心聚力的兴国之魂、强国之魄。

实现中国梦，必须凝聚中国力量。这就是中国各族人民大团结的力量。因为中国梦归根到底是人民的梦，"这个梦想，凝聚了几代中国人民的夙愿，体现了中华民族和中国人民的整体利益，是每一个中华儿女的共同期盼"❶。必须紧紧依靠人民来实现，必须不断为人民造福。

四、学习本课程的目的意义与方法

（一）学习本课程的目的意义

《中国特色社会主义理论与实践研究》是硕士研究生思想政治理论课的必修课程。学好这门课程，必须明确学习目的和意义，掌握正确的学习方法。

本课程是在本科生思想政治理论课的基础上开设的。学习本课程的目的，是深化对中国特色社会主义理论与实践重大问题的认识，掌握中国特色社会主义理论体系的主要内容，提高运用这一理论分析和解决实际问题的能力和本领。硕士研究生是青年中思想活跃、知识层次较高的群体。学习这门课程，对于硕士研究生掌握中国特色社会主义理论体系，提高马克思主义理论素养，坚定中国特色社会主义信念，具有重要意义。

第一，学习这门课程，有助于硕士研究生掌握中国特色社会主义的基本理论观点。本课程从理论和实践的结合上，对中国特色社会主义理论体系，对当代中国基本国情和中国特色社会主义的经济、政治、文化、社会、生态文明建设以及党的建设、国际战略等方面进行了专题阐述。学习这门课程，能更好地从理论与实践结合上，深刻把握中国特色社会主义旗帜、道路、理论体系和制度，认识和了解中国特色社会主义各个方面的建设，提高马克思主义理论水平和思想政治素质。

---

❶ 习近平谈治国理政 [M]. 北京：外文出版社，2014：36.

第二,学习这门课程,有助于硕士研究生掌握中国特色社会主义的基本概念和范畴。基本概念和范畴是一门课程的基础,也是理论思维的基础。中国特色社会主义理论体系,是由一系列基本概念、范畴和原理构成的科学体系。学习这门课程,可以更好地把握中国特色社会主义的基本特征和主要特点,有助于融会贯通、学以致用。

第三,学习这门课程,有助于硕士研究生坚定中国特色社会主义理想信念。在中国特色社会主义发展过程中,必然会遇到各种各样的问题和挑战,各种思想观点也会影响人们对中国特色社会主义的认识。学习这门课程,有助于立足当代中国实际,认清中国面临的新形势新任务和世界形势深刻变化带来的新课题新挑战,了解中国特色社会主义取得的进展和成绩,认识发展中存在的问题和解决的对策,从而更好地把握关系中国特色社会主义发展的重大问题,牢固树立中国特色社会主义理想信念。

硕士研究生的学习不同于本科阶段的学习,应该更加注重学习的理论性、研究性,更加注重在学习基本知识的基础上,不断增强独立研究和思考问题的能力,努力达成新认识,收获新体会。本课程的学习方法主要在于:要把学习这门课程同研读马克思主义经典著作结合起来,同研究重大理论和实际问题结合起来,同学习和掌握人类所创造的丰富知识结合起来。

(二) 中国特色社会主义理论形成的范式与学习方法

中国特色社会主义理论形成的基本范式是"问题回应式",即什么是马克思主义,怎样对待马克思主义;什么是社会主义,怎样建设社会主义;建设一个什么样的党,怎样建设党;实现什么样的发展,怎样发展。正是在对这一系列问题的回答中,形成了中国特色的社会主义理论体系,这个理论体系的最大特色就是在马克思主义的指导下,对中国社会主义现代化建设实践问题的理论抽象,因而硕士研究生在学习这门课时,就应更加注重学习的理论性、研究性(对实践问题的理性思考),具体来说主要有以下三方面。

一是同研读马克思主义经典著作结合起来。掌握贯穿其中的马克思主义的立场、观点、方法,掌握其中蕴涵的科学内涵和精神实质,不断提高理论素养,夯实理论基础,这是树立正确世界观和掌握正确方法论的重要前提。

二是同研究重大理论和实际问题结合起来。重点是掌握马克思主义的方法论和具体的研究方法,在掌握相关的理论和知识的基础上,加强对中国特色社会主义重大问题的研究和思考,强化问题意识,不断提高分析问题和解决问题的能力。

三是同提高人文素养和思维能力结合起来。《中国特色社会主义理论与实践研究》这门课程,涉及哲学、政治经济学、科学社会主义等学科原理,涵盖经济、政治、文化、社会和生态等各个领域,而且中国特色社会主义理论又是在把握各种机遇和应对各方面挑战中开创和向前发展的,因而学习这门课程就给我们提供了既拓展专业学习视野，又把知识的学习和实践能力的提升结合起来的机会；给我们提供了广泛了解经济、政治、文化、科技、社会和生态等各方面新思想、新知识，增强战略思维、历史思维、辩证思维、创新思维和底线思维的机会。同时，通过学习，才能更全面深刻地认识和了解中国特色社会主义形成的历史逻辑和现实逻辑，才会更加自觉地坚定中国特色社会主义信念。

第一章　中国特色社会主义形成与发展的历史逻辑与现实逻辑

教学基本要求

1. 了解中国特色社会主义形成的历史必然性和现实需要。
2. 掌握中国经济建设道路、理论体系和制度三者的关系。
3. 把握中国特色主义发展的核心主题。
4. 了解中国特色社会主义实践的最新理论成果。

中国特色社会主义是在准确把握当代中国历史方位、正确认识本国国情和重要战略机遇期的基础上形成与发展的。梳理中国特色社会主义形成的历史进程和现实逻辑，有助于研究生认识中国特色社会主义形成与发展的历史必然性和现实必然性，为研究生树立"四个自信"提供历史依据和科学依据。

第一节　当代中国的历史方位和重要机遇期

一、当代中国的基本国情与阶段性特征

建设中国特色的社会主义理论来源于当代中国国情，全面科学地分析中国国情是中国特色社会主义理论形成的前提依据。从中国国情向中国特色的逻辑升华，才能更深刻地认识中国特色社会主义理论的科学性，掌握其精神实质。

当代中国的基本国情，主要体现在中国的基本特点、中国发展的历史方位等方面。在新的历史起点上，发展中国特色社会主义，就要紧密联系中国正处于并将长期处于社会主义初级阶段这个最大的实际，联系当代中国历史方位的深刻变化，联系改革开放和社会主义现代化建设的实践，加深对当代中国基本国情的理解和把握。

所谓国情，是指一个国家在一定历史时期内的社会性质及其所处的社会发展阶段，是文化历史传统、自然地理环境、社会经济发展状况以及国际关系等各个方面的总和。

中国社会主义革命、建设、改革事业能否顺利发展，都是同能否正确认识和把握基本国情密切相关的。中国共产党正是全面深刻地认识和把握中国处于半殖民地半封建社会这一基本国情，才正确地解决了新民主主义革命的对象、任务、性质、动力和前途等一系列基本问题，引导中国革命取得了胜利，建立了新中国，确立了社会主义基本制度。中国在探索建设社会主义道路的过程中，之所以在取得重大成就的同时也出现了曲折和失误，其中一个重要原因，也是由于对基本国情的认识和把握出现了错误，提出的一些任务和政策超越了中国社会主义初级阶段的实际。改革开放以来，我们之所以成功开创了中国特色社会主义道路，就是因为中国共产党正确总结了社会主义建设正反两方面的经验教训，重新认识和准确把握当代中国的基本国情，做出了中国还处于并将长期处于社会主义初级阶段的科学论断，提出和坚持了"一个中心，两个基本点"的社会主义初级阶段的基本路线。

社会主义初级阶段，是指中国走上了社会主义道路但尚处于不发达阶段。不是所有的社会主义国家都要经历这样一个阶段，而是政治经济文化落后的国家在资本主义不发达的条件下进入社会主义后不可避免的特定历史阶段。这样的阶段具有特殊性，不具有普遍性。

从中国情况来看，资本主义道路在中国走不通，中国走上社会主义道路是历史的必然。中国跨越了资本主义的"卡夫丁峡谷"，直接走上了社会主义道路，因此它在各个方面不可避免地严重遗留了半殖民地半封建社会的痕迹。其中最突出的是社会生产力远远落后于发达资本主义国家，政治上民主法制不健全，文化教育科技也很落后（文盲占人口的80%）。经济政治文化落后的基本国情，决定了我国进入社会主义社会后，还必须经历一个很长的初级阶段，去实现别的国家在资本主义条件下实现的现代化。这个初级阶段，就是我国从进入社会主义到基本实现现代化的历史阶段，至少需要上百年的时间。

虽然经过30多年的改革开放，社会主义市场经济蓬勃发展，经济实力、综合国力迈上了新台阶，人民生活水平总体达到小康，国家各项事业取得巨大成就，但中国人口多、底子薄、生产力不发达的状况并没有根本改变，现在达到的还是低水平的、不全面的、发展很不平衡的小康，中国仍然是一个发展中国家。

从人口的数量和质量看，中国目前人口总数已超过13亿，每年还在以年均700万左右的速度增长。中国文盲和半文盲人口占15岁及以上人口比例的10%以上。

从人均国内生产总值看，中国仍处在世界后列。中国人均国内生产总值虽然超过4 500美元，但仍排在世界90位以后，即使与世界中等以上收入国家的水平相比仍然有差距。

从人民生活水平看，中国人民生活仅在总体上达到小康。按国家2011年的最新贫困标准计算，全国贫困人口数量和覆盖面由2010年的2 688万人扩大至1.28亿人，占农村总人口的13.4%，占全国总人口（除港澳台地区外）的近1/10。

从资源占有情况看，中国人口众多，人均资源占有量少，面临很大的资源环境压力，人均水资源占有量仅为世界平均水平的1/4，45种主要矿产资源人均占有量不足世界人均水平的一半。

从工业化和城市化程度看，中国仍低于世界平均水平。目前中国处于工业化中期阶段，2010年从事农业生产的劳动力比重占38.1%，远远高于发达国家。

总之，中国仍处于并将长期处于社会主义初级阶段的基本国情没有变，人民日益增长的物质文化需要同落后的社会生产之间的矛盾这一社会主要矛盾没有变，中国是世界上最大的发展中国家的国际地位没有变。中国共产党在推进改革开放和社会主义建设中所肩负任务的艰巨性和繁重性世所罕见，在改革发展稳定中所面临矛盾和问题的规模和复杂性世所罕见，在前进中所面对的困难和风险也世所罕见。这"三个没有变"和"三个世所罕见"是对中国基本国情的清醒定位和科学认识，是准确观察问题、做出正确决策的出发点和落脚点。进入新世纪新阶段，我国发展也呈现出了一系列新的阶段性特征，主要包括以下八点：

一是经济实力显著增强，同时生产力水平总体上还不高，自主创新能力还不强，长期形成的结构性矛盾和粗放型增长方式尚未根本改变。

二是社会主义市场经济体制初步建立，同时影响发展的体制机制障碍依然存在，改革攻坚面临深层次矛盾和问题。

三是人民生活总体上达到小康水平，同时收入分配差距拉大趋势还未根本扭转，城乡贫困人口和低收入人口还有相当数量，统筹兼顾各方面利益难度加大。

四是协调发展取得显著成绩，同时农业基础薄弱、农村发展滞后的局面尚未改变，缩小城乡、区域发展差距和促进经济社会协调发展任务艰巨。

五是社会主义民主政治不断发展、依法治国基本方略扎实贯彻，同时民主法制建设与扩大人民民主和经济社会发展的要求还不完全适应，政治体制改革需要继续深化。

六是社会主义文化更加繁荣，同时人民精神文化需求日趋旺盛，人们思想活动的独立性、选择性、多变性、差异性明显增强，对发展社会主义先进文化提出了更高要求。

七是社会活力显著增强，同时社会结构、社会组织形式、社会利益格局发生深刻变化，社会建设和管理面临诸多新课题。

八是对外开放日益扩大，同时面临的国际竞争日趋激烈，发达国家在经济科技上占优势的压力长期存在，可以预见和难以预见的风险增多，统筹国内发展和对外开放要求更高。

这些阶段性特征，是社会主义初级阶段基本国情的具体表现，是我国发展过程中矛盾和问题的集中体现。深刻把握这些阶段性特征，抓紧采取措施解决前进中的突出矛盾和问题，直接关系到我国经济社会的长远发展。

二、当代中国的历史方位与重要战略机遇期

历史方位，是指一个国家、一个民族在历史发展进程中所处的位置。一个国家的

进步，只有从历史发展的坐标上去认识，才能更加准确；一个社会的变革，只有从时代变化的对比中把握，才能更加清晰。辨明当代中国的历史方位，对于深刻认识当代中国的基本特点具有重要意义。

当代中国最鲜明的特点是改革开放。改革极大地解放和发展了社会生产力，冲破了束缚生产力发展的体制障碍，推动了社会主义市场经济体制的初步建立；极大调动了亿万人民的积极性，打开了我国经济、政治、文化、社会、生态全面发展的崭新局面，形成了对外开放的全新格局，实现了新的历史性突破。今天，一个面向现代化、面向世界、面向未来的社会主义中国巍然屹立在世界东方。

当代中国正处于工业化、信息化、城镇化、市场化、国际化深入发展时期。改革开放以来，中国工业化快速推进，在整体上已经进入工业化中期阶段，成为名副其实的工业大国；信息化已跨入中等水平的国家行列，信息化与工业化融合已初见成效；城镇化已进入加速时期，城镇化率逐步接近中等收入国家的平均水平；市场化水平不断提高，社会主义市场经济体制已初步建立，市场在资源配置中的基础性作用不断增强，市场体系初步形成；国际化发展日益深刻，国际地位和影响力不断提升，与世界融合更为紧密。在未来相当长的时期内，中国都将处于"五化"不断深入，并且相互影响、相互促进的历史进程中。

当代中国与世界的关系发生了历史性变化。新中国成立后特别是改革开放以来，中国从努力突破封锁到全方位对外开放，以崭新面貌登上并屹立于世界舞台，成为促进世界和平、发展、合作的一支重要力量。当代中国与世界前所未有地紧密联系在一起，中国的发展离不开世界，世界的繁荣与稳定也离不开中国。

发展中国特色社会主义既要把握中国的基本国情，又要把握在发展过程的不同阶段、不同时期的阶段性特征，抓住和利用好重要战略机遇期。

战略机遇期，主要是指有利于战略实施的历史阶段及其背景、环境和条件，具有时间的长期性、空间的开阔性、影响的全局性等特点。

"战略机遇期"是由美国首先提出和使用的，他们称之为"不可多得的""千载难逢的"战略机遇期。美国国防部在1997年5月的《四年防务评估报告》中就明确提出：从现在到2015年，是美国的"战略机遇期"。在此期间，美国没有类似苏联的全球性对手，也不大可能出现能够打败美军的地区大国或国家联盟。而"到2015年之后，可能出现与美国势均力敌的全球性对手，中国和俄罗斯都具有这种潜力"。《四年防务评估报告》对于美国未来形势的基本判断是，机遇与挑战并存。2015年以前，机遇大于挑战；2015年之后，挑战将日益严峻。因此必须抓紧这个"战略机遇期"，竭力遏制中国成为一个强大的国家，并防止昔日对手俄罗斯东山再起。

在1997年的《四年防务评估报告》中美国把俄罗斯和中国视为"潜在的全球对手"，而在1999年度的《国防报告》中就把中国放在了俄罗斯的前面。2000年上半年，美国国防部向各大司令部下发的《美国新军事战略》中，美国的战略部署重点开始悄悄地转向亚洲，中国被确定为"美国未来的头号对手"。2001年9月的《四年防务评估报告》则明确表示，俄罗斯不再是美国的敌人，欧洲已经相对安全，今后的军事战略重点是亚洲，因为这个地区可能出现一个"资源极其丰富的军事竞争者"。显而易见，矛头直指中国。2002年，美国相继推出两份有关中国的报告，一份是中国军力报告，竭力宣扬中国军事威胁；另一份是美中经贸关系报告，竭力宣扬中国经济威胁。

中国战略机遇期的基本内涵可以从国际层面和国内层面两个角度进行理解。在国际层面，可以从国际政治、世界经济、反恐怖主义和文明的冲突以及中国的国际形象四个方面去理解。在国际政治方面，大国关系进入新一轮的调整期，中国在大国关系中继续处于有利地位。20世纪60年代末70年代初，在脱离苏联阵营和打开中美关系的大门后，特别是20世纪70年代末中美两国正式建交以后的20年间，虽然出现过几次美国或以美国为首的国际联合势力反对中国的倾向或行动，如1989年美国带头实行的对中国的国际制裁，但中国在大国关系中总体上处于有利地位，为此，中国赢得了20年的快速发展。2001年小布什政府上台后曾一度全面加强其与欧亚各国之间的合作，而将中国作为美国的战略敌手。但时间不长，"9·11"事件的发生和美国全球战略的调整，特别是美国将反对恐怖主义作为自己首要而长期的国际战略，以及为实施这一战略在阿富汗和伊拉克所采取的行动，使美国改变了对包括中国在内的世界各大国的政策。在这一过程中，美国反恐需要借助其他大国的支持及与之合作；其他大国也希望通过反恐合作改善和发展同美国的关系，从而使当前的大国关系进入新一轮的调整期。在大国关系新一轮的调整过程中，美国虽然借反恐之机大大加强了对亚洲地区的关注和投入，但其矛头主要不是针对中国的。这就使中国不处于当前世界上各种矛盾和斗争的焦点，地位相对超脱，拥有较大的回旋余地。

在这个过程中，世界多极化趋势对霸权主义和强权政治形成的制约，也有利于中国这个在多极当中相对较弱的一极的发展。两极格局结束后，虽然美国的超强实力得到迅速发展，但与此同时，多极化的趋势也不可阻挡。国际体系在单极和多极的较量中不断向前发展，单极势力最终将会受到多极力量的制约。中国所倡导的国际民主化趋势将不可避免。在这个过程中，中国既不与美国公开对立，又坚决支持多极力量的团结与合作。

在世界经济方面，在信息革命推动下的经济全球化，为中国的发展提供了更大的发展空间。30多年前，中国就顺应经济全球化趋势，确立了改革开放的基本国策。这一基本国策使中国在30多年的时间内取得了举世瞩目的巨大成就。这一基本国策还使中国与世界的相互适应度和相互依存度大大提高。在新的世纪，中国对外合作的步子越来越大，信心越来越足。以加入WTO（世界贸易组织）为契机，在逐步融入世界一体化的经济体系的过程中，中国将进一步获取更大的国家利益。

在反恐怖主义和文明的冲突方面，在当今世界恐怖主义与反恐怖主义的矛盾斗争中，中国不处于矛盾和斗争的焦点，地位相对超脱。当今世界恐怖主义的温床主要存在于广大发展中国家，特别是那些在经济全球化进程中的失败国家。这些失败国家的原教旨主义激进分子将仇恨主要集中在以美国为代表的西方国家，并实施一系列恐怖主义的行为。如果从文明冲突的角度来看，其矛盾主要存在于伊斯兰文明有关国家和西方基督教文明有关国家之间。中华文明的有关国家与这两大文明的有关国家之间都有着比较好的合作关系和互补性。

在中国的国际形象方面，经过30多年的改革开放和经济社会的全面发展，中国树立了比较好的国际形象，赢得了比较好的国际信誉，从而使越来越多的国家，特别是中国的周边国家不仅认识到中国在国际上是一个负责任的大国，而且从中国的迅速发展中获取了越来越多的实惠。这种国际信誉将为中国的进一步发展创造更好的条件。

在国内层面，可以从中国的客观状况、发展战略、体制改革三个方面进行理解。

在客观状况方面，中国经济社会的发展已经站在一个新的历史起点上，存在着巨大的市场潜力和经济增长潜力。一是中国面积大，人口多，发展势头好，是存在巨大市场潜力的一个条件；中国经过30多年的改革开放，特别是近20年来所进行的建立市场经济体制的努力，为中国巨大的市场潜力创造了另一个条件。二是中国民间储蓄率高达8万亿元到10万亿元人民币。随着经济的发展和投资环境的改善，这些巨额的储蓄将会转化为巨大的投资，促进经济增长。三是中国有庞大的人力资源，而且有着相对廉价的劳动力竞争优势。随着中国社会生产力快速发展、综合国力大幅提升、人民生活水平明显改善，社会主义经济建设、政治建设、文化建设、社会建设以及生态文明建设和党的建设取得重大进展，为经济社会的进一步发展奠定了重要基础。

在发展战略方面，中国确立了"走出去"的开放战略以及走新型工业化的道路。21世纪来临之际，中国开始确立"走出去"的开放战略，这根本改变了在中国延续几千年的封闭状况和封闭心态，从而为中国带来了极为重要的发展机遇。同时，中国决定走新型工业化道路，这也将对中国的发展发挥极大的正面作用。经过改革开放30多年的探索和发展，中国已经为实行新型工业化道路奠定了重要的物质基础，而且在以下三个方面取得了十分宝贵的经验：一是积极发展对经济增长有突破性重大带动作用的高新技术产业；二是用高新技术产业和先进适用技术改造提升传统产业，大力发展装备制造业；三是发展服务业特别是现代服务业。正是在这些经验的基础上，中国决定走新型工业化道路，实现中国产业结构的战略性调整，从而处理好高新技术产业与传统产业、资金技术密集型产业与劳动密集型产业、虚拟经济与实体经济之间的关系。

在体制改革方面，中国不断进行经济体制改革和政治体制改革，中国特色社会主义道路、理论体系和制度更加成熟。经过长期的奋斗、创造、积累，中国共产党立足国情，仅仅依靠人民，在实践中形成了一系列重大的实践成果、理论成果和制度成果。中国共产党在社会主义初级阶段的基本理论、基本路线、基本纲领、基本经验得到确立和发展，为党和国家事业发展提供了最根本的指导思想和行动指南。中国特色社主义在经济、政治、文化、社会、生态等各个领域形成了一套相互衔接、相互联系的制度体系，根本政治制度、基本经济制度、基本政治制度得到确立和巩固，中国特色社会主义法律体系已经形成，经济体制、政治体制、文化体制、社会体制、生态保护体制等各项具体制度不断完善，为当代中国发展进步提供了根本制度保障。

牢牢抓住和用好重要战略机遇期，是赢得主动、赢得优势、赢得未来的关键所在，是对中国共产党执政能力的重大考验，也是对中华民族自强能力的重大考验。要充分看到，在前进的道路上，机遇与挑战并存，机遇大于挑战，有利条件胜于不利因素，必须抓住机遇、加快发展，坚定不移地继续推进改革开放，坚定不移地坚持和发展中国特色社会主义。要始终居安思危，保持清醒头脑，增强机遇意识、忧患意识和风险意识，充分估计前进道路上可以预料和难以预料的困难和风险，在国内国际两个大局中牢牢把握发展的主动权。

第二节　中国特色社会主义的形成及其历史成果

胡锦涛在庆祝中国共产党成立90周年大会上的讲话中指出："经过90年的奋斗、创造、积累，党和人民必须倍加珍惜、长期坚持、不断发展的成就是：开辟了中国特色社会主义道路，形成了中国特色社会主义理论体系，确立了中国特色社会主义制度。"❶ 显然，中国特色社会主义的道路、理论体系和制度，构成了中国特色社会主义的主要内容。

一、中国特色社会主义道路的开辟

中国特色社会主义道路的开辟，如同中国革命道路一样，也经历了一个长期曲折的过程。

中国共产党成立后，把马克思主义与中国实际相结合，开辟了一条以农村包围城市、武装夺取政权为特征的中国民主革命新道路，推翻了内外反动派，取得了新民主主义革命的胜利，建立了新中国。之后，又通过以和平改造、逐步过渡为特征的社会主义改造道路，完成了社会主义革命，顺利实现了从新民主主义向社会主义的过渡，建立了社会主义制度。这标志着近代以来中华民族争取民族独立和人民解放的历史性课题基本得到解决，中国从此改变了社会发展方向。之后的主要任务是解决国家富强和人民富裕的第二个历史性课题，实现中华民族伟大复兴。为此，就要找到适合本国国情、快速高效持续发展的社会主义建设道路。

20世纪50年代中期，毛泽东提出了"以苏为鉴"，探索中国自己的社会主义建设道路的历史任务，要求把马克思主义与中国实际"进行第二次结合，找出在中国怎样

---

❶ 胡锦涛. 在庆祝中国共产党成立90周年大会上的讲话 [M]. 北京：人民出版社，2011：7.

建设社会主义的道路"❶，希望取得这方面经验、认识社会主义经济建设客观规律，"比较取得革命经验的时间要缩短一些，同时不要花费那么高的代价"❷，并带领全党进行了艰辛探索，虽然未能突破苏联社会主义建设模式，却为后来中国特色社会主义奠定了基础。

20世纪70年代中期以后，在国内外形势发生重大变化的新的历史条件下以邓小平为主要代表的中国共产党人，在深刻总结国内外社会主义建设正反两方面经验的基础上，开始了建设社会主义的新探索。

1979年，由邓小平主持起草、中共十一届四中全会通过、叶剑英发表的国庆30周年讲话，对开创中国特色社会主义具有重要意义。讲话明确提出了要走适合中国的道路，指出："我们要从中国的实际出发，认真研究经济规律和自然规律，努力走出一条适合我国情况和特点的实现现代化的道路。"❸ 讲话还通过对现代化做出新的解释，点明了这条道路的内涵，指出："我们所说的四个现代化，是实现现代化的四个主要方面，并不是说现代化事业只以这四个方面为限。我们要在改革和完善社会主义经济制度的同时，改革和完善社会主义政治制度，发展高度的社会主义民主和完备的社会主义法制。我们要在建设高度物质文明的同时，提高全民族的教育科学文化水平和健康水平，树立崇高的革命理想和革命道德风尚，发展高尚的丰富多彩的文化生活，建设高度的社会主义精神文明。这些都是我们社会主义现代化的重要目标，也是实现四个现代化的必要条件。"从而比较完整地确定了富有中国特色的社会主义现代化的目标和纲领，表明中国共产党人虽然还没有提出"中国特色社会主义"的命题，但已经开始找到一条中国特色社会主义道路。

1981年，由邓小平主持起草、经中共十一届六中全会通过的《关于建国以来党的若干历史问题的决议》，第一次指明"我们的社会主义制度还是处于初级的阶段"，并对中共十一届三中全会以来逐步确立的"一条适合中国情况的社会主义现代化建设的正确道路"做出了初步概括，指出："这条道路还将在实践中不断充实和发展，但是它的主要点，已经可以从新中国成立以来正反两方面的经验、特别是'文化大革命'的教训中得到基本的总结。"❹

正是在总结国内外社会主义建设正反两方面经验的基础上，邓小平在1982年中共十二大开幕词中，创造性地提出了"建设有中国特色的社会主义"的命题。他指出："把马克思主义的普遍真理同我国的具体实际结合起来，走自己的道路，建设有中国特色的社会主义，这就是我们总结长期历史经验得出的基本结论。"❺"建设有中国特色的社会主义"这一全新的科学命题的提出，成为中国共产党人开辟出了中国特色社会主

---

❶ 吴冷西. 忆毛主席——我亲身经历的若干重大历史事件片段 [M]. 北京：新华出版社，1995：9.
❷ 毛泽东著作选读：下册 [M]. 北京：人民出版社，1986：797.
❸ 十一届三中全会以来重要文献选读：上 [M]. 北京：人民出版社，1987：80.
❹ 十一届三中全会以来重要文献选读：上 [M]. 北京：人民出版社，1987：345.
❺ 邓小平文选：第3卷 [M]. 北京：人民出版社，1993：3.

义道路、开创中国特色社会主义伟大事业的标志。此后，中共中央在多个正式场合对"建设有中国特色的社会主义"这条道路的主要内容进行了概括、阐述，使之不断丰富和发展。

2007年召开的中共十七大，对中国特色社会主义道路的科学内涵做了如下概括性的完整表述："中国特色社会主义道路，就是在中国共产党领导下，立足基本国情，以经济建设为中心，坚持四项基本原则，坚持改革开放，解放和发展社会生产力，巩固和完善社会主义制度，建设社会主义市场经济、社会主义民主政治、社会主义先进文化、社会主义和谐社会，建设富强民主文明和谐的社会主义现代化国家。"❶胡锦涛在庆祝中国共产党成立90周年大会上的讲话中，重申了中共十七大报告关于中国特色社会主义道路内涵的表述。这一表述，明确了中国特色社会主义的领导力量、现实依据、基本路线、主要任务、总体布局和奋斗目标，指明了当代中国的前进方向。

与其他国家的发展道路相比较，中国特色社会主义道路具有自己的鲜明特点。它是中国共产党在马克思主义指导下紧紧依靠人民开辟的适合中国国情的社会主义发展道路，与西方资本主义发展道路有明显的区别。它既坚持了科学社会主义的基本原则，又具有鲜明的中国特色。它立足中国基本国情、切合中国实际，着眼于中国特色社会主义发展道路，在经济、政治、文化、社会、外交等制度设计上具有明显的特色。它以解放和发展生产力、巩固和完善社会主义制度为根本任务，以经济建设为中心、坚持四项基本原则、坚持改革开放，在发展的根本任务、发展的战略重点、发展的制度保障、发展的动力方面具有创新性。它以促进社会全面发展、建设富强民主文明和谐的社会主义现代化国家为发展目标，在发展内容上具有全面性。它坚持和平发展，是与时代潮流相随、与世界文明相伴的和平发展道路。中国特色社会主义道路，是中国特色社会主义旗帜在实践形态方面的具体体现，在当代中国，坚持中国特色社会主义道路，就是真正坚持社会主义。

二、中国特色社会主义理论体系的形成

中国共产党以马克思主义为指导，在长期革命、建设和改革的实践中，坚持把马克思主义基本原理同中国具体实际结合起来，在推进马克思主义中国化的历史进程中产生了两大理论成果——毛泽东思想和中国特色社会主义理论体系。

中国特色社会主义理论体系是包括邓小平理论、"三个代表"重要思想以及科学发展观等重大战略思想在内的科学理论体系。这一科学理论体系以中国特色社会主义为理论主题，是在开辟和拓展中国特色社会主义道路中逐步形成和发展起来的。

邓小平理论是中国特色社会主义理论体系的第一个阶段性的成果，是中国特色社会主义理论体系的最初形态和奠基性成果。

作为我国改革开放和社会主义现代化建设的总设计师，邓小平不仅鲜明而深刻地

---

❶ 十七大以来重要文献选编：上［M］．北京：中央文献出版社，2009：9．

提出了要搞清楚什么是社会主义、如何建设社会主义的重大问题,而且对这一问题予以了初步的比较系统的回答。他指出:我们建立的社会主义制度是个好制度,必须坚持。中国只有搞社会主义才有出路,但是如果搞不好,那就体现不出社会主义的本质。要把什么是社会主义、如何建设社会主义这个问题搞清楚,不能再模模糊糊地干社会主义了,否则社会主义事业就要遭受挫折,就体现不出优越性。"问题是什么是社会主义,如何建设社会主义。我们的经验教训有许多条,最重要的一条,就是要搞清楚这个问题。"❶ 他强调:不解放思想不行,甚至包括什么叫社会主义这个问题也要解放思想。经济长期处于停滞状态总不能叫社会主义。人民生活长期停止在很低的水平上总不能叫社会主义。讲社会主义,首先就要使生产力发展,这是主要的。只有这样,才能表明社会主义的优越性。社会主义经济政策对不对,归根到底要看生产力是否发展,人民收入是否增加。这是压倒一切的标准。空讲社会主义不行,人民不相信。针对实行改革开放,进入社会主义现代化建设新时期后,党内曾出现一些犹疑和困惑,邓小平进一步指出:要在理论上阐述什么是社会主义,讲清楚我们的改革是不是社会主义,要阐明坚持四项基本原则的必要和改革开放的必要。他强调,我们搞改革开放,把工作重心放在经济建设上,没有丢马克思,没有丢列宁,也没有丢毛泽东。老祖宗不能丢。问题是要把什么叫社会主义搞清楚,把怎么样建设和发展社会主义搞清楚。

邓小平紧紧抓住什么是社会主义、怎样建设社会主义这个基本问题,深刻揭示了社会主义的本质,指出贫穷不是社会主义,发展太慢也不是社会主义;平均主义不是社会主义,两极分化也不是社会主义;僵化封闭不能发展社会主义,照搬外国也不能发展社会主义;没有民主就没有社会主义,没有法制也没有社会主义;不重视物质文明搞不好社会主义,不重视精神文明也搞不好社会主义。计划和市场都是经济手段,不是社会主义与资本主义的本质区别。邓小平还紧扣发展生产力和共同富裕这两个关键问题,对什么是社会主义、怎样建设社会主义做了阐述。他多次指出:社会主义的优越性归根到底要体现在它的生产力比资本主义发展得更快一些、更高一些,并且在发展生产力的基础上不断改善人民的物质文化生活。社会主义最大的优越性就是共同富裕,这是体现社会主义本质的一个东西。社会主义的目的就是要全国人民共同富裕,不是两极分化。走社会主义道路,根本目标是实现共同富裕。社会主义原则,第一是发展生产,第二是共同致富。在1992年年初视察南方的谈话中,邓小平对他十多年来从不同角度反复阐述的什么是社会主义、怎样建设社会主义的思想,进行了系统总结和高度提炼,使之上升到社会主义本质的高度。他明确指出:"社会主义的本质,是解放生产力,发展生产力,消灭剥削,消除两极分化,最终达到共同富裕。"❷ 邓小平关于社会主义本质的科学概括,是探索中国特色社会主义道路的最重大的理论成果之一,

---

❶ 邓小平文选:第3卷 [M]. 北京:人民出版社,1993:116.
❷ 邓小平文选:第3卷 [M]. 北京:人民出版社,1993:373.

是对什么是社会主义、怎样建设社会主义这个基本问题的高度概括性的回答。

"三个代表"重要思想是中国特色社会主义理论体系形成和发展过程中第二个阶段性的成果,是在中共十三届四中全会以后特别是在中共十四大以后逐步形成的中国特色社会主义理论体系的又一个理论形态。

20世纪80年代末90年代初,国内外形势发生了重大变化。面对国际国内严峻的政治形势和国内改革发展的繁重任务,江泽民强调要坚定不移、毫不动摇地全面执行中共十一届三中全会以来的路线和基本政策,指出建设中国特色社会主义是一篇大文章,邓小平为它确定了基本思想和基本原则,我们的任务就是要继续把这篇文章做好。"坚持邓小平理论,在实践中继续丰富和创造性地发展这个理论,这是党中央领导集体和全党同志的庄严历史责任。"❶

以江泽民为核心的党的第三代领导集体坚持以邓小平理论为指导,坚持十一届三中全会以来的路线方针政策,坚持建设中国特色社会主义的方向,并创造性地运用马克思列宁主义、毛泽东思想特别是邓小平理论,紧密结合时代发展的新形势、我国广大人民群众的新要求、我国改革开放和社会主义现代化建设的新实践,对什么是社会主义、怎样建设社会主义这个基本问题进行了新的探索,形成了富有独创性的理论观点。其中包括:全面阐述了社会主义社会人的全面发展问题,指出努力促进人的全面发展是马克思主义关于建设社会主义新社会的本质要求,要在发展社会主义社会物质文明和精神文明的基础上,不断推进人的全面发展;强调社会生产力和经济文化的发展水平是逐步提高、永无止境的历史过程,人的全面发展程度也是逐步提高、永无止境的历史过程,这两个历史过程应相互结合、相互促进地向前发展;揭示了推进人的全面发展同推进经济、文化的发展和改善人们物质生活互为前提和基础的辩证关系,强调社会主义不仅要实现经济繁荣,而且要实现社会的全面进步,实现人民的富裕幸福,是我们建设社会主义的根本目的;❷ 强调要经过长期的努力,不断使经济更加发展、民主更加健全、科教更加进步、文化更加繁荣、社会更加和谐、人民生活更加殷实,不断促进人的全面发展;提出社会主义初级阶段是整个建设中国特色社会主义的很长历史过程中的初始阶段,随着经济发展和社会全面进步,将来条件具备时,我国社会主义建设会进入更高的发展阶段;提出党的最低纲领和最高纲领相统一的问题,强调把最低纲领和最高纲领统一于建设中国特色社会主义的实践;❸ 提出了把社会主义基本制度与市场经济相结合,发展社会主义市场经济的思想,强调社会主义市场经济是同社会主义基本制度结合在一起的,既可以发挥市场经济的长处,又可以发挥社会主义制度的优越性;坚持社会主义市场经济的根本方向,使市场在国家宏观调控下对资源配置起基础性作用。此外,还提出了发展是党执政兴国的第一要务;坚持和完善社会主义公有制为主体、多种所有制经济共同发展的基本经济制度;坚持和完善按劳

---

❶ 十五大以来重要文献选编:上 [M]. 北京:人民出版社,2000:51.
❷ 江泽民文选:第3卷 [M]. 北京:人民出版社,2006:294-295,287.
❸ 江泽民文选:第3卷 [M]. 北京:人民出版社,2006:293.

分配为主体、多种分配方式并存的分配制度；建立社会主义市场经济体制；推进经济结构战略性调整和经济增长方式转变；建设社会主义政治文明，发展社会主义民主政治；依法治国，建设社会主义法治国家；发展社会主义先进文化；推动社会主义物质文明、政治文明、精神文明协调发展；促进世界多极化和国际关系民主化，正确应对和驾驭经济全球化、促进共同发展等一系列重要观点，从而进一步回答了什么是社会主义、怎样建设社会主义这个基本问题，并形成了中国特色社会主义理论体系的第二个阶段性理论成果——"三个代表"重要思想。

中国特色社会主义理论体系形成发展过程中的最新的阶段性成果，是科学发展观等重大战略思想。进入 21 世纪特别是中共十六大以后，以胡锦涛为总书记的党中央面对复杂的国内外形势，始终保持清醒头脑，立足社会主义初级阶段这个最大的实际，科学分析我国全面参与经济全球化的新机遇新挑战，全面认识工业化、信息化、城镇化、市场化、国际化深入发展的新形势新任务，深刻把握我国发展面临的新课题新矛盾，更加自觉地走中国特色社会主义发展道路，强调要毫不动摇地高举中国特色社会主义旗帜，坚持走中国特色社会主义道路，坚持中国特色社会主义理论体系，奋力开拓中国特色社会主义更为广阔的发展前景。与此同时，要继续深化对什么是社会主义、怎样建设社会主义这个关键问题的认识，提出了一系列新观点，形成了科学发展观等重大战略思想。

以胡锦涛为总书记的党中央，提出"坚持以人为本，树立全面、协调、可持续的发展观，促进经济社会和人的全面发展"❶，坚持把人作为党和社会主义的最高价值目标，强调必须以人为本；始终把实现好、维护好、发展好最广大人民的根本利益作为党和国家一切工作的出发点和落脚点，尊重人民主体地位，发挥人民首创精神，保障人民各项权益，走共同富裕道路，促进人的全面发展，做到发展为了人民、发展依靠人民、发展成果由人民共享；提出"社会和谐是中国特色社会主义的本质属性"❷ 的重大判断，指出构建社会主义和谐社会是全面贯彻落实科学发展观，从中国特色社会主义事业总体布局和全面建设小康社会全局出发提出的重大战略任务，反映了建设富强民主文明和谐的社会主义现代化国家的内在要求；强调构建社会主义和谐社会是贯穿中国特色社会主义事业全过程的长期历史任务，是在发展的基础上正确处理各种社会矛盾的历史过程和社会结果；强调通过发展增加社会物质财富、不断改善人民生活，又要通过发展保障社会公平正义、不断促进社会和谐；强调实现社会公平正义是发展中国特色社会主义的重大任务，要按照民主法治、公平正义、诚信友爱、充满活力、安定有序、人与自然和谐相处的总要求和共同建设、共同享有的原则，着力解决人民最关心、最直接、最现实的利益问题，努力形成全体人民各尽其能、各得其所而又和谐相处的局面；❸ 提出社会建设与人民幸福安康息息相关，必须在经济发展的基础上更

---

❶ 十六大以来重要文献选编：上 [M]．北京：中央文献出版社，2005：465．
❷ 十六大以来重要文献选编：下 [M]．北京：中央文献出版社，2008：648．
❸ 十六大以来重要文献选编：下 [M]．北京：中央文献出版社，2008：648-651．

加注重社会建设,着力保障和改善民生,推进社会体制改革,扩大公共服务,完善社会管理,促进社会公平正义,努力使全体人民学有所教、劳有所得、病有所医、老有所养、住有所居,推动建设和谐社会,从而把社会建设和生态文明建设纳入中国特色社会主义事业总体布局;提出社会主义核心价值体系是社会主义意识形态的本质体现,强调切实把社会主义核心价值体系融入国民教育和精神文明建设全过程,转化为人民的自觉追求;用社会主义核心价值体系引领社会思潮,主动做好意识形态工作,既尊重差异、包容多样,又有力抵制各种错误和腐朽思想的影响。此外,还提出了建设社会主义新农村、建设创新型国家、推动建设和谐世界等重大战略思想。

这些新的思想观点,进一步回答了什么是社会主义、怎样建设社会主义这个基本问题,丰富和发展了中国特色社会主义理论体系,指导着我国经济社会全面协调可持续发展,是发展中国特色社会主义必须坚持和贯彻的重大战略思想。

三、中国特色社会主义制度的确立

中国特色社会主义制度,是中国共产党在领导革命、建设和改革的长期实践中,在建立社会主义基本制度、推进社会主义制度自我完善和发展过程中,逐步建立和完善起来的。

中国特色社会主义制度,是指我国在经济、政治、文化、社会等各个领域形成的一整套相互衔接、相互联系的制度体系。其中包括:人民代表大会制度这一根本政治制度,中国共产党领导的多党合作和政治协商制度、民族区域自治制度以及基层群众自治制度等构成的基本政治制度,中国特色社会主义法律体系,公有制为主体、多种所有制经济共同发展的基本经济制度,以及建立在根本政治制度、基本政治制度、基本经济制度基础上的经济体制、政治体制、文化体制、社会体制等各项具体制度。❶ 中国特色社会主义的根本政治制度、基本政治制度、基本经济制度、法律体系和具体制度是相互衔接、相互联系的统一整体。

显然,在中国特色社会主义制度体系中,有三个不同层次的制度:第一个层次是根本政治制度,即人民代表大会制度。它在整个中国特色社会主义制度体系中具有特殊重要地位,决定和影响着其他制度,象征着和体现了我们国家和社会的社会主义性质。第二个层次是基本制度,其中包括基本政治制度,即中国共产党领导的多党合作和政治协商制度、民族区域自治制度、基层群众自治制度,以及属于基本政治制度重要组成部分的中国特色社会主义法律体系,也包括基本经济制度,即公有制为主体、多种所有制经济共同发展的经济制度。第三个层次是具体制度,即建立在根本政治制度、基本政治制度、基本经济制度基础上的经济体制、政治体制、文化体制、社会体制等各种体制。这三个层次的制度,都是既遵守了科学社会主义的基本原则,又具有鲜明的中国特色。

---

❶ 胡锦涛. 在庆祝中国共产党成立90周年大会上的讲话 [M]. 北京:人民出版社,2011:8.

第一章 中国特色社会主义形成与发展的历史逻辑与现实逻辑

中国特色社会主义制度具有明显优势和鲜明特色,并在经济、政治、文化、社会等各个方面、各个领域都得到了充分体现。

从经济方面来看,我们不仅逐步确立了公有制为主体、多种所有制经济共同发展的基本经济制度,适应了我国现阶段生产力发展水平,充分调动了各方面积极性,极大地解放和发展了社会生产力,而且确立了社会主义市场经济体制的改革目标,把市场经济与社会主义基本制度结合起来,既注重发挥市场在资源配置中的基础性作用,又注重加强国家的宏观调控。面对2008年下半年以来国际金融危机的严重冲击,我国反应迅速,果断调整宏观调控政策,出台一系列扩大内需、促进经济发展的举措,很快初见成效,国际社会给予了积极评价。美国经济学家斯蒂芬·罗奇说:"在经济困难时期,中国的指挥和控制体系实际上比其他市场经济体系更有效。"法国《欧洲时报》认为:"包括'制度优势'在内的'中国特色'已成为中国信心的有力支撑。"❶

从政治方面来看,我国坚持把党的领导、人民当家做主和依法治国统一起来,建立并不断完善了人民代表大会制度、中国共产党领导的多党合作和政治协商制度、民族区域自治制度以及基层群众自治制度等一整套政治制度。它既吸收了中国传统政治文化的精华和人类政治文明的有益成果,又克服了其中的弊病和不足;既充分尊重和保障个人民主权利,又能形成共同意志、集中力量办大事;既充满活力又富有效率,适应了我国人口和民族众多,经济、社会、文化不发达,区域发展不平衡,传统文化影响深厚等现实状况。这些优势在抗震救灾、举办奥运会等重大事件中更是显示出优越性。有国外学者评价中国抗击汶川地震灾害时说:"地震之后人们确实看到了中国制度体系的优越性,中国在短时间内动员巨大的力量投入,这是其他任何制度所不能比拟的。"日本《朝日新闻》认为,北京奥运会"使中国特有的体制模式越来越显现出巨大的优越性"❷。

中国特色社会主义制度还处在不断发展的过程中,必须不断加以完善。任何制度都不是一成不变的,都有一个发展完善的过程。中国特色社会主义制度是新中国成立后特别是改革开放30多年来形成和发展起来的,相对于西方发达国家资本主义制度几百年的发展历史来讲,时间还不长。同时,中国特色社会主义是发展的、前进的,中国特色社会主义制度也是发展的、前进的,需要在实践中通过改革来不断完善。我们既要坚持人民代表大会制度这一根本政治制度,坚持中国共产党领导的多党合作和政治协商制度、民族区域自治制度以及基层群众自治制度等构成的基本政治制度、中国特色社会主义法律体系,坚持公有制为主体、多种所有制经济共同发展的基本经济制度,也要通过对建立在根本政治制度、基本政治制度、基本经济制度基础上的经济体制、政治体制、文化体制、社会体制等各项具体制度进行改革创新,不断完善中国特色社会主义制度,使这一制度的优越性得到进一步发挥。

---

❶ 中共中央宣传部理论局. 理论热点面对面 2009 [M]. 北京:学习出版社、人民出版社,2009:6-7.
❷ 中共中央宣传部理论局. 理论热点面对面 2009 [M]. 北京:学习出版社、人民出版社,2009:7-8.

四、中国特色社会主义道路、理论体系、制度三者的关系

中国特色社会主义道路、中国特色社会主义理论体系、中国特色社会主义制度，是中国特色社会主义的主要内容，共同构成中国特色社会主义伟大旗帜的根本内涵。

第一，中国特色社会主义道路是中国特色社会主义的实践基础。在中国特色社会主义旗帜指引下，中国人民在中国共产党领导下，立足基本国情，坚持"一个中心、两个基本点"，解放和发展社会生产力，在此基础上巩固和完善社会主义制度，建设社会主义市场经济、社会主义民主政治、社会主义先进文化、社会主义和谐社会，为建设富强民主文明和谐的社会主义现代化国家而奋斗。中国人民坚定不移地走中国特色社会主义道路，就是推进中国特色社会主义的实践过程，就是实现中国特色社会主义的实践基础。中国特色社会主义理论体系的形成和发展，也是以中国特色社会主义道路的实践过程为理论源泉、发展依据和检验标准的；中国特色社会主义制度的形成和不断完善，同样要以中国特色社会主义道路发展的实践要求为基本依据和根本目标。

第二，中国特色社会主义理论体系是中国特色社会主义的指导思想。它以中国特色社会主义理论为主题，系统回答了在中国这样一个十几亿人口的发展中大国建设什么样的社会主义、怎样建设社会主义，建设什么样的党、怎样建设党，实现什么样的发展、怎样发展等一系列重大问题，深化了中国共产党人对共产党执政规律、社会主义建设规律、人类社会发展规律的认识，指明了中国特色社会主义道路的前进方向，为中国特色社会主义制度提供了科学的理论依据，是确保道路正确、制度科学的重要前提。

第三，中国特色社会主义制度是中国特色社会主义的根本保障。制度具有根本性、全局性、稳定性和长期性的特征，对公民具有激励和约束功能，对社会发展起规范和保障作用。制度科学合理、日趋完善，才能保证道路光明、前途远大。中国特色社会主义制度，是中国共产党领导人民在中国革命、建设和改革的长期实践过程中逐步形成和确立的，是胜利成果和成功经验的凝结和固化，它来源于实践，同时又为中国特色社会主义建设实践提供根本的制度保障。中国特色社会主义事业之所以能长期保持蓬勃生机和发展活力，离不开制度的持续激励和保障作用，中国特色社会主义建设各个领域之所以能够有序运行、良性互动、稳步发展，有赖于中国特色社会主义制度所发挥的集成效应、系统效应和整体效应。事实证明，牢固坚持中国特色社会主义制度，是中国特色社会主义事业持续发展繁荣的重要保证。中国特色社会主义制度的创立和发展、坚持和完善，也是中国特色社会主义理论体系回答和解决的主要内容。

中国特色社会主义道路是实践基础，中国特色社会主义理论体系是思想指导，中国特色社会主义制度是根本保障，三者紧密相连、相互贯通，分别是中国特色社会主义旗帜在实践形态、理论形态和制度形态上的具体体现，有机统一于中国特色社会主义伟大事业中，并随着实践发展而不断发展和完善。

"面对风云变幻的国际形势，面对艰巨繁重的国内改革发展稳定任务，我们党要团

结带领人民继续前进，开创工作新局面，赢得事业新胜利，最根本的就是要高举中国特色社会主义伟大旗帜，坚持和拓展中国特色社会主义道路，坚持和丰富中国特色社会主义理论体系，坚持和完善中国特色社会主义制度。"[1]

第三节 坚定不移走中国特色社会主义发展道路

中国共产党是高度重视理论指导、不断推进马克思主义中国化、善于进行理论创新的政党。在推进马克思主义中国化的历史进程中，创立了毛泽东思想、邓小平理论和"三个代表"重要思想，实现了党的指导思想的三次历史性飞跃。科学发展观就是蕴涵着中国几代共产党人带领人民不懈探索实践的理论成果，是党指导思想上的一次新的飞跃。紧紧抓住和用好重要战略机遇期，首要的就是要深入贯彻落实科学发展观，坚定不移地走中国特色社会主义发展道路。

党的第十六届三中全会确立的"以人为本，全面、协调、可持续"的科学发展观是马克思主义中国化的又一重大理论创新成果。经过了近几年的实践探索和理性思考，我们党对科学发展观的认识不断深化和完善。十七大报告对科学发展观进行了全面系统深刻地论述。科学发展观是同马克思列宁主义、毛泽东思想、邓小平理论和"三个代表"重要思想既一脉相承又与时俱进的科学理论体系，以新的思想、观点继承、丰富、发展了马克思主义；科学发展观是我国经济社会发展的重要指导方针；是发展中国特色社会主义必须坚持和贯彻的重大战略思想。所以，把科学发展观放在马克思主义中国化历史进程中加以认识和把握，是深刻理解全面落实中国特色社会主义发展的关键。

一、发展是当代中国的主题

从发展是硬道理、发展是党执政兴国的第一要务，再到科学发展观，发展是贯穿其中的红线。没有发展，就无所谓发展观。不讲发展的发展观不是科学发展观。发展是科学发展观的第一要义。

发展是当代世界的主题，也是当代中国的主题。中国是世界上最大的发展中国家，而且是发展中的社会主义国家，能否牢牢把握发展这个主题积极发展自己，对于中华民族的伟大复兴和社会主义的伟大振兴意义重大。2004年3月10日，胡锦涛同志在中央人口资源环境工作座谈会上的讲话中指出："科学发展观，是用来指导发展的，不能离开发展这个主题，离开了发展这个主题就没有意义了。""树立和落实科学发展观，必须始终坚持以经济建设为中心，聚精会神搞建设，一心一意谋发展。"在党的十七大报告中，他还强调："发展，对于全面建设小康社会、加快推进社会主义现代化，具有

---

[1] 胡锦涛. 在庆祝中国共产党成立90周年大会上的讲话 [M]. 北京：人民出版社，2011：9.

决定性意义。"

我国正处于并将长期处于社会主义初级阶段。初级阶段就是不发达阶段。社会主义初级阶段的主要矛盾，始终是人民日益增长的物质文化需要同落后的社会生产之间的矛盾。现在社会上存在的各种困难、问题和弊病，在一定程度上都是由这个主要矛盾直接、间接派生出来的。解决社会主义初级阶段的各种社会矛盾和问题，无论是过去积累起来的老问题，还是未来不断出现的新问题，最终都要依靠发展。

一方面，解决历史遗留问题要靠发展。改革开放以来，中国取得了巨大的成就，但是生产力水平总体上还不高，人口多、底子薄，城乡发展和地区发展不平衡的状况并没有根本改变。这些问题的总根源是发展还不足，解决这些问题从根本上要以发展为基础。

另一方面，解决新出现的问题也要靠发展。21世纪的中国社会主义现代化建设任重道远，难免会出现这样那样的问题。解决这些新问题的总体思路不是回头看，而是在前进中依靠进一步发展使问题得到解决。具体而言，中国当前还存在很多需要解决的问题，如就业问题、人口问题、教育问题、贫困问题，等等。对于这些问题，必须坚持以发展为主题，用发展的眼光、发展的思路、发展的办法解决。发展了，解决问题的物质基础就雄厚了，手段就丰富了，很多过去没有能力处理的复杂问题，也可以逐步从根本上得到解决。发展了，实力增强了，就能从容应对各种困难和挑战，牢牢把握主动权。坚持用发展的办法解决前进中的问题，已成为一条重要经验。

二、全面建成小康社会的目标

综观国际国内大势，我国发展仍处于可以大有作为的重要战略机遇期。我们要准确判断重要战略机遇期内涵和条件的变化，全面把握机遇，沉着应对挑战，赢得主动，赢得优势，赢得未来，确保到2020年实现全面建成小康社会宏伟目标。

根据我国经济社会发展实际，要在十六大、十七大确立的全面建设小康社会目标的基础上努力实现新的要求。

——经济持续健康发展。转变经济发展方式取得重大进展，在发展平衡性、协调性、可持续性明显增强的基础上，实现国内生产总值和城乡居民人均收入比2010年翻一番。科技进步对经济增长的贡献率大幅上升，进入创新型国家行列。工业化基本实现，信息化水平大幅提升，城镇化质量明显提高，农业现代化和社会主义新农村建设成效显著，区域协调发展机制基本形成。对外开放水平进一步提高，国际竞争力明显增强。

——人民民主不断扩大。民主制度更加完善，民主形式更加丰富，人民积极性、主动性、创造性进一步发挥。依法治国基本方略全面落实，法治政府基本建成，司法公信力不断提高，人权得到切实尊重和保障。

——文化软实力显著增强。社会主义核心价值体系深入人心，公民文明素质和社会文明程度明显提高。文化产品更加丰富，公共文化服务体系基本建成，文化产业成为国民经济支柱性产业，中华文化走出去迈出更大步伐，社会主义文化强国建设基础更加坚实。

——人民生活水平全面提高。基本公共服务均等化总体实现。全民受教育程度和创新人才培养水平明显提高，进入人才强国和人力资源强国行列，教育现代化基本实现。就业更加充分。收入分配差距缩小，中等收入群体持续扩大，扶贫对象大幅减少。社会保障全民覆盖，人人享有基本医疗卫生服务，住房保障体系基本形成，社会和谐稳定。

——资源节约型、环境友好型社会建设取得重大进展。主体功能区布局基本形成，资源循环利用体系初步建立。单位国内生产总值能源消耗和二氧化碳排放大幅下降，主要污染物排放总量显著减少。森林覆盖率提高，生态系统稳定性增强，人居环境明显改善。

全面建成小康社会，必须以更大的政治勇气和智慧，不失时机深化重要领域改革，坚决破除一切妨碍中国特色社会主义发展的思想观念和体制机制弊端，构建系统完备、科学规范、运行有效的制度体系，使各方面制度更加成熟更加定型。要加快完善社会主义市场经济体制，完善公有制为主体、多种所有制经济共同发展的基本经济制度，完善按劳分配为主体、多种分配方式并存的分配制度，更大程度更广范围发挥市场在资源配置中的基础性作用，完善宏观调控体系，完善开放型经济体系，推动经济更有效率、更加公平、更可持续发展。加快推进社会主义民主政治制度化、规范化、程序化，从各层次各领域扩大公民有序政治参与，实现国家各项工作法治化。加快完善文化管理体制和文化生产经营机制，基本建立现代文化市场体系，健全国有文化资产管理体制，形成有利于创新创造的文化发展环境。加快形成科学有效的社会管理体制，完善社会保障体系，健全基层公共服务和社会管理网络，建立确保社会既充满活力又和谐有序的体制机制。加快建立生态文明制度，健全国土空间开发、资源节约、生态环境保护的体制机制，推动形成人与自然和谐发展的现代化建设新格局。

如期全面建成小康社会任务十分艰巨，全党同志一定要埋头苦干、顽强拼搏。国家要加大对农村和中西部地区扶持力度，支持这些地区加快改革开放、增强发展能力、改善人民生活。鼓励有条件的地方在现代化建设中继续走在前列，为全国改革发展做出更大贡献。

三、中国特色社会主义发展的核心是以人为本

发展本身在今天的经济社会中并不是一种单纯意义上的物的变化进程，也不是纯粹意义上的经济增长，就其本质而言，发展蕴含着"以人为本"的科学精神，这也是科学发展观的本质和核心。

以人为本的发展观，给发展进行了根本的价值定向。所谓的"以人为本"，胡锦涛同志的界定是："就是要以实现人的全面发展为目标，从人民群众的根本利益出发谋发展、促发展，不断满足人民群众日益增长的物质文化需要，切实保障人民群众的经济、

政治和文化权益，让发展的成果惠及全体人民。"这个讲话，指明了科学发展观的价值取向和价值目标。

全心全意为人民服务，立党为公、执政为民作为我们党的根本宗旨和执政理念，作为我们党高举的旗帜，始终激励着我们党把造福人民作为一切奋斗和工作的目标，把实现好、维护好、发展好最广大人民群众的根本利益作为自己的最高追求。十七大报告中对此也做了精辟的阐述："全心全意为人民服务是党的根本宗旨，党的一切奋斗和工作都是为了造福人民。要始终把实现好、维护好、发展好最广大人民的根本利益作为党和国家一切工作的出发点和落脚点，尊重人民主体地位，发挥人民首创精神，保障人民各项权益，走共同富裕道路，促进人的全面发展，做到发展为了人民、发展依靠人民、发展成果由人民共享"。由此可见，科学发展观作为我们党统领经济社会发展全局的指导思想与我们党总结历史经验所形成的执政理念，即代表最广大人民的根本利益，它们二者在本质上是完全一致的。

"以人为本"作为科学发展观的核心理念，与"全面、协调和可持续发展"的基本要求相联系，从根本上科学地解释了社会主义为谁发展、靠谁发展、发展成果如何分配的问题，为我们指出了人的全面发展的前进方向。

四、中国特色社会主义发展的基本要求是全面协调可持续

全面发展，就是要以经济建设为中心，全面推进经济、政治、文化建设，实现经济发展和社会全面进步。这种发展首先是指社会的经济、政治、文化等诸要素的综合发展，社会主义物质文明、政治文明、精神文明、生态文明的共同进步。所以首先要处理好经济发展与社会发展的关系，以及物质文明、政治文明、精神文明的关系。改革开放以来，党中央确立了以经济为中心的发展战略并取得了重大成就，是完全正确的发展战略。以经济为中心乃是当时、现在甚至今后很长时期在社会发展的总体设计中必须要坚持的发展战略。因为只有经济发展了，才能为社会全面进步和人的全面发展提供坚实物质基础。但在注重经济发展的同时，也要注重社会其他各项事业的共同与协调发展。所以我们党在提出了以经济建设为中心，实现国家的社会主义现代化，建设社会主义物质文明的同时，提出了建设社会主义精神文明和社会主义政治文明的"三位一体"的总目标。物质文明、精神文明和政治文明是彼此紧密联系而又有各自的发展规律的，它们之间互为条件、互为目的、相辅相成。物质文明的发展处于基础地位，政治文明为物质文明的发展提供政治保障和法律保障，精神文明为物质文明和政治文明的发展提供思想保证、精神动力和智力支持。科学发展观在继续坚持社会主义"三个文明"的整体推进和全面发展中，还突出强调了社会建设问题。这样就把我国社会主义现代化建设总体布局由经济、政治、文化建设"三位一体"拓展为包括社会建设的"四位一体"。随后，科学发展观又强调了生态文明建设问题，把我国社会主义现代化建设总体布局拓展为包括政治、经济、文化、社会和生态建设的"五位一体"，从而进一步丰富并发展了对于社会全面发展的认识与实践。

社会全面发展的要求，不仅是指社会各个领域、各个环节的整体推进、系统发展，它还包含对人的全面发展的要求，即用全面发展的人代替片面发展的人。可以说，社会全面发展的根本目的就是实现人的全面发展。离开人的全面发展目标，社会的全面发展也就失去了其本身的意义。社会的全面发展还将人与自然的关系即生态文明纳入了人类文明的范畴，使人类文明从人类社会扩展到与人的生存和发展相关的自然界，使人类对自然生态的保护成为人类整体文明发展的重要基础，从而在人类社会发展的意义上把人与自然的关系和人与社会的关系统一起来，共同构成社会全面发展的崭新内容。科学发展观的全面发展就是经济、社会和人的全面发展，是经济增长、政治民主、文化繁荣、社会和谐的全面发展。

协调发展，就是要统筹城乡发展、统筹区域发展、统筹经济社会发展、统筹人与自然和谐发展、统筹国内发展与对外开放，推进生产力和生产关系、经济基础和上层建筑相协调，推进经济、政治、文化建设的各个环节、各个方面相协调。"五个统筹"是当前推进社会协调发展的集中体现。坚持"五个统筹"就是要在经济发展的基础上，加强教育、科学、文化、卫生等社会事业的发展，不断满足人民群众在精神、文化、健康、安全等方面的需求，协调好经济发展与社会发展的关系；就是要处理好改革、发展、稳定的关系，处理好方方面面的利益关系，处理好新时期、新形势下的人民内部矛盾和其他社会矛盾，即稳定地推进改革，让全体人民都能享受改革和发展带来的好处；就是要按照效率优先、兼顾公平的原则，积极推进分配制度的改革，切实解决好不同群体收入分配的协调问题；就是要推进西部大开发，振兴东北地区等老工业基地，促进中部地区崛起，鼓励东部地区率先发展，继续发挥各个地区的优势和积极性，通过健全市场机制、合作机制、互助机制、扶持机制，逐步扭转区域发展差距拉大的趋势，形成东中西部优势互补、共同发展的新格局，逐步解决区域发展的平衡与协调问题；就是要集中力量推进农村经济发展，解决好"三农"问题，坚决贯彻工业反哺农业、城市支持农村的方针，逐步改变城乡二元经济结构，逐步缩小城乡发展差距，解决好城乡发展的协调问题；就是要通过分配政策、就业政策、社会保障制度、教育卫生体制的改革，让全体人民共享改革、发展的成果，保持社会的公平、稳定与和谐；就是要通过改变经济增长方式，保证人口适度增长、资源永续利用和保持良好的生态环境，增强可持续发展的能力，推动整个社会走向生产发展、生活富裕、生态良好的文明发展道路，解决好人与自然环境之间的协调问题；就是要处理好国内发展和国际经济环境的关系，既利用好外部的有利条件，又发挥好我们的自身优势，更好地利用国内外两个市场、两种资源，达到两者之间相互协调，加速中国经济的发展与振兴。

科学发展观所要求的可持续发展，就是要促进人与自然的和谐，实现经济发展和人口、资源、环境相协调，坚持走生产发展、生活富裕、生态良好的文明发展道路，保证一代接一代地永续发展。

只有始终坚持全面协调可持续发展，才能实现经济实力不断增长、综合国力不断增强，促进人的全面发展和社会的全面进步；只有始终坚持全面协调可持续发展，才能真正地实现和维护社会公平、激发社会活力、化解社会矛盾、保障社会稳定、发展社会事业、加强社会建设、促进社会和谐。

五、中国特色社会主义发展的根本方法是统筹兼顾

必须充分认识统筹兼顾是贯穿中国特色社会主义建设事业的全过程的根本方法。统筹兼顾的方法既不是权宜之计，也不是可以一劳永逸的事。因为建设和发展社会主义的伟大事业，是一个过程，是一个不断发展的事业。因而一定时期的矛盾与问题解决了，新的矛盾与问题又会发生。然而不管出现什么情况，发生什么矛盾，都需要我们用统筹兼顾的方法来解决。党和政府组织和领导建设特色社会主义的过程，实际上就是统筹兼顾各个方面工作任务和各个方面利益关系的过程，这就要求建设特色社会主义的实践拓展到哪里，统筹兼顾的工作原则就要贯彻到哪里。

统筹就是为了整合，就是为了实现全面发展；统筹就是为了协调，就是要实现社会的协调发展；统筹就是为了持续，就是要实现人与自然的可持续发展和对外开放。"五个统筹"涵盖了经济发展与社会发展、经济发展与人的发展、经济发展与自然发展等多重发展角度，充分体现了全面发展的理念。在领导经济社会发展的具体实践中，统筹兼顾，就是要做到全面考虑、全面兼顾、全面规划；在制定发展战略和实行发展政策过程中，要做到总揽全局、兼顾各方、协调发展；在社会发展的宏观指导上，就必须既要顾全发展的各个有机组成部分，又要照顾到关系全局的重点发展方向，从而突出重点，搞活全局。

统筹兼顾，就是要实现协调发展，就是要推进生产力和生产关系、经济基础和上层建筑相协调，推进经济、政治、文化建设的各个环节、各个方面相协调，在当前就是要做到"五个统筹"。统筹兼顾是贯通和总揽领导活动的基本点，目的就在于解决经济社会发展中出现的各种各样的不平衡不协调的矛盾和问题，就是要达到事物内部诸方面量和质的平衡与相互适应，使经济社会处于整体和谐发展的状态。"五个统筹"就是协调城乡发展、区域发展、经济社会发展、人与自然和谐发展、国内发展和对外开放，就是要消除在这些相互联系在发展中比例悬殊、关系失调、畸形发展的状态。

坚持统筹兼顾，体现了可持续发展的实质，这就是必须正确把握和处理好近期与长远、局部与全局、社会发展与自然发展等方面的协调关系，就是要把经济建设与人口、环境、资源统筹考虑。因此坚持统筹兼顾，实现可持续发展，就是既要搞好现实的或短期的发展，又要保证未来的和长远的发展；既要照顾局部的利益，更要顾全总体的利益；就是要在指导思想上瞻前顾后，从长计议，保持发展后劲，在建设上投入的资源和财力要留有余地，适可而止，以利于持续发展和利用资源；就是要积极营造"绿色环境"，发展"绿色产业"，倡导"绿色消费"，逐步实现经济持续发展、社会全面进步、资源永续利用、环境不断改善、生态良性循环的目标。

第四节 全面深化改革是中国特色社会主义建设实践的最新理论探索

全面深化改革是全面建成小康社会的动力源泉，也是破解我国面临的突出矛盾和问题的必由之路，是决定当代中国人民的命运抉择。"中国特色社会主义之所以具有蓬勃生命力，就在于是实行改革开放的社会主义。我国过去30多年的快速发展靠的是改革开放，我国未来发展也必须坚定不移依靠改革开放。只有改革开放才能发展中国、发展社会主义、发展马克思主义。中国特色社会主义在改革开放中产生，也必将在改革开放中发展。"❶

一、全面深化改革是中国改革的历史抉择

改革开放是决定当代中国命运的一招，全面社会改革是决定"两个一百年"奋斗目标、实现中国民族伟大复兴的关键一招，是党和人民事业大踏步赶上时代的重要法宝。全面深化改革是基于中国改革到了历史新的关头所做出的历史抉择。

一是当代中国改革在激烈的国际竞争中前行，处于迎接世界挑战、实现更大发展的重要时期。当前经济全球化快速发展，综合国力竞争更加激烈，国际形势复杂多变，各国都在加快推进变革。这就要求中国在更深层次和更广领域改革不适应国际竞争要求的体制机制，以全面改革适应新的形势。

二是当前改革需要解决的问题格外艰巨。改革是一场深刻的革命，涉及重大利益的调整，涉及各方面体制机制完善。中国改革经过30多年，可以说容易的、好改的改革已经完成了。这表明中国面临的改革任务都是前所未有的，矛盾风险也是前所未有的，发展稳定的任务更是前所未有的。这就要求我们必须以更大的政治勇气和智慧，不失时机深化重要领域改革，敢于向多年的顽疾开刀，敢于冲破思想观念的束缚，勇于突破利益固化的藩篱。

三是实现全面建成小康社会的奋斗目标，对全面深化改革突出了更加迫切的要求。经济发展进入新常态，急需破解发展中不平衡、不协调、不可持续的问题；经济发展进入新时期，社会矛盾多发叠加，各种可以预见和难以预见的安全风险挑战前所未有。这就要求我们继续解放思想，加强改革的顶层设计，通过全面深化改革，为促进经济社会发展提供一套更完备、更稳定、更管用的制度体系。

---

❶ 中共中央文献研究室. 习近平关于协调推进"四个全面"战略布局论述摘编［M］. 北京：中央文献出版社，2015：51.

二、全面深化改革的最新思想成果

第一,我们的改革是有方向的。"不实行改革开放死路一条,搞否定社会主义方向的改革开放也是死路一条。在方向问题上,我们头脑必须十分清醒。""改革开放是一场深刻的革命,必须坚持正确的政治方向,沿着正确的道路推进。方向决定道路,道路决定命运。我国改革开放之所以能取得巨大成功,关键是我们党的基本路线作为党和国家的生命线,始终坚持把以经济建设为中心同四项基本原则、改革开放这两个基本点统一于中国特色社会主义伟大实践,既不走封闭僵化的老路,也不走改旗易帜的邪路。"❶

第二,我们的改革是渐进性改革。我们从事的改革事业是前人没有试验过的崭新事业,因而需要坚持正确的方法论。这个方法论就是"摸着石头过河",这是既有中国特色又符合哲学一般规律"实践、认识、再实践、再认识"的改革过程,是先实验、后总结、再推广不断积累的过程,从实践中获得真知,这种渐进式改革,为我们稳步推进改革、顺利实现目标提供了保证。同时我们的改革又是具有顶层设计的改革,是在推进局部改革的阶段性基础上来谋划的,更加注重改革的系统性、整体性和协同性。

第三,我们的改革是系统性改革。"改革开放是一个系统工程,必须坚持全面改革,在各项改革协调配合中推进。改革开放是一场深刻而全面的社会变革,既包括经济体制又包括政治体制、文化体制、社会体制、生态体制,既涉及生产力又涉及生产关系,既涉及经济基础又涉及上层建筑,每一项改革都会对其他改革产生重要影响,每一项改革又都需要其他改革协调配合。随着改革开放的不断深入,改革开放的关联性和互动性明显增强,这就要求我们更加注重各项改革的相互促进、良性互动。"❷

第四,我们的改革是创新性改革。改革的创新性来自中国人民和中国共产党强烈的问题意识,以重大问题为导向,抓住重大问题、关键问题进一步研究思考,找出答案,着力推动解决我国发展面临的一系列突出矛盾和问题。比如,"发展中不平衡、不协调、不可持续问题依然突出,科技创新能力不强,产业结构不合理,发展方式依然粗放,城乡区域发展差距和居民收入分配差距依然较大,社会矛盾明显增多,教育、就业、社会保障、医疗、住房、生态环境、食品药品安全、安全生产、社会治安、执法司法等关系权重切实利益的问题较多,部分群众生活困难,形式主义、官僚主义、享乐主义和奢靡之风问题突出,一些领域消极腐败现象易发多发,反腐斗争形势依然严峻,等等。"❸解决这些问题,关键在于深化改革,全面深化改革,关键要有新的谋

---

❶ 中共中央文献研究室. 习近平关于协调推进"四个全面"战略布局论述摘编 [M]. 北京:中央文献出版社,2015:52-53.
❷ 中共中央文献研究室. 习近平关于协调推进"四个全面"战略布局论述摘编 [M]. 北京:中央文献出版社,2015:55.
❸ 中共中央文献研究室. 习近平关于协调推进"四个全面"战略布局论述摘编 [M]. 北京:中央文献出版社,2015:58.

划、新的举措。一是要正确处理好政府和市场的关系,即坚持市场在资源配置中起决定性作用,着力解决市场体系不完善、政府干预过多和监管不到位问题。二是要解放思想,拿出自我革新的勇气和胸怀,跳出条条框框限制,克服部门利益掣肘,以积极主动精神研究和提出改革举措。三是要推进国家治理体系和治理能力现代化,并紧密结合中国的历史传承和文化传统,解决中国问题既要学习和借鉴人类文明的一切优秀成果,又不能照搬其他国家的政治理念和制度模式,而是要从我国的现实条件出发来创造性前进;"我们的治国理政的本根,就是中国共产党领导和社会主义制度。我们思想上必须十分明确,推进国家治理体系和治理能力现代化,绝不是西方化、资本主义化!"❶ 四是必须以促进社会公平正义、增进人民福祉为出发点和落脚点,使改革发展成果更多更公平惠及全体人民,否则改革就会失去意义,也不可能持续。五是要处理好尊重客观规律和发挥主观能动性的关系,既要按照客观规律办事,又要大胆探索和尝试,勇于推进理论创新和实践创新;处理好局部与全局、当前和长远、重点和非重点的关系,突出改革的系统性、整体性和协调性。六是要通过"一带一路"的倡议,推进高水平的对外开放。

思考题

1. 改革开放以来,我国综合实力极大提升,2010 年国内生产总值跃居世界第二,但我面临的形势和任务还十分艰巨。请谈谈对当代中国基本国情的理解与认识。

2. 胡锦涛在庆祝中国共产党成立 90 周年大会上的讲话中指出:"当前,世情、国情、党情继续发生深刻变化,我国发展中不平衡、不协调、不可持续问题突出,制约中国特色社会主义发展的机制体制障碍躲不开、绕不过,必须通过深化改革加以解决。"❷ 请结合实际谈谈你对这段话的理解。

3. 中共十八届五中全会通过的《中共中央关于制定国民经济和社会发展的第十三个五年规划的建议》在科学分析新形势新任务的基础上,再次强调"我国发展仍处于可以大有作为的重要战略机遇期"。请谈谈你是如何理解的。

4. 结合十八大报告,谈谈你对 2020 年全面建成小康社会目标的认识。

---

❶ 中共中央文献研究室. 习近平关于协调推进"四个全面"战略布局论述摘编 [M]. 北京:中央文献出版社,2015:83.

❷ 胡锦涛. 在庆祝中国共产党成立 90 周年大会上的讲话 [M]. 北京:人民出版社,2011:7.

第二章 中国特色社会主义经济建设理论与实践

 教学基本要求
1. 了解中国特色社会主义现代化建设的总体情况。
2. 掌握中国经济建设基本特点和要求。
3. 把握中国特色发展的基本思路和发展道路。
4. 认识中国对外开放的重要性和主要内容。

解放和发展生产力是中国特色社会主义经济建设的根本任务,为实现这一任务,必须毫不动摇地坚持公有制为主体、多种所有制经济共同发展的基本经济制度。不断深化经济体制改革,完善社会主义市场经济体制,使市场在国家宏观调控下对资源配置发挥基础性作用。把科学发展观贯彻到经济发展的全过程,加快转变经济发展方式。在经济全球化条件下推进对外开放,积极参与国际经济合作和竞争,不断提高对外开放水平。

第一节 中国特色社会主义经济建设概述

一、经济和经济建设

经济通常指人们在物质资料生产过程中结成的、与一定的社会生产力相适应的生产关系的总和或社会经济制度,是政治、法律、哲学、宗教、文学、艺术等上层建筑赖以建立起来的基础。

马克思主义认为,物质资料生产是人类社会存在和发展的基础,物质生活的生产方式制约着整个社会生活、政治生活和精神生活的过程。一个社会的物质基础,是指一定社会经济制度赖以建立的生产力条件。社会生产关系是在一定的物质基础上建立起来的,而且只有进一步发展与它相适应的物质基础,才能最后战胜旧的生产关系,并得到巩固和发展。

社会主义经济建设的主要目的，是大力发展社会生产力，增加社会财富，提高经济效益，不断满足人民日益增长的物质文化需要，同时发展和完善社会生产关系和经济制度。经济建设是中国特色社会主义建设的中心任务，是政治文明、文化繁荣、社会进步、生态良好的物质基础。

二、中国特色社会主义经济理论

在新的历史时期，中国共产党坚持以经济建设为中心，大力推进实践创新和理论创新，提出了关于改革开放和经济发展的一系列重大理论观点，形成了中国特色社会主义经济理论。其基本理论主要包括以下五个方面。

一是关于社会主义根本任务的思想。中国仍处于并将长期处于社会主义初级阶段，人民日益增长的物质文化需要同落后的社会生产之间的矛盾始终是社会的主要矛盾，解放和发展生产力始终是社会主义的根本任务。必须牢牢抓住经济建设这个中心，聚精会神搞建设，一心一意谋发展，不断夯实建设和发展中国特色社会主义的物质基础。

二是关于社会主义市场经济和经济体制改革的思想。走社会主义市场经济的发展道路，是中国特色社会主义的重要体现。把市场经济和社会主义基本制度进行有效的结合，是社会主义市场经济发展道路的核心问题。市场经济怎样才能和社会主义基本制度结合得更好，既发挥市场对资源配置的基础性作用，又充分发挥社会主义制度的优越性，是我们要达到的目标模式。建立完善的社会主义市场经济体制是深化经济体制改革的基本内容，这些内容涉及经济体制改革的重点领域和关键环节，也是我们今后改革的重点和难点。

三是关于基本经济制度的思想。坚持基本经济制度根本的是要正确地认识公有制与私有制的关系。在这一问题上，关键的是要澄清社会上对公有制经济提出的种种质疑，解决好坚持公有制与发展市场经济的关系、坚持公有制与经济发展的关系、坚持公有制与经济效率的关系这三大问题。只有真正从理论认识上解决了这三个问题，才能做到坚持公有制主体地位毫不动摇，同时毫不动摇地鼓励、支持、引导非公有制经济共同发展，才能在实践中不断完善这一基本经济制度。

四是关于经济发展的思想。我国经济发展的主线是加快转变经济发展方式，抓住这一主线对中国未来经济社会的科学发展至关重要。要把加快转变经济发展方式作为我国经济社会领域的一场深刻变革，贯穿到经济社会发展的全过程和各领域。长期以来，转变经济发展方式的效果之所以不理想，主要问题不在于人们主观上不想转变，而在于转变的条件不充分，影响了经济发展方式转变的有效推进。要使转变经济发展方式取得实质性进展，关键要创造有利于转变经济发展方式的基本条件。因此，要使加快转变经济发展方式有实质性的进展，就要从宏观到微观、从市场到政府加大改革力度，使加快转变经济发展方式成为整个社会和每一个企业的自觉行为。

五是关于经济全球化条件下对外开放的思想。经济全球化和全球金融危机使整个世界的经济发展出现了许多新的变化。其中最突出的就是世界各国之间的经济联系越来越密切，中国的经济发展离不开世界，世界的发展也越来越广泛地影响中国的发展。中国的经济必须融入世界才能更好地为自身的发展创造条件。同时，中国的经济发展必须有效地防范世界经济发展出现的各种风险，才能顺利地实现自己的发展。面对经济全球化出现的新特点新变化，我们必须认识到新的形势对我们的改革开放提出的新挑战，我们的对外开放、对外贸易、参与国际金融的发展、资本的"引进来"和"走出去"、国际合作与竞争等各个方面都必须不断提高水平和能力，才能使我们更好地应对各种挑战，更好地提高外向型经济的发展水平。

三、中国特色社会主义经济制度和体制

经济制度是指在一定历史阶段占主要地位的生产关系的总和，又称社会经济结构。一个国家的经济制度决定其政治制度、法律制度和社会意识形态，并受到政治法律制度的保护。经济体制主要指在经济制度基础上经济运行的具体形式，包括生产资料所有制的具体形式和结构、国民经济的管理制度和管理方式、机构设置和经济运行规则等。经济制度和体制的选择决定一国生产力发展水平和具体的社会经济条件。中国特色社会主义经济制度和体制，主要包括三个方面。

一是基本经济制度。主要是确认生产关系即生产资料所有制的制度。基本经济制度是一个社会经济制度的基础，是决定一个社会基本性质和发展方向的根本因素。改革开放以来，中国共产党坚持以马克思主义为指导，立足中国基本国情，确立了公有制为主体、多种所有制共同发展的社会主义初级阶段基本经济制度。这一基本经济制度，揭示了社会主义初级阶段生产关系的本质特征，体现了社会主义经济性质，反映了中国现阶段生产力发展的要求。

二是分配制度。主要是确认分配方式的指导，是经济制度的重要方面。分配方式是由生产方式决定的，一个社会的分配制度取决于基本经济制度。在社会主义初级阶段，既存在按劳分配，也存在按生产要素分配，因此确立了按劳分配为主体、多种分配方式并存的社会主义初级阶段的分配制度。这一制度适应了中国现阶段生产力发展的水平，有利于促进生产力更好发展。

三是社会主义市场经济体制。社会主义市场经济体制是在社会主义公有制基础上，在国家宏观调控下使市场在社会资源配置中发挥基础性作用的经济体制。具体地说，就是使经济活力遵循价值规律要求，适应供求关系的变化；通过价格杠杆和竞争机制的功能，把资源配置到效益较好的环节中去；运用市场对各种经济信号比较灵敏的优点，促进生产和需求的及时协调；国家对市场进行有效的宏观调控。社会主义市场经济体制的确立从根本上消除了把计划经济和市场经济看作属于社会基本制度范畴的传统思想束缚，有利于发挥社会主义制度的优越性和市场经济的优势。

第二节　全面深化经济体制改革

全面深化改革范围之广、力度之大都是空前的。改革会影响中国社会发展和社会进步，因而改革方案涉及了政治、经济和社会体制等，要面对内部经济结构问题、社会矛盾问题、利益固化问题、意识形态问题，还有外部的全球经济再平衡问题、国家安全问题、双边机制替代多边机制问题，等等。改革焦点涉及分配制度、土地流转、财税体制、国有企业、金融制度等。经济体制改革是全面深化改革的重点，核心是处理好政府与市场的关系，使市场在资源配置中起决定性作用和更好发挥政府作用。健全社会主义市场经济体制，必须遵循市场决定资源配置的市场经济规律，着力解决市场体系不完善、政府干预过多和监管不到位的问题。

一、深化经济体制改革的现实动因

经过 30 多年的改革实践，我国的市场经济体制已经初步建立。当前，制约科学发展的体制机制障碍不少集中于经济领域，经济体制改革任务远远没有完成，经济体制改革的潜力还没有充分释放出来，仍存在不少问题。

一是在投资与消费领域，长期形成的结构性矛盾和增长方式粗放问题仍然突出。表现为投资与消费关系不协调，投资比例持续偏高。2008 年的金融危机，促使中国政府进行经济调整，2008 年 11 月，政府果断地实施积极的财政政策和适度的货币宽松政策，启动 4 万亿元投资等"一揽子"计划，2009 年和 2010 年分别新增贷款 9.6 万亿元和 8 万亿元。宽松的货币政策的结果是，市场流动性过剩，大量游资到处冲击。房地产市场：2009 年房价上涨 25%、2010 年上涨 15%；生活消费品市场：据专家预计 CPI 2010 年 7 月登顶，达到 3.3%，但结果是 8 月上涨 3.5%、9 月上涨 3.6%、10 月上涨 4.4%、11 月上涨 5.1%，2011 年上半年上涨 4%~5%，"豆你玩""蒜你狠""姜你军""糖高宗""苹地起""向前葱"等一系列与老百姓息息相关的生活用品纷纷涨价，引起了市场波动；生产要素市场发展滞后，要素闲置和大量有效需求得不到满足并存。

二是在市场运行领域，市场机制还未充分发挥作用。表现为城乡体制分割，产权制度不完善，国有企业建立现代企业制度和国有经济布局调整的任务还未完成，资本等要素市场发育滞后，垄断部门的改革滞后；农业基础仍然薄弱，农业稳定发展和农民持续增收难度加大，城乡、区域发展差距扩大的趋势尚未扭转；市场规则不统一，部门保护主义和地方保护主义大量存在；市场竞争不充分，阻碍优胜劣汰和结构调整。

三是在国家宏观调控领域，宏观调控体系不够健全。随着市场经济体制的初步确立，市场经济所固有的缺陷和诸多矛盾也逐步显现，表现为失业增加、经济出现波动、收入差距拉大等。

四是在社会秩序领域。表现为市场秩序不够规范，以不正当手段谋取经济利益的现象广泛存在；信用缺失现象比较严重，个人信用、企业信用、商业信用等尚未很好建立；市场监管和执法还不到位，食品安全事件和安全生产重特大事故接连发生，给人民群众生命财产造成重大损失，等等。这些问题不解决好，完善的社会主义经济体制是难以形成的。

二、市场在资源配置中起决定作用

全面深化经济体制改革的核心问题是进一步处理好市场与政府的关系问题，实际上就是要处理好资源配置中市场起决定作用还是政府起决定作用这个问题。经济发展就是要提高资源尤其是稀缺资源的配置效率，以尽可能少的资源投入生产尽可能多的产品、获得尽可能大的效益。理论和实践都证明，市场配置资源是最有效率的形式。市场决定资源配置是市场经济的一般规律，市场经济本质上就是市场决定资源配置的经济。发挥市场在资源配置中的决定性作用，需要进一步深化经济体制改革。

一要建立公平开放透明的市场规则。第一，资源配置中的市场化原则；第二，互利性的等价交换原则；第三，资源主体的自主原则；第四，反垄断的自由竞争原则；第五，崇尚优势的优胜劣汰原则；第六，机会均等的公平公正原则；第七，以契约为基础的信用经济原则；第八，维护有序性的法治原则；第九，以利益为形式的市场经济道德原则；第十，强化比较优势的开放原则；第十一，保障弱势的社会保障原则。

二要完善主要由市场决定价格的机制，如取消政府对价格机制的不合理干预，推进水、石油、天然气、电力、交通、电信等领域的价格改革，改善公用石油、公益服务等领域的政府定价机制，完善农产品价格形成机制。

三要建立城乡统一的建设用地市场，如农村集体经营性建设用地与国有土地同市同权同价，完善被征地农民的权益保障机制，完善国有土地的试用机制，完善土地增值收益的分配机制等。

四要完善金融市场体系和机制，如保险经济补偿机制、人民币汇率市场化形成机制、利率市场化机制、跨境资本和金融交易兑换体系与机制、外债和资本流动管理体系等。

三、更好地发挥政府的作用

市场在资源配置中起决定性作用，并不是起全部作用，因而既要发挥市场作用，也要发挥政府作用。十八届三中全会对更好发挥政府作用提出了明确的要求，强调科学的宏观调控，有效的政府治理；强调整个的职责和作用主要是保持宏观经济稳定，加强和优化公共服务，保障公平竞争，加强市场监管，维护市场秩序，推动可持续发展，促进共同富裕，弥补市场失灵。❶ 更好地发挥政府的作用，还必须转变政府职能，

---

❶ 关于《中共中央关于全面深化改革若干重大问题的决定》的说明［N］. 人民日报，2013-11-13.

现在的政府职能转变还不到位，政府对微观经济运行干预过多过细，宏观经济调节还不完善，市场监管问题较多，社会管理亟待加强，公共服务比较薄弱，这些问题的存在与全面建成小康社会的新要求是不相符合的。这就需要在经济体制改革中，做好"减法"。具体来说，就是最大限度减少中央政府对微观事务的管理，对市场机制能有效调节的经济活动要一律取消审批，对保留的行政审批事项要规范管理、提高效率，对面向基层的经济社会事项要下放至地方和基层进行管理。"转变政府职能，需要放权，以发挥地方的积极性和主动性，但并不是说什么权都要下放，该下放的当然要下放，但该加强的也要加强，有些职能搞得太分散反而形不成合力。"❶ 所以政府在经济体制改革上还需要做"加法"，"在关系国计民生和产业命脉的领域要积极作为，加强支持和协调，总体确定技术方向和路线，用好国家科技重大专项和重大工程等抓手，集中力量抢占制高点。"❷ 就是要加强各类经济政策手段的协调配合，增强宏观调控的战略性、前瞻性、针对性和协同性；交流参与国际宏观经济政策协调的机制，推动国际经济治理结构的完善；加快建立国家统一的经济核算制度，建立全国和地方自筹负债表即房产、信用等基础数据的统一平台；改革唯 GDP 增长的政绩评价机制，完善政府的市场监管和公共服务职能。

四、推动收入分配体制的改革

随着市场经济的发展，不同阶层、不同地区间的个人收入出现较大的差距。根据国家统计局的计算，2015 年全国居民收入基尼系数为 0.462，高于 0.4 的贫富差距警戒线。因此，推动收入分配体制改革，建立合理有序的收入分配格局，是全面深化经济体制改革的重要内容。

一是在国民收入的初次分配环节，实行按劳分配和按要素分配相结合的实施机制。一方面，要保护劳动所得，努力实现劳动报酬增长和劳动生产率提高同步，提高劳动报酬在初次分配中的比重；要健全工资决定和正常增长机制，完善最低工资和工资支付保障制度，完善企业工资集体协商制度；另一方面，要健全资本、技术、知识、管理、专利等由要素市场决定的报酬机制，优化上市公司投资者回报机制，保护投资者尤其是中小投资者的合法权益，多渠道增加居民财产性收入。

二是在国民收入的再分配环节，要综合运用税收、社会保障、转移支付等手段，规范收入分配秩序，完善收入分配的调控体制机制和政策体系。为此应加快建立个人收入和财产信息系统，保护合法收入，调节过高收入，清理规范隐性收入，取缔非法收入，增加低收入者收入，扩大中等收入者比重，努力缩小城乡、区域、行业收入分配差距，逐步形成橄榄型分配格局。

---

❶ 中共中央文献研究室. 习近平关于全面深化改革论述摘编 [M]. 北京：中央文献出版社，2014：52.
❷ 中共中央文献研究室. 习近平关于全面深化改革论述摘编 [M]. 北京：中央文献出版社，2014：54.

五、全面推进财税体制改革

财政是国家治理的基础和重要支柱，财税体制在治国安邦中始终发挥着基础性、制度性、保障性的作用。现行的财税体制不能完全适应转变经济发展方式的需要，我国经济社会发展中的一些突出矛盾和问题也与财税体制不健全有关。因此推进财税体制改革也是全面深化改革的重要内容。

财税体制改革的目标，是立足全局、着眼长远的制度创新。具体是建立统一完整、法治规范、公开透明、运行高效，有利于优化资源配置、维护市场统一、促进社会公平、实现国家长治久安的可持续的现代财政制度。

财税改革的重点，一是改进预算管理制度，强化预算约束，规范政府行为，实现有效监督，加快建立全面规范、公开透明的现代预算制度；二是深化税收制度改革，优化税制结构，完善税收功能，稳定宏观税负，推进依法治税，建立有利于科学发展、社会公平、市场统一的税收制度体系；三是调整中央和地方政府间的财政关系，建立事权和支出责任相适应的制度，在保持中央和地方收入格局大体稳定的前提下，进一步理顺中央和地方的收入划分，合理划分政府间事权和支出责任，促进权力和责任、办事和花钱相统一。

第三节 引领中国经济发展新常态

一、从战略上研判中国经济新常态

2014年5月，习近平在河南考察时指出，我国的发展仍处于重要战略机遇期，我们要增强信心，从当前经济发展的阶段性特征出发，适应新常态，保持战略上的平常心。这是新一代中央领导集体首次以新常态描述新时期新阶段的中国经济。新常态主要表现为经济增速适宜、结构优化、社会和谐；进入新常态意味着我国经济发展的条件和环境都将发生重大转变，意味着经济增长将与过去30多年10%左右的高速告别，与传统的不平衡、不协调、不可持续的发展模式告别。新一代中央领导集体，对我国经济新常态的研判，基本确定为这是中国经济发展的一个必经阶段，是潜在的经济增长率的下降，宏观经济政策则保持着必要的克制和包容。

以习近平为总书记的党中央对当前经济形势做出了经济增长换挡期、结构挑战阵痛期、前期刺激政策消化期"三期叠加"的判断。经济新常态的最大特点就是，速度下台阶，效益上台阶；其明显特征是增长动力实现转换，经济结构实现再平衡。突出表现为：一是生产结构中的农业和制造业比重明显下降，服务业比重明显上升，消费取代工业成为主要的经济增长动力；二是需求结构中的投资率明显下降，消费率明显上升，消费成为需求增长的主体；三是收入结构中的企业收入占比明显下降，居民收入占比明显上升；四是动力结构中的人力、资源粗放投入明显下降，技术进步和创新成为决定成败的要素。所以面对新常态，我们就是向改革要动力、向结构调整要助力、向民生改善要潜力，就是要激发活力、补齐短板、做强实体。

新常态是新一届中央领导集体对中国经济形势的清醒判断，对未来宏观经济政策导向有着重要的决定性意义。

二、引领中国经济新常态的关键

引领中国经济新常态的关键是转变经济发展方式、调整经济结构，这也是实现有质量、高效益、可持续发展的根本途径。

转变发展方式，除了转变经济的增长方式外，还包括经济发展理念的变革、模式的转型、路径的创新，是一种综合性、系统性、战略性的转变，贯穿于经济发展的全过程和各领域。经济发展方式转变的核心，是实现由主要依靠增加物质资源向主要依靠科技进步、劳动者素质提高、管理创新转变。经济发展方式的转变将有利于质量和效益、就业和收入、环境保护和资源节约的协同推进，由此实现经济增长建立在结构优化、质量提高、效益改善的基础上，是实实在在的没有水分的增长。

调整经济结构是转变经济发展方式的战略重点。必须以改善需求结构、优化产业结构、促进区域协调发展、推进城镇化为重点，着力解决制约经济持续健康发展的重大结构性问题。要牢牢把握扩大内需这一战略基点，加快建立扩大消费需求长效机制，释放居民消费潜力，保持投资合理增长，扩大国内市场规模。牢牢把握发展实体经济这一坚实基础，实行更加有利于实体经济发展的政策措施，强化需求导向，推动战略性新兴产业、先进制造业健康发展，加快传统产业转型升级，推动服务业特别是现代服务业发展壮大，合理布局建设基础设施和基础产业。建设新一代信息基础设施，发展现代信息技术产业体系，健全信息安全保障体系，推进信息网络技术广泛运用。提高大中型企业核心竞争力，支持小微企业特别是科技型小微企业发展。继续实施区域发展总体战略，充分发挥各地区比较优势，优先推进西部大开发，全面振兴东北地区等老工业基地，大力促进中部地区崛起，积极支持东部地区率先发展。采取对口支援等多种形式，加大对革命老区、民族地区、边疆地区、贫困地区的扶持力度。科学规划城市群规模和布局，增强中小城市和小城镇产业发展、公共服务、吸纳就业、人口集聚功能。加快改革户籍制度，有序推进农业转移人口市民化，努力实现城镇基本公共服务常住人口全覆盖。

三、实施创新驱动发展战略

科技创新是提高社会生产力和综合国力的战略支撑，必须摆在国家发展全局的核心位置。要坚持走中国特色自主创新道路，以全球视野谋划和推动创新，提高原始创新、集成创新和引进消化吸收再创新能力,更加注重协同创新。深化科技体制改革,推动科技和经济紧密结合,加快建设国家创新体系,着力构建以企业为主体、市场为导向、产学研相结合的技术创新体系。完善知识创新体系,强化基础研究、前沿技术研究、社会公益技术研究,提高科学研究水平和成果转化能力,抢占科技发展战略制高点。实施国家科技重大专项,突破重大技术瓶颈。加快新技术新产品新工艺研发应用,加强技术集成和商业模式创新。完善科技创新评价标准、激励机制、转化机制。实施知识产权战略,加强知识产权保护。促进创新资源高效配置和综合集成,把全社会智慧和力量凝聚到创新发展上来。

四、强化经济金融方向防控

2008年国际金融危机表明,过度负债和过度投机所引发的虚拟经济泡沫,是加剧资本主义内生性矛盾的重要因素。随着我国金融市场的发育成长,过度负债和过度投机的风险也在增大,由此引发的实体经济和虚拟经济间的失衡成为影响社会主义市场经济稳定与发展的重大因素。伴随着经济增速下降,以高杠杆和泡沫化为主要特征的各类风险逐步显性化,但风险总体可控。

从实体经济部门看,风险主要来自经济增速下降和产业结构调整所引起的结构性衰退,尤其是传统产业部门的衰退风险更为明显,这也加剧了失业风险的程度。从虚拟部门看,风险包括内源性和外源性两方面。过度债务负担和过度金融投机是当前主要的内源性风险,前者表现为企业和地方政府的过高负载率,后者表现为房地产和股市泡沫的膨胀。美元霸权和国际游资冲击是当前主要的外源性风险,它们往往结合起来引发汇率市场的剧烈波动。

以有效的经济治理和宏观调控来防控经济金融风险,是适应和引领经济新常态的重要内容。必须看到,中国仍是世界上最具经济活力的国家,实体经济的良好发展前景从根本上决定了这些风险处于可控范围。逐步化解这些风险,必须健全各类风险防控的体制机制,标本兼治,对症下药。一是处理好增长和转变的关系,在保证中高速经济增长的前提下有步骤地推动产业结构调整,避免经济过度失速可能造成的失业及社会问题;二是改革和完善金融市场制度,强化金融市场服务于实体经济发展的功能,抑制金融投机和虚拟经济泡沫;三是建立和规范债务管理及风险预警机制,特别是要控制和化解地方政府性债务风险;四是改革和完善外汇管理制度,增进国际和区域金融合作机制,降低跨境金融风险的冲击力。

第四节　推动城乡发展一体化

一、推进城镇化

解决好"三农"问题是全党工作重中之重,城乡发展一体化是解决"三农"问题的根本途径。其中推进城镇化是当前我国改革中一个新的重要内容。"推进城镇化,还要注意两对关系。一是市场和政府的关系,既坚持使市场在资源配置中起决定性作用,又要更好发挥政府在创造制度环境、编制发展规划、建设基础设施、提供公共服务、加强社会治理等方面职能。二是中央和地方的关系,中央制定大政方针,确定城镇化总体规划和战略布局,省及省以下地方则从实际出发,贯彻落实总体规划,制定相应规划,创造性开展建设和管理工作。"❶ 要加大统筹城乡发展力度,增强农村发展活力,逐步缩小城乡差距,促进城乡共同繁荣。坚持工业反哺农业、城市支持农村和多予少取放活方针,加大强农惠农富农政策力度,让广大农民平等参与现代化进程,共同分享现代化成果。加快发展现代农业,增强农业综合生产能力,确保国家粮食安全和重要农产品有效供给。中央在推进城镇化过程中,特别强调推进人的城镇化。坚持把国家基础设施建设和社会事业发展重点放在农村,深入推进新农村建设和扶贫开发,全面改善农村生产生活条件。2013年中共中央办公厅、国务院办公厅印发《关于创新机制扎实推进农村扶贫开发工作的意见》的通知,明确提出建立精准扶贫工作机制,"按照县为单位、规模控制、分级负责、精准识别、动态管理的原则,对每个贫困村、贫困户建档立卡,建设全国扶贫信息网络系统。专项扶贫措施要与贫困识别结果相衔接,深入分析致贫原因,逐村逐户制定帮扶措施,集中力量予以扶持,切实做到扶真贫、真扶贫,确保在规定时间内达到稳定脱贫目标"❷。着力促进农民增收,保持农民收入持续较快增长。"推进人的城镇化,一个重要的环节在户籍制度。要按照党的十八届三中全会精神,全面放开建制镇和小城市落户限制,有序放开中等城市落户限制,合理确定大城市落户条件,严格控制特大城市人口规模。"❸

二、创新土地制度改革

土地制度改革牵一发而动全身,因此必须坚持这样的原则:"农村土地改革是个大事,涉及的主体、包含的利益关系十分复杂,必须审慎稳妥推进。不管怎么改,不能

---

❶ 中共中央文献研究室. 习近平关于全面深化改革论述摘编[M]. 北京:中央文献出版社,2014:62.
❷ 中共中央办公厅国务院办公厅印发《关于创新机制扎实推进农村扶贫开发工作的意见》的通知(中办发〔2013〕25号).
❸ 中共中央文献研究室. 习近平关于全面深化改革论述摘编[M]. 北京:中央文献出版社,2014:63.

把农村土地集体所有制改垮了,不能把耕地改少了,不能把粮食产量改下去了,不能把农民利益损害了。""要按照守住底线、试点先行的原则稳步推进。土地公有制性质不能变,耕地红线不能动,农民利益不能损,在此基础上可有序进行探索。"❶ 坚持和完善农村基本经营制度,依法维护农民土地承包经营权、宅基地使用权、集体收益分配权,壮大集体经济实力,发展农民专业合作和股份合作,培育新型经营主体,发展多种形式规模经营,构建集约化、专业化、组织化、社会化相结合的新型农业经营体系。"目前,各地区都在积极地推进农村土地承包经营权流转试点,这有利于改变一些地方农村土地过于分散的状况,提高农业生产效率。在这个过程中,要尊重农民意愿、保障农民权益,防止土地过度集中到少数人手里,防止土地用途发生根本性变化,造成农村贫富差距过大。也不要以土地改革、城乡一体化之名,行增加城镇建设用地之实,这种挂羊头卖狗肉的事不能干。"❷ "现在,承包经营权流转的农民家庭越来越多,土地承包权主体同经营权主体发生分离,这是我国农业生产关系的新趋势。这个变化对完善农村基本经营制度提出了新的要求。要不断探索农村土地集体所有制的有效实现形式,落实集体所有权、稳定农户承包权、放活土地经营权,加快构建以农户家庭经营为基础、合作与联合为纽带、生活化服务为支撑的立体式复合型现代农业经营体系。"❸ 加快完善城乡发展一体化体制机制,着力在城乡规划、基础设施、公共服务等方面推进一体化,促进城乡要素平等交换和公共资源均衡配置,形成以工促农、以城带乡、工农互惠、城乡一体的新型工农、城乡关系。

三、建立适合农业农村特点的金融体系

要加强土地经营权流转管理和服务,推动土地经营权等农村产权流转交易公开、公正、规范运行。"要研究开辟新的投融资渠道,建立健全'三农'投入稳定增长的长效机制。农业金融仍然是个老大难问题,解决这个问题关键是要在体制机制顶层设计上下功夫,鼓励开展农民合作金融试点,建立适合农业农村特点的金融体系。"❹

第五节 全面提升开放型经济水平

一、中国的机遇与挑战

适应经济全球化新形势,必须实行更加积极主动的开放战略,完善互利共赢、多

---

❶ 中共中央文献研究室. 习近平关于全面深化改革论述摘编 [M]. 北京:中央文献出版社,2014:66,64.
❷ 中共中央文献研究室. 习近平关于全面深化改革论述摘编 [M]. 北京:中央文献出版社,2014:64.
❸ 中共中央文献研究室. 习近平关于全面深化改革论述摘编 [M]. 北京:中央文献出版社,2014:65.
❹ 中共中央文献研究室. 习近平关于全面深化改革论述摘编 [M]. 北京:中央文献出版社,2014:67.

元平衡、安全高效的开放型经济体系。要加快转变对外经济发展方式，推动开放朝着优化结构、拓展深度、提高效益方向转变。创新开放模式，促进沿海内陆沿边开放优势互补，形成引领国际经济合作和竞争的开放区域，培育带动区域发展的开放高地。坚持出口和进口并重，强化贸易政策和产业政策协调，形成以技术、品牌、质量、服务为核心的出口竞争新优势，促进加工贸易转型升级，发展服务贸易，推动对外贸易平衡发展。提高利用外资综合优势和总体效益，推动引资、引技、引智有机结合。加快走出去步伐，增强企业国际化经营能力，培育一批世界水平的跨国公司。统筹双边、多边、区域次区域开发合作，加快实施自由贸易区战略，推动同周边国家互联互通，提高抵御国际经济风险能力。

二、全面提高开放型经济水平的内容

我国对外开放已经形成了市场、资源能源、投资"三头"对外深度融合的新局面。只有坚持对外开放，深度融入世界经济，才能实现互利共赢的开放战略。

一是继续推进对外贸易增长。这就需要较快转变对外贸易的增长方式，优化对外贸易结构，从主要由出口为主转向进口和出口并重，实现对外贸易的基本平衡，创造新的比较优势和竞争优势，增强对外贸易的核心竞争力，实现中国经济与世界经济的互接互补。

二是深化"引进来"战略。大力引进国际先进科技、管理和人才，优化外资结构，放宽外资准入限制的范围，推进金融、文化、教育、医疗等服务领域的有序开放，统一内外资法律法规，保持外资政策稳定、透明、可预期，使之服务于我国经济结构的调整和增长方式的转变。

三是加快"走出去"战略。要更积极主动地参与经济全球化，更好和更多地利用国外一切可以利用的市场和资源，以弥补国内资源的不足，扩大国际市场空间。为此，要创造有利条件促进国内企业和个人发挥自身优势到境外开展投资合作，加快同有关国家和地区商签投资协定，完善领事保护机制，提供权益保障、投资促进、风险预警等更多服务，扩大投资合作空间。

四是探索多层次的国际经济合作新方式。坚持双边、多边、区域次区域开发合作，扩大同各国各地区利益汇合点，以周边为基础加快实施自由贸易区战略，最终建立面向全球的高标准自由贸易区网络。

第六节 推动建立公正合理的国际经济新秩序

国际经济秩序，是指在世界范围内围绕国际经济关系所确立的一系列国际行为规则和制度的总和，从根本上决定着全球经济利益的分配格局。当前，国际经济秩序总体上是由发达国家所主导的，基本上反映的是发达国家的利益，其存在的最主要问题

就是缺乏公平性和合理性。

一、构建互利共赢、公正合理的国际经济新秩序

中国倡导的国际经济新秩序主要包括：国家不分大小、贫富、强弱，都应按照民主平等的原则处理国际经济关系，坚决反对以大欺小、以富欺贫、以强欺弱；通过和平协商的方式解决国际经济摩擦和争端；本着求同存异和多样性原则，尊重和包容世界经济中不同的经济制度和发展模式选择；坚持互利合作的原则，缩小南北差距，推动世界经济平衡稳定发展和共同繁荣；稳步有序地推进联合国、世界贸易组织等国际组织的实质性改革，使之成为构建国际经济新秩序的有效平台。

二、促进经济的平衡发展

从根本上讲，世界经济最大的不平衡是南北发展的不平衡。没有发展中国家经济的发展，就没有世界经济长期稳定的发展。应当促进南北对话，加强南南合作，推动发展中国家以各种有效的方式和合作机制联合起来，共同为建立互利共赢、公正合理的国际经济新秩序而努力奋斗。

三、积极参与世界经济治理机制改革

2008年国际金融危机爆发后，引起了世界各国的深入思考，推进世界经济治理机制改革已成为国际社会的重要议题。中国要积极参与构建多层次的世界经济治理框架和机制安排，发挥各种机制在世界经济治理中的整合作用，推动建立一个均衡、普惠、共赢的多边贸易体制，促进国际社会建立币值稳定、供应有序和总量可调的国际储备货币体系，推动建立能有效防范和抵御系统性金融风险的全球稳定制度和框架。

四、推动"一带一路"建设

"一带一路"是经济全球化新形势下对外开放的构想，它包括"丝绸之路经济带"和"21世纪海上丝绸之路"。"一带一路"顺应了地区和全球合作潮流，契合中国和沿线国家的经济发展需要，符合有关各方的共同利益，对于提升中国的开放型经济水平具有重要的意义。

"一带一路"建设秉持共商、共建、共享的原则：共商就是集思广益，兼顾各方的利益和关切，体现各方的智慧和创意；共建就是各施所长、各尽所能，把各方的优势和潜能充分发挥出来，持之以恒加以推进；共享就是让建设成果更多更公平地惠及"一带一路"沿线的各国人民，打造更紧密的利益共同体和命运共同体。构建陆上经济合作走廊和海上经济合作走廊，从而实现沿线国家的互联互通，这是"一带一路"建设的重点。推动"一带一路"沿线国家的基础设施建设，是实现互联互通的物质基础。我国在基础设施建设领域具备国际竞争优势，"一带一路"为国内龙头企业"走出去"

提供了历史新契机，这些企业的国际化经营水平也将随之得到提升。为了打破互联互通的融资瓶颈，由中国主导成立了丝路基金、亚洲基础设施投资银行等金融机构。借助于这些金融机构的资本运作，我国与沿线国家将以互联互通为起点在更广泛的领域展开经济合作，我国的开放型经济水平将进一步提升，国内经济结构调整和经济发展方式转变也将获得更有利的外部条件。

思考题

1. 谈谈你对"市场在资源配置中起决定作用"的认识。
2. 如何认识中国经济新常态？
3. 推进城镇化的难点和重点在哪里？
4. 谈谈你对"一带一路"战略构想与实践的认识。

第三章　中国特色社会主义政治建设理论与实践

教学基本要求

1. 了解中国特色社会主义政治的总体情况。
2. 把握中国特色社会主义政治发展道路及其特点。
3. 认识中国政治体制改革的主要任务和总体要求。

发展社会主义民主政治，建设社会主义政治文明，是中国特色社会主义伟大事业的有机组成部分。放眼世界，任何一个国家的民主政治、政治文明建设都是这些国家的历史和国情以及政治发展的实践产物。中国如此，西方也是如此。因此我们就需要从历史和中国国情的视角来观察一个国家政治发展历程，只有这样才能真正认识和理解中国的政治建设。而中国共产党正是坚持从历史和中国国情出发，不断深化对发展中国特色社会主义政治的认识，坚定不移地把社会主义民主政治建设不断推进向前。

第一节　中国特色社会主义政治理论与制度概述

中国的民主政治建设要从实际出发，要在实践中探索前进。中国的民主政治建设并不是无本无源，中国民主政治建设的"本"就是要坚持四项基本原则；中国民主政治建设的"源"就是坚持马克思主义民主观的指导。政治建设与经济体制改革及建设社会主义市场经济不同的是，我国的政治体制改革和民主政治建设不是从一种体制转向另一种体制。我国的政治体制改革和民主政治建设是在原有的社会主义政治制度基础上进行自我完善和发展，其根本理论基础、制度框架没有改变。

马克思主义认为，政治是人类历史发展到一定阶段出现的社会现象，是建立在一定经济基础之上的上层建筑的核心部分，是以一定的阶级关系为基本内容，围绕着国家政权而展开的各种社会活动和社会关系的总和。它主要包括政治法律制度、以国家政权机构为主体的各类政治组织形态和设施以及政治意识形态等。

马克思主义政治观深刻地揭示了政治的本质，为认识政治现象提供了科学的世界观和方法论。运用马克思主义理论来认识我国社会主义政治建设中所要解决的主要问题有：实现人民主权，即保证国家各级政权代表人民、由人民掌握；通过经济社会文化发展，扩大和发展人民权利；保障国家的统一、民族团结和社会和谐稳定。这是符合我国历史和国情的三大政治观，也是符合社会发展进步和人民愿望的政治建设。

一、坚持中国特色社会主义民主

对中国特色社会主义政治建设的概述，除对政治和政治观这些基本概念进行介绍外，重点概括了中国特色社会主义政治理论和中国特色社会主义政治制度的内容。

关于中国特色社会主义政治理论的内容，可以概括为以下八个方面。

一是关于国家政权性质的理论。包括国体和政体，尤其是国家结构形式是单一制，不是邦联制也不是联邦制。中华人民共和国是工人阶级领导的、以工农联盟为基础的人民民主专政的国家。国家一切权利属于人民。人民代表大会制度是中国的根本制度，是国家政权的组织形式。民主集中制是国家机构的组织活动原则。中国实行民族区域自治制度来解决民族问题，对香港、澳门实行"一国两制"和特别行政区制度。

二是关于政治发展道路的理论。坚持党的领导、人民当家做主和依法治国的有机统一，走中国特色社会主义政治发展道路。发展社会主义民主政治，需要借鉴人类政治文明的有益成果，但绝不能照搬西方政治制度模式，绝不能放弃社会主义政治制度。要从发展中国特色社会主义的全局出发，积极推进社会主义民主政治建设，使中国特色社会主义政治发展道路越走越宽广。

三是关于人民民主的理论。强调人民民主是社会主义的生命，其实质是人民当家做主，没有民主就没有社会主义。选举民主和协商民主是中国特色社会主义民主的两种形式，人民民主要通过制度来实现。人民代表大会制度、中国共产党领导的多党合作和政治协商制度、民族区域自治制度和基层群众自治制度等，是中国民主制度的基本架构，集中体现了中国社会主义民主政治的特点和优势。

四是关于社会主义法治的理论。社会主义民主与社会主义法治是不可分割的统一整体，民主是法治的基础和前提，法治是民主的体现和保障，是治国理政的基本方式。必须坚持依法治国，建设社会主义法治国家。依法治国是社会主义民主政治的基本要求，是党领导人民治理国家的基本方略。宪法和法律是党的主张和人民意志相统一的体现，任何组织和个人都不允许有超越宪法和法律的特权。必须坚持有法可依、有法必依、执法必严、违法必究，坚持法律面前人人平等。

五是关于政治体制改革的理论。政治体制改革是社会主义政治制度的自我完善，是发展社会主义民主政治的必然要求。要适应经济基础深刻变化和人民民主意识不断增强的客观要求，坚持正确的政治方向，积极稳妥地推进政治体制改革。着重加强制度建设，实现社会主义民主政治的制度化、规范化和程序化。

六是关于新时期爱国统一战线理论。统一战线是凝聚各方面力量，促进政党关系、民族关系、宗教关系、阶层关系、海内外同胞关系和谐的重要法宝。做好新形势下统战工作，必须正确处理一致性和多样性的关系，不断巩固共同思想政治基础，同时充分发扬民主、尊重包容差异，尽可能通过细致耐心的工作找到最大公约数。党外知识分子是统一战线的基础性和战略性工作。高度重视和做好新经济组织、新社会组织中的知识分子、留学人员及新媒体中的代表性人士工作。

七是关于尊重和保障人权的理论。尊重和保障人权是发展社会主义民主政治、建设社会主义政治文明的内在要求。人权是具体的、相对的，不是抽象的、绝对的。实现人权的根本途径是经济发展和社会进步。中国始终高度重视人权问题，尊重国际社会关于人权的普遍性原则，同时根据中国国情，切实保障人民的生存权和发展权，依法保障公民的政治权利，不断提高人民享有政治、经济、文化、社会权利的水平。

八是关于国防和军队建设理论。建设与我国国际地位相称、与国家安全和发展利益相适应的强大军队，是我国现代化建设的战略任务。建设一支听党指挥、能打胜仗、作风优良的人民军队，是党在新形势下的强军目标。要筑牢听党指挥这个强军之魂，扭住能打仗、打胜仗这个强军之要，夯实依法治军、从严治军这个强军之基。坚持把从思想上、政治上建设和掌握部队摆在突出位置，坚持战斗力这个唯一的根本的标准。贯彻总体安全观，创新发展军事战略，有效履行军队使命，实行新形势下积极防御军事战略方针，构建中国特色现代军事力量体系，增强全民防范观念，提高国防动员和后备力量建设质量。中国奉行防御性的国防政策，加强国防建设的目的是维护国家主权、安全、领土完整，保障国家和平发展。

除了这八个方面的内容以外，其他同中国特色社会主义政治建设相关的内容，没有单独列举的，都在本书中提到了，包括多党合作思想、维护国家政治稳定思想、"一国两制"思想、中国特色社会主义领导力量和依靠力量的思想、阶级阶层思想、民族宗教思想等。

二、中国特色社会主义政治理论与政治制度形成的历史依据

实现和发展人民民主是中国特色社会主义政治发展的根本目标。发展社会主义民主政治的关键，就是不断扩大人民民主，保证人民权益，最大限度地发挥人民的积极性、主动性、创造性。

（一）民主的由来

民主是当今被普遍认同的政治观念，但又是一个存在诸多争议的概念。马克思曾经讲过，"全部问题在于确定民主的真正意义。如果这一点我们做到了，我们就能对付民主，否则我们就会倒霉"。

研究民主问题，需要搞明白民主的概念。民主一词，在很早以前就存在。在不同历史时期和不同的国度里，民主的词义经历了诸多的变化。在西方，民主一词最早出现在古希腊文中。古希腊历史学家希罗多德在他的著作《历史》中把古希腊城邦国家

雅典的政治制度称为民主政治。民主的语词源于民主的实践。由于历史的沿革和词义的变迁，民主的当代含义与历史上的其他时期相比，尤其是与古希腊时代相比，已经有了很大差异。今天被人们广泛使用的民主一词，直接来源于16世纪的英文，这个时候的词义与古希腊的词义就有了很大的区别，主要是三种：第一种是褒义的，意思大致与今天人们所普遍认同的人民当家做主相近。"我们的制度之所以被称为民主政治，因为政权是在全体公民手中，而不是在少数人手中。"第二种词义在一定程度上是贬义的，柏拉图是这种观点的代表，他在《理想国》里写道："党争结果，如果贫民得到胜利，把敌党一些人处死，一些人流放国外，其余的公民都有同等的公民权及做官的机会——官员通常抽签决定。一个民主制度，我想就是这样产生的。"第三种是民主观，梭伦说：民主"服从的不是统治者而是法律"。与前两者相比，梭伦的看法是中性的。当16世纪民主一词出现在英语中的时候，其含义更接近于梭伦的概念。

16世纪出现于英语之中的民主，成为后世一个十分重要的政治概念不是偶然的。近现代民主政治起源于英国中世纪后期的议会政治，1215年的英国国王与贵族的政治斗争导致了一种新的政治关系的出现，即贵族迫使国王签署法律文件，确认国王权力与贵族的权力。这个法律文件，就是在英国乃至人类政治历史上具有重要地位的《大宪章》。它是英国近代议会制度产生的一个里程碑，也是近代西方民主的一个起点。在《大宪章》签署之后，英国的议会制度逐步发展起来，形成了近代西方民主政治最初的雏形。在依法行事的这层含义的背后，实际上是贵族以及贵族借重的骑士与其他平民阶层的合理推动。因此在《大宪章》诞生的同一个世纪里，托马斯·阿奎那把民主定义为"群众的力量"，而这种"群众的力量"有着革命、颠覆等极端行为的含义。在几个世纪中，民主在欧洲的文献中一直是个带有贬义的词汇，而这种贬义即来自"群众的力量"的词义。

17世纪的英国革命又赋予了民主以新的含义。1647年，英国革命发生后爆发的内战出现了转折，克伦威尔领导的议会军队取得了胜利。由代表上层军官的"独立派"与以罗伯特·李尔为首的代表部分下层军官的"平等派"就如何组成革命后新的议会进行了著名的"普特尼辩论"。"平等派"的主要观点反映在他们提出的《人民公约》中，这份文件第一次提出了人民主权的思想。《人民公约》对于近代西方历史上的民主思想具有革命性的作用，它赋予了民主全新的含义，并且进一步将这种全新的民主理念落实为一种具体的、新的制度安排——选举。这种新的民主观经过漫长的演化逐渐融入了英国的政治制度以及政治实践中，直到19世纪中叶以后，英语中民主的词义才逐渐转为"有投票选出代表的权利"。到这时，民主的词义已经比较接近现代民主概念了，即人民的统治。

总而言之，西方自近代以来民主一词的所指大致具有三层含义，即依法办事、"群众的力量"、人民的统治。这三种所指反映了不同时期人们对民主一词的理解和使用。而且即使在今天这三种所指依然是有效的，只不过人们的使用程度不同而已。

(二) 中国共产党民主思想与实践的历史沿革

中国共产党自成立之日起,就以争取和实现人民当家做主为己任,并为此进行了艰苦卓绝的斗争。中共二大制定了反帝反封建的民主革命纲领,明确提出要建立"真正的民主共和国"和劳农专政的政治目标。土地革命战争时期,中国共产党在根据地建立了工农民主政权。1931年11月,在江西瑞金召开的第一次全国工农兵代表大会,成立了中华苏维埃共和国中央工农民主政府,《中华苏维埃共和国宪法大纲》规定:中华苏维埃政权所建立的是工人和农民的民主专政国家,在苏维埃政权下,所有工人农民红军士兵及一切劳苦民众都有权选举代表参加政权的管理,从而开创了人民民主政治制度的历史。

1937年5月,毛泽东在延安中共全国代表会议上做了题为《中国共产党在抗日时期的任务》的报告。在报告中,他论述了民主政治在抗日战争中的重要性,指出争取民主是目前发展阶段中革命任务的中心一环。"看不清民主任务的重要性,降低对于争取民主的努力,我们将不能达到真正的坚实的抗日民族统一战线的建立。"❶ 他提出,中国必须进行两个方面的民主改革,一是将政治制度上国民党一党派一阶级的反动独裁政体,改变为各党各阶级的民主政体;二是实现人民的言论、集会、结社自由。1937年5月,周恩来著文提出,召集国民大会实施宪政的先决条件是开放党禁,保障人民言论、出版、集会、结社、居住、信仰的完全自由,从而保障人民及各政党及团体真能获得选举之自由及提出议案和宣传讨论之自由。❷ 没有这些条件,所谓宪政是无法实现的。抗日战争时期,中国共产党的新民主主义民主政治思想得到进一步发展,并进行了具体的民主政治的实践。1941年5月,中国共产党公布了《陕甘宁边区施政纲领》。这一具有各抗日根据地"宪法"性质的施政纲领明确规定:切实保障抗日人民的人权、政权、财权及言论、出版、集会、结社、信仰、迁徙等自由权。同时,各抗日根据地也大都根据边区施政纲领制定并公布了保护人权条例,对人权概念的法律内涵、保障人权的具体措施和对侵犯人权的行为做了具体规定,除工人、农民受到人权保障外,对地主、资本家、日军战俘也实行了体现人权的优待政策;对于侵犯人权的行为,各抗日根据地严格依法加以处理。抗日根据地的民主政权在组成上采取"三三制"原则,即共产党员、非党左派进步人士和中间分子各占三分之一。在"三三制"政权中,保证民主党派、民主人士的参政议政的作用,使他们的意志和愿望得到充分的反映和表达,人民群众享有广泛的民主自由权利。毛泽东在《新民主主义论》一文中明确提出:"现在所要建立的中华民主共和国,只能是在无产阶级领导下的一切反帝反封建的人们联合专政的民主共和国,这就是新民主主义的共和国。"❸ 它是一种向无产阶级专政国家的过渡形式。政体采取人民代表大会制,由各级人民代表大会选举政

---

❶ 毛泽东选集:第1卷 [M]. 北京:人民出版社,1991:255.
❷ 中央档案馆. 中共中央文件选集:第11册 [M]. 北京:中共中央党校出版社,1991:207.
❸ 毛泽东选集:第2卷 [M]. 北京:人民出版社,1991:675.

府，这个政府实行民主集中制。在《论联合政府》一文中毛泽东对民主集中制做了系统论述："新民主主义的政权组织，应该采取民主集中制，由各级人民代表大会决定大政方针，选举政府。它是民主的，又是集中的，就是说，在民主基础上的集中，在集中指导下的民主。只有这个制度，才既能表现广泛的民主，使各级人民代表大会有高度的权力；又能集中处理国事，使各级政府能集中地处理被各级人民代表大会所委托的一切事务，并保障人民的一切必要的民主活动。"❶ 毛泽东认为一切权力应交给人民，在普选基础上产生人民代表，然后由人民代表大会行使国家权力机构的职能，选举各级人民政府并制定国家法律。最大限度地实行民主，规定不分性别、民族、信仰和教育等差别，凡是公民都有选举权和被选举权，最大限度地实现了自由。他强调指出："人民的言论、出版、集会、结社、思想、信仰和身体这几项自由，是最重要的自由。"❷

抗日战争胜利后，中国共产党从人民需要休养生息、重建家园的迫切愿望出发，主张团结一切爱国民主力量，争取建设一个独立、自由、民主、统一的新中国。通过重庆谈判、政治协商会议等一系列斗争，中国共产党努力为争取和平民主而斗争。1946年4月，陕甘宁边区第三届参议会第一次会议通过了《陕甘宁边区宪法原则》，规定人民按照普遍、直接、平等、无记名投票原则选举各级代表，各级代表会议选举政府人员；还规定解放区人民享有政治、经济、文化等各项自由民主权利，并且规定了实现这些权利的各种保障条件以及男女平等、民族平等等原则。解放区的天之所以是"晴朗的天"，主要是因为这里正在升起灿烂辉煌的民主的太阳；共产党之所以能得到广大老百姓的真心拥护，一个重要原因是它"实行了民主好处多"。

1949年中华人民共和国成立，起临时宪法作用的《中国人民政治协商会议共同纲领》明确规定，中华人民共和国的国家政权属于人民：人民行使国家政权的机关为各级人民代表大会和各级人民政府；国家最高政权机关为全国人民代表大会。中国共产党领导人民建立了人民当家做主的国家政权，实现了几千年来中国政治由封建专制向人民民主的伟大跨越，中国人民的政治地位发生了根本变化，中国人从此站立起来了。从1953年下半年开始，根据选举法在全国范围内开展了我国历史上第一次真正是广大劳动人民参加的最广泛的民主。1954年召开的第一届全国人民代表大会通过的《中华人民共和国宪法》，确定了我国的国体和政体，为实现人民民主提供了根本保障。

1956年，随着社会主义改造的完成，我国确立了社会主义基本制度，为当代中国一切发展进步奠定了根本政治前提和制度基础，开辟了社会主义民主的新纪元。在社会主义制度下，人民民主不仅要实现全体人民的政治民主，还要实现人民群众的经济权利和社会权利。工人阶级和劳动群众只有在生产活动和社会生活中实现了自己的权利，其民主权利才有坚实的基础。毛泽东在1959年年底至1960年年初读苏联《政治

---

❶ 毛泽东选集：第3卷 [M]. 北京：人民出版社，1991：1057.
❷ 毛泽东选集：第3卷 [M]. 北京：人民出版社，1991：1070.

经济学教科书》的谈话中,着重强调了人民群众要直接参与国家、企业和社会事务的管理,拥有经济、文化和社会权利问题。他指出:"这里讲到苏联劳动者享受的各种权利时,没有讲劳动者管理国家、管理军队、管理各种企业、管理文化教育的权利。实际上,这是社会主义制度下劳动者最大的权利,最根本的权利。没有这种权利,劳动者的工作权、休息权、受教育权等等权利,就没有保证。"❶ 毛泽东还指出,我们的目标,是想造成一个又有集中又有民主,又有纪律又有自由,又有统一意志又有个人心情舒畅、生动活泼,那样一种政治局面,以利于社会主义革命和社会主义建设。邓小平也强调指出,社会主义民主要逐步实现"党和国家政治生活的民主化、经济管理的民主化、整个社会生活的民主化"❷。当然,我国的社会主义民主建设也出现过失误,走了一些弯路,特别是"文化大革命"期间,社会主义民主法制遭到严重破坏,人民民主名存实亡,给我们带来了深刻教训。

中共十一届三中全会以来,中国共产党把建设民主政治的任务提到战略高度,确定为我国社会主义现代化建设的重要目标。1979年,邓小平在党的理论工作务虚会上,提出了"没有民主就没有社会主义,就没有社会主义现代化"❸ 的著名论断。这一科学论断是中国共产党关于社会主义民主建设思想的新发展,是人民民主思想的新突破。只有加强民主政治建设,才能使社会主义现代化建设获得重要的政治保证,才能推动社会主义现代化的全面发展。社会主义越发展,民主也越发展。

改革开放以来,中国共产党提出的一系列国内政策,最重大的有两条:一条是政治上发展民主,另一条是经济上进行改革。同时相应地进行社会其他领域的改革。任何国家的民主,都离不开本国的历史文化传统、经济发展状况和社会制度。我们的民主,不是抽象的民主,而是具体的民主;不是照搬资本主义国家的民主,而是适合自己国情的具有中国特色的社会主义民主。邓小平强调指出:"一定要把社会主义民主同资产阶级民主、个人主义民主严格地区别开来,一定要把对人民的民主和对敌人的专政结合起来,把民主和集中、民主和法制、民主和纪律、民主和党的领导结合起来。"❹

总之,中国共产党领导人民进行革命、建设和改革的目的是要实现大多数人的民主。人民当家做主是中国社会主义民主的本质。人民民主是社会主义的生命,实现和发展人民民主是中国特色社会主义政治发展的根本目标。人民民主具有鲜明的特色和优势。第一,人民民主是广泛的民主。在中国,社会主义制度从根本上保证了中国的民主不受资本的操纵,不是少数人的民主,是最广大人民的民主。在中国,享有民主权利的人民范围包括一切不被法律剥夺政治权利的人。第二,人民民主是民主和专政相统一的民主。人民民主专政,一方面,要求在人民内部实行最广泛的民主,尊重和保障人权,保证国家权力掌握在人民手中,为人民服务;另一方面,要求对破坏社

---

❶ 毛泽东文集:第8卷 [M]. 北京:人民出版社,1999:129.
❷ 邓小平文选:第2卷 [M]. 北京:人民出版社,1994:336.
❸ 邓小平文选:第2卷 [M]. 北京:人民出版社,1994:168.
❹ 邓小平文选:第2卷 [M]. 北京:人民出版社,1994:176.

主义制度、危害国家安全和公共安全、侵犯公民人身权利和民主权利、贪污贿赂和渎职等各种犯罪行为，依法使用专政手段予以制裁，以保障最广大人民的根本利益，保证人民民主的有效实行。第三，人民民主是以民主集中制为根本组织原则和活动方式的民主。民主集中制是中国国家政权的根本组织原则和领导原则。实行民主集中制，就是要求充分发扬民主，集体议事，使人民的意愿和要求得到充分表达和反映，在此基础上集中正确意见、进行集体决策，使人民的意愿和要求得以落实和满足。第四，人民民主是全面民主。人民民主不仅要求实现政治上的民主权利，而且要求实现人民在经济、文化和社会生活方面的民主权利。在中国共产党的领导下，中国政治生活中的民主化、经济管理中的民主化和社会生活中的民主化逐步得到落实，人民依法享有各种政治权利和基本自由，人民对国家事务的民主参与、民主决策、民主管理和民主监督更加广泛，人民享有的各项社会权利得到越来越有效的保障，从而使人民民主权利逐步落实到经济、政治、文化和社会生活等各个领域。

三、不能搞"三权分立"和多党制

（一）民主的实质与形式

民主被人们用来表达一种政治现实或表达对现实的一种期待。然后，现实要比词义的演变复杂得多。尤其在当今社会，当民主完全变成一个褒义词，甚至转化为一种真理和信仰的时候，民主问题就更加的混乱。不过这其中存在着一个十分重要的问题，那就是民主有没有普适性，有没有统一的标准。

目前还没有一个被普遍接受和认可的"公认的定义和标准"。即使在西方学术界也是众说纷纭。如果我们对西方学术界关于民主标准的讨论和说法进行简单分类的话，大体可以分成繁简两派。所谓的"简派"，是对民主政治的基本特征进行抽象和概括，最终以是否举行竞争性选举作为衡量民主的根本标准。"繁派"，是对西方各国民主政治的共性特征进行大量考证，罗列出诸多标志性的指标。其中达尔在《多头政治》中提出了著名的民主政治八条标准：投票权、当选权、竞选权、自由公正选举、结社自由、表达自由、可选择的信息来源、根据选票和其他民意制定政策的制度。

我国的部分学者也提出过一些有关民主普适性的标准，往往介于西方的"简派"和"繁派"之间。他们对民主的普适性标准主要集中在五个方面：普选、法治、宪政、政治自由、监督。

虽然在学术界对民主的概念认识不一、标准繁多，但在西方观念中，"选举"毕竟是一个重点。选举，即竞争性的普选，实际上不仅是西方学术界关于民主的一条重要标准，也是西方国家官方在国际政治活动中掌握的一条现实的政治标准。在国际政治中，美国等西方国家正是用这种标准来衡量一个国家是"民主国家"还是"专制国家"的。由此看来，选举是不是民主的重要的、首要的标准，实际上已经是不能避而不答的一个问题。

有一些人因为中国没有实行西方式的竞争性选举而不承认中国的民主，他们至少在概念上犯了一个错误，那就是：竞争性选举是民主政治的一种实现形式，也许是一种重要的形式，但它不是民主的本身。我们不应该混淆民主的形式与民主的实质。不管是在以前还是现在，不论是在西方还是中国，民主政治有宽泛的内容，绝不是局限于竞争性选举这一种形式。

那么什么是民主政治的实质？简单地说，民主政治是解决"权力"与"权利"两大问题的一种政治，也就是解决国家政权怎样形成以及怎样运行的问题，解决人民的权利能否得到现实和保障的问题。

从"权力"的角度看，一个民主的政治制度，应当是这个国家中占主导地位的阶级的政治代表掌握政权，代表统治阶级同时兼顾社会各方行使职权。政权的组成可以是选举，也可以是其他的形式，但关键的问题是实现统治阶级对权力的共治。从"权利"的角度看，民主的政治制度应当是使人民拥有的权利，包括政治权利、经济权利以及社会权利等得到保障和发展。

民主的实质内容是民主的"内在"，有其"内在"还要有其"外在"，即民主的形式。民主的实质必定要有相应的形式加以表达和实现。如果没有民主的"外在"，民主的实质就无从表达和实现。

民主的形式是指为贯彻民主政治而采用的制度、体制、措施与做法。选举、协商、监督等都是常见的民主形式。同一种性质的民主可以采取不同的民主形式。同样实行资本主义民主制度的美国与日本、英国与法国，其政体就不尽相同，即采取的民主形式有所区别。亦然，不同性质的民主也可以采取相同的民主形式。因此一个民主制度是否真实有效，关键在于民主形式的选择要适合国情和需要。

民主的实质与民主的形式相辅相成、辩证统一。民主的实质就是民主政体所应达到的社会目标、发挥的社会功能。片面强调社会主义民主的实质，忽略社会主义民主形式的构建，造成不足也未必能够实现实质意义上的民主，即有名无实。只有名副其实才能真正实现某种特定的民主制度。

（二）中西方的民主区别

西方的民主核心是要解决"权利"与"权力"的关系。民主政治产生于历史发展矛盾之中，产生于历史进步的需要。任何一个国家的民主制度都是和这个国家所面临的最主要的社会历史任务紧密联系的。中国民主与西方民主相区别的根本原因是：二者的出发点不同，面对的问题不同，要完成的任务也不同。

综观西方民主政治历史，可以清晰地看到其主题和发展脉络，那就是限制权力、保障权利。西方民主说到底就是西方资产阶级用以实现自身统治和实现自身利益的工具。资产阶级是一个占有生产资料和拥有大部分社会财富的阶级，社会的经济领域是他们天然的"领地"，而在政治领域，他们需要的是一个能够维持资本主义秩序而又不干涉其自由的政府，对于政府这个"必要的祸害"，自然而然要加以限制和约束。13

世纪初，因对外战争等因素导致了英国与贵族之间矛盾激化，贵族集团向国王争取权利，经过激烈斗争达成了政治妥协，掌握大量经济资源的贵族集团通过法律对掌握政权的国王形成了一定程度的制约，并进而形成了贵族与国王之间初步的权力制衡机制和一定程度的权利保障。以此为开始，英国中世纪的议会制度逐步建立，这种新的政治制度是近现代西方民主政治形式的雏形。从这个意义上看，西方近现代民主的源头即发生于对国家权力的限制以及对统治阶级主体权利的保护。因此，资本主义民主政治大量的内容就是围绕着限制政府而进行的制度设计和实践，而这也正是西方所谓的"宪政"的实质性内容。简而言之，限制权力和保障权利是西方民主的出发点和落脚点。

中国民主与西方民主不同，首先在于中国民主政治产生的历史背景和条件均与西方不同。中华人民共和国及其民主政治制度产生于反对帝国主义侵略和奴役、争取民族独立与人民解放的革命斗争之中。救亡图存是现代中国民主政治的出发点。

中国近代历史告诉我们，当年最令我们民族的仁人志士痛楚不堪的是：中华民族犹如一盘散沙。偌大的中国、泱泱华夏，任人欺凌、任人宰割。中国要想避免亡国灭种的命运，就必须改变一盘散沙的局面，就必须把人民团结起来、把民族凝聚起来。这是中国近代史的真正主题。而中国一切政治思想、政治运动、政治制度，都是从这一主题出发的，都是为了回答和解决这个主题之下的种种任务。因此我们说，救亡图存的革命斗争为中国的民主政治提供了起点。中国民主发生于国家民族的重整与建构。

从理论角度来看，西方民主政治的主题是已存在的，而中国的民主政治则先要完成主体建构，中国需要通过政权的力量把人民组织凝聚起来，使人民能够成为一个有行动能力的历史主体。在旧中国，有中国人而无中国人民，中国人没有统一的行动能力。近代以来，中国根本的制度需求是组织与整合人民，就是把民族"集合"起来。在这样的历史背景下，反映人民愿望、代表人民利益的真正的民主制度，就是能够实现民族独立和国家统一，使中国人民站立起来的制度。这是民主在现代中国的第一层含义。

另外，中国民主制度肩负的历史任务与西方不同，这使它不只在内容上不同而且在形式上也有着很大的区别。中国的民主制度，不仅有"民主"的一面，即保证政权的人民性，保障人民权利的一面；也有"集中"的一面，即制定发展目标和战略规划，实行社会动员和统筹，也就是邓小平所说的集中力量办大事。

如果民主最直白的意思是人民当家做主，那么，近代中国的基本的历史事实是：一盘散沙的中国，只是西方人欺辱的对象。只有当中国人民成为一个整体的时候，他们才能掌握自己的命运。西方强调个人权利，应当属于一种民主意识；而中国人强调整体利益和整体意识，不能说就不是一种民主意识。由此，民主在现代中国的第二层含义也变得显而易见，即组织中国人民实现国家的富强和发展。

（三）不能照搬西方的"三权分立"和多党制

民主是人类政治文明发展的成果，也是世界各国人民的普遍要求。世界上从来没有抽象的、纯粹的民主，而只有具体的、历史的民主。一个国家采用的政治制度模式也是依据本国具体国情和历史文化传统确立的。发展和完善社会主义民主政治是中国政治发展的目标，必须立足社会主义初级阶段的基本国情，同时借鉴人类政治文明的有益成果，坚定不移地走中国共产党和中国人民自己选择的政治发展道路。

"三权分立"主要是指立法权、行政权和司法权分别由不同的国家机关掌握，相互独立、相互制衡。它是西方资本主义国家政治制度的建制原则，在一定程度上可以避免某一集团独揽权力，便于资产阶级统治集团内部实现"民主"，但并不代表全体人民的利益，实际上是不同利益集团之间的博弈和制衡，是实行资产阶级专政、维护资本主义统治的工具。中国作为社会主义国家，国体是人民民主专政，国家的一切权力属于人民，人民的权利具有至上性、不可分割性；中国坚持公有制为主体、多种所有制经济共同发展的基本经济制度，广大人民的根本利益是一致的，不存在根本利益不同的利益集团。因此，在中国，既没有搞"三权分立"的政治基础，也没有搞"三权分立"的经济基础。

西方国家的两党制和多党制是在资本主义社会产生和发展过程中各种政治力量相互角逐下逐渐形成的，反映了其社会不同利益群体特别是垄断资本集团分割国家权力的需要。中国的政党制度是近代以来中国历史发展的必然结果，体现了社会主义制度的本质要求，同中国经济、政治、文化、社会状况相符合，也同中国疆域广大、人口众多、民族众多等实际状况相适应，是符合中国国情的新型政党制度。中国的政党制度以合作、协商为原则，确立政党关系及其运行方式，能够充分发挥各民主党派参政议政的作用和对执政党的监督作用，是对社会主义民主政治的创新发展。

第二节　坚持和发展人民民主

坚持社会主义民主政治的关键，就是最大限度地发挥人民的积极性、主动性、创造性。

一、健全民主制度

发展社会主义民主，必须从我国的实际出发，充分考虑我国的社会历史背景、经济发展状况、文化发展水平等重要因素，在发展中国特色社会主义的进程中不断加以推动。

一是健全民主制度。加强民主制度的建设是发展社会主义民主的重要途径。要推动社会主义民主政治制度化、规范化、程序化，进一步把社会主义政治制度的优越性发挥出来，为党和国家兴旺发达、长治久安提供政治和法律保障。

二是丰富民主形式。人民民主不仅体现在国家的政治制度上，而且是通过各种各样的民主形式体现出来的，要探索多种实现人民民主的形式和扩大公民参与政治的方式,从各个层次、各个领域扩大公民有序政治参与,保证人民依法实现民主选举、民主决策、民主管理、民主监督。

三是拓宽民主渠道。要通过民主选举、信息公开、社会公示、听证制度、协商对话、舆论监督等途径保障人民的民主权利,使广大人民群众依照宪法和法律规定,积极参与管理国家事务。

四是保障人民的知情权、参与权、表达权、监督权。发展民主就是要尊重人民的基本权利。保障人民群众各方面的民主权利,是人民民主在社会政治生活中的具体体现,是保证人民赋予政府权力始终用来为人民谋利益的前提。

五是以党内民主带动人民民主。党内民主是增强中国共产党的创新活力、巩固党的团结统一的重要保证。党内民主不仅关系到党的领导水平与执政能力,而且关系到人民民主的实践和发展。要通过加强党内民主制度建设,使党内民主意识普遍增强、党内民主制度不断健全、党的创新活力充分发挥,同时推动和发展人民民主。

二、健全社会主义协商民主制度

协商民主是在中国共产党领导下,人民内部各方面围绕改革发展稳定重大问题和涉及群众切身利益的实际问题,在决策之前和决策实施中开展广泛协商,努力形成共识的重要民主形式,是中国社会主义民主政治特有的形式和独特的优势,是中国共产党的群众路线在政治领域的重要体现。它源自中华民族长期形成的天下为公、兼容并蓄、求同存异等优秀政治文化,源自近代以后中国政治发展的现实进程,源自中国共产党领导人民进行革命、建设、改革的长期实践,源自新中国成立后各党派、各团体、各阶层、各界人士在政治制度上的不断创新,具有深厚的文化基础、理论基础、实践基础、制度基础。

社会主义协商民主具有鲜明的特点和独特的优势。既坚持了人民主体地位,又贯彻了民主集中制的领导制度和组织原则;既坚持了人民民主的原则,又贯彻了团结和谐的要求。具体来说,有以下几种形式。

一是政党协商。中国共产党和各民主党派之间坚持长期共存、互相监督、肝胆相照、荣辱与共的原则,展开政治协商,搞好合作共事,巩固和发展和谐的政党关系。

二是人大协商。人民代表大会制度是保证人民当家做主的根本政治制度。各级人大要依法行使职权,同时在重大决策之前根据需要进行充分协商,更好汇聚民智、听取民意,支持和保证人民通过人民代表大会行使国家权力。

三是政府协商。围绕有效推进科学民主依法决策加强政府协商,增强决策透明度和公众参与度,解决好人民最关心最直接最现实的利益问题,推进政府职能转变,提高政府治理能力和水平。

四是政协协商。充分发挥人民政协作为协商民主的重要渠道和专门协商机构的作用,坚持团结和民主两大主题,推进政治协商、民主监督、参政议政制度建设,不断提高人民政协协商民主制度化、规范化、程序化水平。

五是基层协商。涉及人民群众利益的大量决策和工作，主要发生在基层。要按照协商于民、协商为民的要求，建立健全基础协商民主建设协调联动机制，稳步开展基层协商，更好解决群众的实际困难和问题，及时化解矛盾纠纷，促进社会和谐稳定。

第三节　全面依法治国

"依法治国是坚持和发展中国特色社会主义的本质要求和重要保障，是实现国家治理体系和治理能力现代化的必然要求。""全面推进依法治国是关系我们党执政兴国、关系人民幸福安康、关系党和国家长治久安的重大战略问题。"❶ 全面依法治国的总目标是建设中国特色社会主义法治体系，建设社会主义法治国家。

一、中国特色社会主义法治道路的核心要义

中国特色社会主义法治道路本质上是中国特色社会主义道路在法治领域的具体体现。每个国家的法治道路，都是与各种历史文化传统、社会条件等因素密切相关的。中国是一个有着五千年历史的文明古国，又是发展中的大国，具有独特的法治传统、独特的国情、独特的现实问题，这就决定了我们的法治道路必定要走自己的路。中国特色社会主义法治道路，是社会主义法治建设成就和经验的集中体现，是建设社会主义法治国家的唯一正确道路。

中国特色社会主义法治道路的核心要义是，坚持党的领导，坚持中国特色社会主义制度，贯彻中国特色社会主义法治理论。"党和法治的关系是法治建设的核心问题。全面推进依法治国这件大事能不能办好，最关键的是方向是不是正确、政治保证是不是坚强有力，具体讲就是要坚持党的领导，坚持中国特色社会主义制度，贯彻中国特色社会主义法治理论。党的领导是中国特色社会主义最本质的特征，是社会主义法治最根本的保证。中国特色社会主义制度是中国特色社会主义法治体系的根本制度基础，是全面推进依法治国的根本制度保障。中国特色社会主义法治理论是中国特色社会主义法治体系的理论指导和学理支撑，是全面推进依法治国的行动指南。这三个方面实质上是中国特色社会主义法治道路的核心要义，规定和确保了中国特色社会主义法治体系的制度属性和前进方向。"❷

坚持党的领导是社会主义法治的根本要求，是全面推进依法治国的题中应有之义。党的领导和社会主义法治是一致的，社会主义法治必须坚持党的领导，党的领导必须依靠社会主义法治。把坚持党的领导、人民当家做主、依法治国有机统一起来是我国

---

❶ 中共中央文献研究室. 习近平关于协调推进"四个全面"战略布局论述摘编 [M]. 北京：中央文献出版社，2015：91，92.
❷ 中共中央文献研究室. 习近平关于协调推进"四个全面"战略布局论述摘编 [M]. 北京：中央文献出版社，2015：92.

社会主义法治建设的一条基本经验。党的领导包括实现现代化、实现国家治理体系和治理能力现代化,而法治建设本身就是实现国家治理体系和治理能力现代化的重要内容。所以党的领导和依法治国是根本一致的、内在统一的。

中国特色社会主义制度是全面依法治国的根本制度保障。法律制度与政治制度紧密相连,有什么样的政治制度,就必须实行与之相适应的法律制度。中国特色社会主义制度是我国社会主义法治的根本制度基础。只有适应巩固和发展中国特色社会主义制度的要求,法治才能发挥应有作用,才能走稳走好法治道路。

中国特色社会主义法治理论是全面依法治国的行动指南。中国特色社会主义法治理论,科学回答了中国要不要搞法治、搞什么样的法治、怎样搞法治等一系列基本问题,是中国特色社会主义法治体系的理论指导和学理支撑,中国特色社会主义法治体系包括完备的法律规范体系、高效的法治实施体系、严密的法治监督体系、有力的法治保障体系和完善的党内法规体系。这五大体系体现在立法、司法、执法、守法以及从严治党等各个层面、各个环节中,是全面推进依法治国的行动指南。

党的领导、中国特色社会主义制度和中国特色社会主义法治理论三者构成了全面依法治国的有机整体,指明了全面依法治国的领导力量、制度基础和理论指导,规定和确保了中国特色社会主义法治体系的制度属性和前进方向。

二、法律是治国之重器

"小智治事,中智治人,大智立法。治理一个国家、一个社会,关键是要立规矩、讲规矩、守规矩。法律是治国理政最大最重要的规矩。推进依法治国治理体系和治理能力现代化,必须坚持依法治国,为党和国家事业发展提供根本性、全局性、长期性的制度保障。"❶

宪法是国家的根本大法,是党和人民意志的集中体现,是通过科学民主程序形成的根本法。"法治权威能不能树立起来,首先要看宪法有没有权威。"❷ 坚持依法治国首先是坚持依宪治国,坚持依法执政首先是坚持依宪执政。"必须把宣传和树立宪法权威作为推进全面依法治国的重大事项抓紧抓好,切实在宪法实施和监督上下功夫。"❸ 对此,党的十八届四中全会决定,完善全国人大及其常委会宪法监督制度,健全宪法解释程序机制;加强备案审查制度和能力建设,依法撤销和纠正违宪违法的规范性文件;将每年的12月4日定为国家宪法日;在全社会普遍开展宪法教育,弘扬宪法精神;建立宪法宣誓制度等。

---

❶ 中共中央文献研究室. 习近平关于协调推进"四个全面"战略布局论述摘编 [M]. 北京:中央文献出版社,2015:100.

❷ 中共中央文献研究室. 习近平关于协调推进"四个全面"战略布局论述摘编 [M]. 北京:中央文献出版社,2015:95.

❸ 中共中央文献研究室. 习近平关于协调推进"四个全面"战略布局论述摘编 [M]. 北京:中央文献出版社,2015:96.

全面推进依法治国，还在于科学立法，完善立法体制。为此要优化立法职权的分配，发挥人大及其常委会在立法工作中的主导作用，健全立法起草、论证、协调、审议机制，完善法律草案表决程序，增强法律法规的及时性、系统性、针对性、有效性，提高法律法规的可执行性、可操作性。

全面推进依法治国，还在于实施。重点解决执法不规范、不严格、不透明、不文明以及不作为、乱作为等突出问题。以建设法治政府为目标，建立行政机关内部重大决策合法性审查机制，积极推行政府法律顾问制度；要全面推进政务公开，强行对行政权力制约和监督，建立权责统一、权威高效的依法行政体制；要严格执法资质、完善执法程序、建立健全行政裁量权基准制度，确保法律公正、有效实施。

公平公正是法治的生命线，而司法是维护社会公平正义的最后一道防线。所以司法公正对社会公正有着重要的引领作用，同时司法不公正对社会公正有着致命的破坏作用。所以全面推进依法治国，有赖于推进公正司法，以优化司法职权配置为重点，健全司法权力分工负责、相互配合、相互制约的制度安排，杜绝暗箱操作，坚决遏制司法腐败。

第四节 积极稳妥推进政治体制改革

一、中国政治体制改革的历程和成就

政治体制改革是为了健全和完善国家政治制度而对其运行机制进行的调整和变革，它不是要根本改变政治制度，而是要通过优化政治制度的运行机制和实际功能，健全和完善国家政治制度，增强国家政治制度组织国家、治理社会、推动发展的能力。改革开放以来，我们把推动经济基础变革同推进上层建筑改革结合起来，积极稳妥地推进政治体制改革。1980年8月，邓小平在中央政治局扩大会议上做了《党和国家领导制度的改革》的重要讲话，标志着我国政治体制改革正式启动，并逐步全面展开。当时的政治体制改革，主要是针对"文化大革命"造成的破坏，解决权力过分集中、官僚主义以及干部职务终身制等问题。改革的主要内容有：废除了事实上存在的领导干部职务终身制；废除了人民公社制度，恢复了乡镇建制；实行简政放权，调动基层组织的积极性。同时对宪法做了重大修改，明确规定全国各族人民和一切组织都必须以宪法为根本的活动准则。

中共十二大首次明确提出政治体制改革的概念，将政治制度和政治体制区别开来，从理论上破除了对社会主义的僵化理解，为政治体制改革提供了理论依据。此后，政治体制改革围绕着经济体制改革逐步全面展开。中国共产党明确提出了建设有中国特色的社会主义民主政治，依法治国、建设社会主义法治国家，发展社会主义民主政治，把坚持党的领导、人民当家做主和依法治国有机统一起来，走中国特色社会主义民主

政治发展道路等一系列重大战略方针，使政治体制改革稳步推进。

改革开放30多年来，中国政治体制改革始终贯穿于政治发展的历史进程中，是同经济体制、文化体制和社会体制以及其他方面的体制改革相辅相成、相互促进、不断深化的，并取得了重大成就。

一是扩大了人民有序政治参与，民主政治的制度化水平大大提高。选举制度、政治协商、民主监督、参政议政等制度逐步发展和完善，农村村民委员会、城镇居民委员会、企业职工代表大会等民主制度逐步发展。同时人民直接监督、人民代表大会监督、舆论监督等制度和机制更加健全。

二是社会主义法治更加完善。中国用30年左右的时间完成了西方一些国家用几百年才建成法律体系的任务，基本形成了中国特色社会主义法律体系，到2011年年底，我国已制定现行有效法律共240部、行政法规706部、地方性法规8600多部。

三是行政管理体制与机构改革成效明显。政府职能转变迈出重要步伐，社会管理和公共服务得到加强，政府组织机构逐步优化，科学民主决策水平不断提高，初步形成了中国特色的行政管理体制。

四是干部人事制度改革成果丰硕。废除了事实上存在的领导干部职务终身制，全面推行职务任期制和领导干部退休制，确保了国家政权机关和领导人员有序更替。建立了国家公务员制度，建立了比较完备的干部选拔任用和监督管理机制。

五是人权得到更加全面、真实和充分的尊重和保障。以宪法为依据，制定了一系列保障人权的法律，建立了较为完备的保障人权的法律制度，人民的生存权和发展权，公民权利和政治权利，经济、社会、文化权利，妇女、老年人、未成年人等特殊群体和残疾人等弱势群体的合法权利，少数民族权利等均得到更好的保障。

中国的政治体制改革虽然取得了巨大成就，但是，我国社会主义民主法制建设与扩大人民民主和促进经济社会发展的要求还不完全适应，社会主义民主政治的具体制度方面还存在不完善的地方，在保障人民民主权利、发挥人民创造精神方面还存在不足。这些都要求我们继续积极稳妥地推进政治体制改革。

二、市场经济对政权建设的影响与要求

经济基础决定上层建筑。改革开放以来，我国的经济基础发生了深刻变革，从计划经济转变为社会主义市场经济。经济基础发生的重大变革深刻影响到了政治体制与政府管理体制。改革开放以来，我国的政治体制改革和行政管理体制一直伴随着经济体制改革而不断开展和深化。

市场经济因素对我国政治体制建设的影响具有两面性。一方面，市场经济对民主政治发展有积极作用，主要促进权利意识以及多元化的利益格局产生民主政治的制度需求；另一方面，市场经济因素对社会主义民主政治也会产生消极作用。这种消极作用主要表现在两个方面：一是市场经济因素导致社会分化，消解经济平等，而经济平等正是社会主义民主政治的物质基础，这方面的问题已经在我国社会生活中逐步暴露

出来，富有的阶级阶层与普通人民群众在利益诉求以及政治参与意图、能力等许多方面已经出现了明显的区别与差异。二是市场经济因素对权力产生腐蚀作用。

以往我国的政治体制以及行政体制是适应于计划经济需要而形成的。在市场经济条件下，政治体制以及行政体制需要改革与转型。改革开放以来，我国先后进行了四轮行政体制改革，行政体制改革前期以简政放权为主，后期以降低行政成本为主。我国国情和基本政治制度决定国家要在经济社会发展中扮演不可替代的重要角色。我国的市场经济体制在很大程度上是政府推动的产物。在社会主义市场经济体制建立和形成后，政府依然肩负着宏观调控和公共服务的重要职能。市场机制与政府作用的有机结合，使我国经济发展实现了持续稳定快速的增长。但是，随着时间的推移，我国经济体制也出现了一些新的问题和隐忧，行政成本居高不下就是其中的一个重要问题。我国各级政府肩负着大量经济社会发展和维护社会秩序、保障公共安全的公共管理与服务职能，在有效治理的同时，行政工作成本不断上升。长期以来地方公共支出大量依靠地方政府的预算外收入，有的地方政府开支的一半要靠自己"创收"。这样的局面终非长久之计。地方政府过重的财政负担与政府职能有关，要减轻政府负担、降低行政成本，最根本的还是要依靠改革。要创造条件，通过采取减少行政层级、剥离部分政府职责等一系列措施，进一步转变政府职能。降低行政成本是中国政府改革面临的重要挑战，也是推动政治与行政体制改革最现实的原因。

反腐倡廉是市场经济条件下政治体制改革需要面对和解决的另一个重大课题。坚持中国共产党的领导的重要前提是党没有特殊利益，党的各级干部必须是廉洁无私的。这是坚持共产党领导乃至中国特色社会主义民主政治的基本政治前提。但是，在市场经济条件下，理论上的前提不能自动变为现实。共产党组织及各级干部生活在市场经济的社会环境中，党组织和党的干部有产生特殊利益的可能，腐败现象的持续蔓延就是其突出的表现。因此，在社会主义初级阶段、在市场经济环境里，必须不间断地进行反腐败斗争，必须通过政治体制与行政体制改革来强化监督和权力制约，以保持党组织及各级干部的廉洁。改革开放以来加强党和政府的自身建设，建立健全监督体系一直是政治体制与行政体制改革的一个重点，今后这方面的工作还会得到进一步的加强。这也是推动中国政治体制改革和民主政治建设的一个现实原因。

三、政治体制改革的总体思路和主要任务

人民民主是我们党始终高扬的光辉旗帜。改革开放以来，我们总结发展社会主义民主正反两方面经验，强调人民民主是社会主义的生命，坚持国家一切权力属于人民，不断推进政治体制改革，社会主义民主政治建设取得重大进展，成功开辟和坚持了中国特色社会主义政治发展道路，为实现最广泛的人民民主确立了正确方向。

政治体制改革是我国全面改革的重要组成部分。必须继续积极稳妥推进政治体制改革，发展更加广泛、更加充分、更加健全的人民民主。必须坚持党的领导、人民当家做主、依法治国有机统一，以保证人民当家做主为根本，以增强党和国家活力、调

动人民积极性为目标，扩大社会主义民主，加快建设社会主义法治国家，发展社会主义政治文明。要更加注重改进党的领导方式和执政方式，保证党领导人民有效治理国家；更加注重健全民主制度、丰富民主形式，保证人民依法实行民主选举、民主决策、民主管理、民主监督；更加注重发挥法治在国家治理和社会管理中的重要作用，维护国家法制统一、尊严、权威，保证人民依法享有广泛权利和自由。要把制度建设摆在突出位置，充分发挥我国社会主义政治制度优越性，积极借鉴人类政治文明有益成果，绝不照搬西方政治制度模式。

（1）支持和保证人民通过人民代表大会行使国家权力。人民代表大会制度是保证人民当家做主的根本政治制度。要善于使党的主张通过法定程序成为国家意志，支持人大及其常委会充分发挥国家权力机关作用，依法行使立法、监督、决定、任免等职权，加强立法工作组织协调，加强对"一府两院"的监督，加强对政府全口径预算决算的审查和监督。提高基层人大代表特别是一线工人、农民、知识分子代表比例，降低党政领导干部代表比例。在人大设立代表联络机构，完善代表联系群众制度。健全国家权力机关组织制度，优化常委会、专委会组成人员知识和年龄结构，提高专职委员比例，增强依法履职能力。

（2）健全社会主义协商民主制度。社会主义协商民主是我国人民民主的重要形式。要完善协商民主制度和工作机制，推进协商民主广泛、多层、制度化发展。通过国家政权机关、政协组织、党派团体等渠道，就经济社会发展重大问题和涉及群众切身利益的实际问题广泛协商，广纳群言、广集民智，增进共识、增强合力。坚持和完善中国共产党领导的多党合作和政治协商制度，充分发挥人民政协作为协商民主重要渠道作用，围绕团结和民主两大主题，推进政治协商、民主监督、参政议政制度建设，更好协调关系、汇聚力量、建言献策、服务大局。加强同民主党派的政治协商。把政治协商纳入决策程序，坚持协商于决策之前和决策之中，增强民主协商实效性。深入进行专题协商、对口协商、界别协商、提案办理协商。积极开展基层民主协商。

（3）完善基层民主制度。在城乡社区治理、基层公共事务和公益事业中实行群众自我管理、自我服务、自我教育、自我监督，是人民依法直接行使民主权利的重要方式。要健全基层党组织领导的充满活力的基层群众自治机制，以扩大有序参与、推进信息公开、加强议事协商、强化权力监督为重点，拓宽范围和途径，丰富内容和形式，保障人民享有更多更切实的民主权利。全心全意依靠工人阶级，健全以职工代表大会为基本形式的企事业单位民主管理制度，保障职工参与管理和监督的民主权利。发挥基层各类组织协同作用，实现政府管理和基层民主有机结合。

（4）全面推进依法治国。法治是治国理政的基本方式。要推进科学立法、严格执法、公正司法、全民守法，坚持法律面前人人平等，保证有法必依、执法必严、违法必究。完善中国特色社会主义法律体系，加强重点领域立法，拓展人民有序参与立法途径。推进依法行政，切实做到严格规范公正文明执法。进一步深化司法体制改革，坚持和完善中国特色社会主义司法制度，确保审判机关、检察机关依法独立公正行使审判权、检察权。深入开展法制宣传教育，弘扬社会主义法治精神，树立社会主义法治理念，增强全社会学法遵法守法用法意识。提高领导干部运用法治思维和法治方式深化改革、推动发展、化解矛盾、维护稳定能力。党领导人民制定宪法和法律，党必须在宪法和法律范围内活动。任何组织或者个人都不得有超越宪法和法律的特权，绝不允许以言代法、以权压法、徇私枉法。

（5）深化行政体制改革。行政体制改革是推动上层建筑适应经济基础的必然要求。要按照建立中国特色社会主义行政体制目标，深入推进政企分开、政资分开、政事分开、政社分开，建设职能科学、结构优化、廉洁高效、人民满意的服务型政府。深化行政审批制度改革，继续简政放权，推动政府职能向创造良好发展环境、提供优质公共服务、维护社会公平正义转变。稳步推进大部门制改革，健全部门职责体系。优化行政层级和行政区划设置，有条件的地方可探索省直接管理县（市）改革，深化乡镇行政体制改革。创新行政管理方式，提高政府公信力和执行力，推进政府绩效管理。严格控制机构编制，减少领导职数，降低行政成本。推进事业单位分类改革。完善体制改革协调机制，统筹规划和协调重大改革。

（6）健全权力运行制约和监督体系。坚持用制度管权管事管人，保障人民知情权、参与权、表达权、监督权，是权力正确运行的重要保证。要确保决策权、执行权、监督权既相互制约又相互协调，确保国家机关按照法定权限和程序行使权力。坚持科学决策、民主决策、依法决策，健全决策机制和程序，发挥思想库作用，建立健全决策问责和纠错制度。凡是涉及群众切身利益的决策都要充分听取群众意见，凡是损害群众利益的做法都要坚决防止和纠正。推进权力运行公开化、规范化，完善党务公开、政务公开、司法公开和各领域办事公开制度，健全质询、问责、经济责任审计、引咎辞职、罢免等制度，加强党内监督、民主监督、法律监督、舆论监督，让人民监督权力，让权力在阳光下运行。

（7）巩固和发展最广泛的爱国统一战线。统一战线是凝聚各方面力量，促进政党关系、民族关系、宗教关系、阶层关系、海内外同胞关系的和谐，夺取中国特色社会主义新胜利的重要法宝。要高举爱国主义、社会主义旗帜，巩固统一战线的思想政治基础，正确处理一致性和多样性的关系。坚持长期共存、互相监督、肝胆相照、荣辱与共的方针，加强同民主党派和无党派人士团结合作，促进思想上同心同德、目标上同心同向、行动上同心同行，加强党外代表人士队伍建设，选拔和推荐更多优秀党外人士担任各级国家机关领导职务。全面正确贯彻落实党的民族政策，坚持和完善民族区域自治制度，牢牢把握各民族共同团结奋斗、共同繁荣发展的主题，深入开展民族团结进步教育，加快民族地区发展，保障少数民族合法权益，巩固和发展平等团结互助和谐的社会主义民族关系，促进各民族和睦相处、和衷共济、和谐发展。全面贯彻党的宗教工作基本方针，发挥宗教界人士和信教群众在促进经济社会发展中的积极作用。鼓励和引导新的社会阶层人士为中国特色社会主义事业做出更大贡献。落实党的侨务政策，支持海外侨胞、归侨侨眷关心和参与祖国现代化建设与和平统一大业。

中国特色社会主义政治发展道路是团结亿万人民共同奋斗的正确道路。我们一定要坚定不移沿着这条道路前进，使我国社会主义民主政治展现出更加旺盛的生命力。

思考题

1. 1945年，在回答黄炎培先生如何使国家政权跳出"其兴也浡焉""其亡也忽焉"历史周期率的提问时，毛泽东明确指出："只有让人民来监督政府，政府才不敢松懈；只有人人起来负责，才不会人亡政息。"❶ 请结合我国民主政治的发展历程，谈谈对人民当家做主是社会主义民主政治的本质和核心的理解。

2. 请结合我国应对四川汶川特大地震、青海玉树地震、四川雅安地震等自然灾害，以及成功举办奥运会、残奥会和上海世博会等重大活动，谈谈对中国特色社会主义政治制度的优越性的认识。

3. 有人认为，30多年来，中国经济的改革和发展取得了巨大成绩，而政治的改革和发展却相对滞后。请谈谈对这一观点的认识。

---

❶ 十六大以来党和国家重要文献选编：上 [M]．北京：人民出版社，2005：473.

第四章 中国特色社会主义文化建设理论与实践

 教学基本要求

1. 了解中国特色社会主义文化理论、制度以及文化发展道路的基本内容。
2. 把握建设社会主义核心价值体系的意义、任务和要求。
3. 认识提高国家文化软实力的意义和途径。
4. 认识深化文化体制改革的意义和任务。

中国特色社会主义文化建设是中国特色社会主义事业总体布局中的重要组成部分。从总体上说，它涉及中国特色社会主义文化理论、中国特色社会主义文化发展道路和中国特色社会主义文化制度体制等基本方面。中国特色社会主义文化建设是一项复杂的系统工程，建设社会主义核心价值体系、提高国家文化软实力、深化文化体制改革等，既是这一系统工程的重点内容，又是我们必须正确认识、解决的重大理论和实践问题。

第一节　中国特色社会主义文化建设概述

文化是国家和民族赖以生存和发展的重要根基，是区别于其他民族的重要标志。国家和民族的振兴与独立、社会的发展与进步，都与文化密不可分。文化是一个国家的软实力，是综合国力的重要组成部分。中国共产党自诞生之日起就十分重视文化建设，始终高举中国特色社会主义文化的旗帜，为建设民族的、科学的、大众的文化做出了不懈的努力。

从新民主主义文化思想到社会主义文化思想、从社会主义精神文明建设思想到建设有中国特色社会主义文化思想，中国特色社会主义文化思想随着中国特色社会主义文化建设的实践不断创新发展，到了新的历史时期，以胡锦涛同志为总书记的中央领导集体，又提出了关于和谐文化的思想。中国特色社会主义文化思想是一脉相承又与时俱进的，中国特色社会主义文化建设的实践也是在曲折中不断前进。

我国的现代化建设任务不仅包括经济建设、政治建设、社会建设、生态建设，而且包括文化建设。研究中国特色社会主义文化思想及文化建设，总结文化思想发展演变的规律和文化建设的实践经验，对于增强建设中国特色社会主义文化的能力、繁荣和发展中国特色社会主义文化、构建社会主义和谐社会具有重大的理论意义和现实意义。

一、中国特色社会主义文化的基本内涵

中国特色社会主义文化是以马克思主义的世界观、人生观、价值观为核心的观念体系，是代表先进生产力发展要求、代表先进文化的前进方向、代表最广大人民群众根本利益的文化；是继承和弘扬中华民族优秀文化传统，吸收和借鉴世界文明成果，体现鲜明时代特征和中国特色的文化；是为中国特色社会主义经济、政治、文化协调发展及社会成员全面发展提供思想保证、精神动力和智力支持的文化；是促进中国共产党自身建设水平和凝聚力、创造力、战斗力不断提高和增强的文化；是代表人类文化前进方向的先进文化。

在十五大报告中，江泽民深刻指出："建设有中国特色社会主义的文化，就是以马克思主义为指导，以培育有理想、有道德、有文化、有纪律的公民为目标，发展面向现代化、面向世界、面向未来的，民族的科学的大众的社会主义文化。"在中国特色社会主义文化的形成与发展过程中，经过实践的不断探索和经验的不断总结，形成了中国特色社会主义文化的基本内涵。具体包括以下几个方面。

（1）中国特色社会主义文化是以马列主义、毛泽东思想、邓小平理论、"三个代表"重要思想和科学发展观为指导的文化。只有坚持以马列主义、毛泽东思想、邓小平理论、"三个代表"重要思想和科学发展观作为文化建设的指导思想，才能保证文化的社会主义性质和方向，才能抵制和消除一切腐朽落后文化思想的影响，真正创造出先进的具有中国特色的社会主义新文化。

（2）中国特色社会主义文化是坚持党在社会主义初级阶段基本路线，为改革开放和现代化建设提供精神动力和智力支持的文化。中国特色社会主义文化是我国社会主义经济和政治基本特征的反映，又对经济和政治的发展具有能动的作用。中国现在处于并将长期处于社会主义初级阶段，经济建设仍是这一阶段的中心任务，中国特色社会主义文化必须服从和服务于经济建设这个中心，为中国特色社会主义现代化建设提供强大的精神动力和智力支持。

（3）中国特色社会主义文化是来源于中华民族一切优秀文化传统、具有中国气派的文化。建设中国特色社会主义文化，必须以源远流长的中华民族优秀传统文化为基础。源于民族，才能走向世界。

(4) 中国特色社会主义文化是博采众长、借鉴吸收一切优秀文化成果的文化。中国特色社会主义文化不可能孤立地存在，中国特色社会主义文化建设离不开世界其他文明，也不可能孤立地进行，必将融于全球化的过程中，这样才能得到真正的发展。

(5) 中国特色社会主义文化是以人民群众为服务对象，为广大群众所喜闻乐见的文化。中国特色社会主义文化存在和发展的根源在于广大人民群众。广大人民群众是历史的创造者，不仅创造物质财富，而且创造精神财富。文化来源于人民大众，服务于人民大众，是社会主义文化的本质要求，是由中国特色社会主义文化的社会主义性质决定的。始终做到源自群众，服务人民，才能扎牢中国特色社会主义文化的社会根基，永葆中国特色社会主义文化的生机和活力。

二、中国特色社会主义文化理论与实践

中国特色社会主义文化理论，是马克思主义文化理论与中国具体实际相结合的产物，体现了对中国特色社会主义文化建设的规律性认识，是党的整个理论体系的重要组成部分，是建设中国特色社会主义文化的根本思想武器。

中国特色社会主义文化理论的形成和发展经历了一个长期的过程。其中，贯穿了马克思主义的立场、观点和方法，一脉相承而又与时俱进，凝聚了几代中国共产党人对社会主义文化建设规律的不懈探索。

以毛泽东为主要代表的中国共产党人，在领导中国人民取得社会主义革命胜利的基础上，对中国特色社会主义文化建设进行了积极的探索，提出了许多有价值的思想。比如，在指导思想上，强调社会主义文化建设必须以马克思列宁主义为根本指导；在文化发展方向上，强调社会主义文化应当"为人民服务、为社会主义事业服务"；在文化建设内容上，强调加强思想道德建设，发展教育，发展科学技术，向现代科学进军；在队伍建设上，强调建设一支宏大的、又红又专的知识分子队伍，特别是马克思主义理论队伍。这些重要思想为中国特色社会主义文化理论的形成奠定了重要的思想基础。

改革开放新时期，以邓小平为主要代表的中国共产党人，从社会主义现代化建设的具体实际出发，提出了社会主义精神文明建设的思想。这一思想，强调我们要建设的社会主义国家，不但要有高度的物质文明，而且要有高度的精神文明，两个文明都搞好，才是有中国特色的社会主义，搞现代化一定要坚持以经济建设为中心，要有两手，只有一手是不行的。强调精神文明建设包括思想道德建设和教育科学文化建设，要教育人民成为"四有"人民，教育干部成为"四有"干部，特别要教育好青年，教育好后代。强调必须坚持马克思主义，对马克思主义的信仰是我们的精神动力，实事求是是马克思主义的精髓，解放思想、改革开放要贯穿社会主义现代化全过程，坚持四项基本原则、反对资产阶级自由化也要贯穿社会主义现代化全过程，搞自由化就是要把中国引到资本主义道路上去，就会破坏安定团结的政治局面。强调改革开放是解决中国问题的希望，实行开放政策也会带来一些坏的东西，影响我们的人民，我们要用教育和法律手段解决这个问题。强调要继承和发扬民族的优秀文化传统和党的优良

传统，吸收和借鉴人类社会创造的一切文明成果，反对封建主义残余影响，抵制资本主义腐朽思想的侵蚀。强调要尊重知识、尊重人才，培养一大批优秀的科学家、教育家、文学艺术家和其他各种专家，思想文化和教育战线上的同志都应当是人类灵魂工程师。强调思想政治工作和思想政治工作者队伍绝不能削弱，对思想上的不正确倾向要以说服教育为主，开展批评与自我批评，不能简单粗暴，也不能不闻不问。强调党要加强对精神文明建设的领导，必须狠狠地抓，一天不放松地抓，从具体事件抓起，关键是党风建设和领导干部以身作则。邓小平关于社会主义精神文明建设的思想，是中国特色社会主义文化理论形成的标志。

中共十三届四中全会以来，以江泽民为主要代表的中国共产党人，在创立"三个代表"重要思想的过程中，把精神文明建设放在更加突出的地位，并将其与中国特色社会主义文化建设统一起来，形成了中国特色社会主义文化建设思想。这一思想，强调中国特色社会主义文化，是凝聚和激励全国各族人民的重要力量，是综合国力的重要标志，全面建设小康社会，必须牢牢把握先进文化的前进方向，大力发展社会主义文化，建设社会主义精神文明。强调发展先进文化，就是发展面向现代化、面向世界、面向未来的、民族的科学的大众的社会主义文化，要以科学的理论武装人，以正确的舆论引导人，以高尚的精神塑造人，以优秀的作品鼓舞人。强调发展中国特色社会主义文化，要把弘扬主旋律和提倡多样化统一起来，大力发展先进文化，支持健康有益文化，努力改造落后文化，坚决抵制腐朽文化。强调民族精神是一个民族赖以生存和发展的精神支撑，必须把弘扬和培育民族精神作为文化建设极为重要的任务，纳入国民教育全过程，纳入精神文明建设全过程，使全体人民始终保持昂扬向上的精神状态。强调加强社会主义思想道德建设，是发展先进文化的重要内容和中心环节，要把法制建设与道德建设紧密结合起来，把依法治国与以德治国紧密结合起来。强调要深入进行党的基本理论、基本路线、基本纲领、基本经验教育，引导人们树立中国特色社会主义共同理想，树立正确的世界观、人生观和价值观。强调思想政治工作是经济工作和其他一切工作的生命线，是我们党和社会主义国家的重要政治优势，越是发展经济，越是改革开放，越要重视思想政治工作。强调百年大计，教育为本，国运兴衰，系于教育，必须把教育摆在优先发展的战略地位。强调哲学社会科学是人们认识世界、改造世界的重要工具，是推动历史发展和社会进步的重要力量，要努力建设具有中国特色、中国风格、中国气派的哲学社会科学。这些思想进一步丰富和发展了中国特色社会主义文化理论。

中共十六大以来，以胡锦涛为总书记的党中央在贯彻落实科学发展观的过程中，高度重视中国特色社会主义文化建设。与此相联系，在坚持发展中国特色社会主义文化发展道路、建设社会主义文化强国的过程中，形成了推动社会主义文化大发展大繁荣的思想。这一思想，强调在当今时代文化越来越成为民族凝聚力和创造力的重要源泉，越来越成为综合国力竞争的重要因素，越来越成为经济社会发展的重要支撑，丰富的精神文化生活越来越成为我国人民的热切愿望，只有大力发展中国特色社会主义文化，才能顺应时代发展新趋势，适应经济社会发展新要求。满足各族人民精神文化生活新期待，要坚持一手抓公益性文化事业，一手抓文化产业，最大限度地满足人民日益增长的精神文化需要。要正确把握文化产品的意识形态属性和商品属性的关系，正确处理社会效益和经济效益的关系。要不断增强文化自觉和文化自信，坚持走中国特色社会主义文化发展道路，担当起建设社会主义文化强国的历史使命，推动社会主义文化大发展大繁荣。强调社会主义核心价值体系是社会主义先进文化的精髓，其基本内容包括马克思主义指导思想、中国特色社会主义共同理想、以爱国主义为核心的民族精神和以改革创新为核心的时代精神、社会主义荣辱观。社会主义核心价值体系是社会主义意识形态的本质体现，决定着中国特色社会主义的发展方向，是兴国之魂。坚持用社会主义核心价值体系引领社会思潮，在全党全社会形成统一指导思想、共同理想信念、强大精神力量、基本道德规范。强调中国特色社会主义文化建设必须以满足人民精神文化需求为出发点和落脚点，坚持以人为本，贴近实际，贴近生活，贴近群众，发挥人民在文化建设中的主体作用，坚持文化发展为了人民、文化发展依靠人民、文化发展成果由人民共享，促进人的全面发展，培育有理想、有道德、有文化、有纪律的社会主义公民，提高全民族的思想道德素质和科学文化素质等。强调改革创新是文化繁荣发展的强大动力，要坚持以解放思想为先导，牢固树立符合科学发展观要求的新的文化发展理念，处理好涉及文化发展的重大关系，不断解放和发展文化生产力，要始终坚持文化体制改革的正确方向，紧紧抓住重要领域和关键环节，全面推进体制机制创新，着力解决制约文化发展的深层次矛盾和问题，加快建立健全科学的文化管理体制和富有活力的文化产品生产经营机制。强调当今世界，文化与经济相互交融，软实力的作用渗透到各个方面，成为综合国力的重要组成部分，成为国家核心竞争力的重要因素。要大力弘扬中华优秀传统文化，大力发展社会主义先进文化，不断扩大中华文化国际影响力，形成与我国国际地位相称的文化软实力，切实维护国家文化安全。这些思想进一步深化和拓展了中国特色社会主义文化理论，是中国特色社会主义文化理论发展的最新成果。

中国特色社会主义文化理论内容广泛，系统丰富，全面而深刻地阐述了中国特色社会主义文化建设的地位作用、奋斗目标、方针原则、根本任务、发展动力和根本保证等重要思想。对中国特色社会主义文化建设实践具有指导作用，并将随着中国特色社会主义文化建设实践的发展而不断发展。

三、中国特色社会主义文化制度和体制

建设中国特色社会主义文化，就是坚持马克思主义理论的指导，以培育有理想、有道德、有文化、有纪律的公民为目标，发展面向现代化、面向世界、面向未来的，民族的科学的大众的社会主义文化，不断丰富人们的精神世界，增强人们的精神力量。改革开放以来，我国文化体制改革的推进，正是在马列主义、毛泽东思想和中国特色社会主义理论体系的指导下，用社会主义先进理念统领我国文化建设，努力创新文化

内容，丰富文化表现形式，去粗取精，去伪存真，为增强中国特色社会主义文化的吸引力和感召力提供了坚实保障。可见，文化体制改革的推行践行了中国特色社会主义文化建设的深刻内涵，同时也实现了对中国特色社会主义文化理论体系的进一步丰富和深化。

中国特色社会主义文化建设需要一整套相关的制度体系加以支撑。1978年十一届三中全会的召开，推动中国文化体制的建设和改革逐渐走上了正轨。1979年10月，邓小平同志指出："在文艺创作、文艺批评领域的行政命令必须废止，衙门作风必须抛弃。"其对社会主义文化发展的论述推进了我国文化体制改革的实施。1983年，我国正式提出文化体制改革的方针，此后，中央相继颁布了《关于加快和深化艺术表演团体体制改革的意见》《关于进一步繁荣文艺的若干意见》和《关于深化新闻出版广播影视业改革的若干意见》等相关文件，而21世纪以来中共十六大、十七大、十八大的召开，更是以党的代表大会的形式为我国文化体制改革指明了前进方向。可以说，改革开放以来，我国文化体制改革的过程本身就是一个体制不断走向健全和完善的过程，有效推进了中国特色社会主义文化制度体系的创新与完善。

当今世界，各种思想文化交流、交融和交锋的趋势不断走向明显，文化软实力在综合国力竞争中的战略地位日益凸显，许多国家都从提高国家核心竞争力的角度出发，把加快文化发展、增强文化软实力作为基本战略。近年来，虽然我国各地政府加大了对文化的投入力度，但社会主义文化发展的客观实际与我国日益提升的国际地位仍存在不相适应的状况，也使我国在全球化格局中处于不利地位和被动局面。因此，加快提升国家文化软实力，维护国家文化安全，已成为事关党和国家发展全局的重大课题。要在日趋激烈的国际文化竞争中赢得主动，必须积极深化文化体制改革，以制度创新来推动文化发展，在实践中构筑我们的文化优势。由此，才能更加坚定对自己文化的信念，极大焕发文化创新的活力，把我国丰富的文化资源转化为强大的文化竞争力。

四、中国特色社会主义文化发展道路

改革开放后特别是中共十六大以来，中国共产党始终把文化建设放在党和国家全局工作的重要战略地位，坚持物质文明和精神文明两手抓，实行依法治国和以德治国相结合，促进文化事业和文化产业共同发展，推动文化建设不断取得新成就，走出了中国特色社会主义文化发展道路。这条文化发展道路，体现了中国共产党人高度的文化自觉，是中国特色社会主义文化建设实践经验的集中体现，深入回答了文化建设中带有方向性、根本性、战略性的重大问题，指明了文化建设的前进方向和发展路径，是建设社会主义文化强国的必由之路。

（一）中国特色社会主义文化发展道路的必然性

在当代中国，坚持中国特色社会主义文化发展道路，是由多种因素决定的必然选择。

1. 我国社会制度、发展道路和党的性质宗旨决定的

文化是一定社会政治经济状况的反映，总是在特定的社会条件下存在和发展的。不同国家由于社会性质和政治理念的不同而形成不同的社会制度，选择不同的发展道路。有什么样的社会制度和发展道路，就会孕育和滋养与之相应的文化。中国共产党作为一个用科学理论武装起来的马克思主义政党，在领导中国人民推动革命、建设和改革的伟大进程中，成功开辟了中国特色社会主义道路，形成了中国特色社会主义理论体系，确立了中国特色社会主义制度，实现了经济社会的历史性进步，创造了生机勃勃的崭新文化。从提出新民主主义文化到建设社会主义文化，再到发展中国特色社会主义文化，我们党总是站在时代前列，引领文化发展进步。实践证明，中国特色社会主义道路，既是一条实现社会主义现代化、创造人民美好生活的正确道路，也是一条不断孕育先进思想文化的正确道路。新时期我国文化发展方向和路径的选择、文化纲领和政策的制定，都是由我国社会主义制度、发展道路和党的性质、宗旨决定的。只有坚持中国特色社会主义文化发展道路，才能确保文化建设沿着正确方向前进，更好地推动文化大发展大繁荣，为坚持和发展中国特色社会主义提供坚强思想保证、强大精神动力、有力舆论支持、良好文化条件。

2. 中华民族的优秀历史文化传统决定的

文化就像一条奔腾不息的长河，凝结着过去，联结着未来。任何国家和民族的文化发展，都是一个绵延不断、接续推进的过程，都是在继承传统的基础上开拓创新的过程。我国的历史文化传统源远流长、博大精深，积淀着中华民族最深层次的精神追求，包含着中华民族最根本的精神基因，代表着中华民族最独特的精神标识，深刻影响着我国文化的未来发展。如果抛弃历史文化传统，割断民族文化血脉，文化发展就会像无根浮萍、断线风筝，就会迷失方向和目标。中国共产党始终是民族优秀传统文化的忠实传承者和弘扬者，在发展中国先进文化的过程中，坚持汲取优秀传统文化的精华，同时适应时代和实践的新发展，不断赋予中华文化以时代的青春活力。中国特色社会主义文化发展道路，就是高扬社会主义先进文化与传承民族优秀传统文化相结合的发展道路，就是植根民族历史文化土壤而又面向现代化、面向世界、面向未来的发展道路，最能把中华文化精华与时代精神统一起来、发扬光大。只有坚持中国特色社会主义文化发展道路，才能把坚持和发展、继承和创新统一起来，使优秀传统文化成为发展先进文化的深厚基础，努力发展具有中国特色、中国风格、中国气派的社会主义文化，在新的时代条件下焕发中华文化蓬勃生机，迎来全面复兴的光明前景。

3. 我国文化发展规律和人民群众根本意愿决定的

世界文化丰富多彩，每个民族和国家的文化都有自身的特性，从而形成了世界文化的多样性。只有认识文化的演进逻辑，把握其内在规律，才能开拓文化发展的广阔道路。党和国家事业属于人民，为了人民的根本方向，我国的基本国情和所处的发展阶段，决定了我国文化建设需要解决的矛盾和问题不同于其他国家，面临的任务和要求也不同于其他国家。中共十七届六中全会决定在深刻总结我国文化建设历史经验基

础上概括提出的"五个坚持"❶的重要方针,集中体现了我国文化发展的内在规律,反映了中国文化的独特属性和文化工作的特殊原则,构成了中国特色社会主义文化发展道路的重要内容,是新形势下推进文化改革发展的重要遵循。当前,中国特色社会主义进入一个新的发展阶段。一方面,亿万人民在中国特色社会主义伟大实践中,精神焕发地投身文化建设,进行文化创造;另一方面,我国经济社会发展对文化建设提出了新的更高要求,人民群众对丰富精神文化生活提出了新的更高期待。回答时代发展和人民群众对文化建设提出的新课题,推动文化建设在更高起点上创造新的辉煌,必须坚持我们党在领导文化建设长期实践中积累的成功经验、形成的方针原则。只有坚持中国特色社会主义文化发展道路,才能科学把握我国文化发展规律,尊重人民群众的文化选择,以更加开阔的视野、更加前瞻的思路、更加有力的举措推进文化改革发展,在全面建设小康社会进程中奋力开创社会主义文化建设新局面。

4. 增强国家文化软实力的现实需要决定的

当今世界,各种思想文化交流交融交锋趋势更加明显,文化软实力在综合国力竞争中的战略地位日益凸显,许多国家都从提高国家核心竞争力出发,把加快文化发展、增强文化软实力作为国家基本战略。随着我国经济快速发展,中国的发展道路得到越来越多人的理解和认同,中华文化的作用和影响引起世界极大关注。同时,我国文化整体实力和国际影响力与我国国际地位还不相称,与我国深厚的文化底蕴还不相称,国际文化格局西强我弱的状况并没有改变。在这样的背景下,加快提升国家文化软实力已经成为事关党和国家发展全局的重大而紧迫的课题。我们要在日趋激烈的国际文化竞争中赢得主动,绝不能照搬别国的文化发展模式,必须有自己独特的文化设计,选择符合自身实际的文化发展路径,努力构筑我们的文化优势。只有坚持中国特色社会主义文化发展道路,才能更加坚定对我们自己文化的信念,极大焕发文化创新创造的活力,把我国丰富的文化资源转化为强大的文化竞争力,切实提高国家文化软实力,维护国家文化安全,拓展我国的战略利益和发展空间。

(二)中国特色社会主义文化发展道路的特征

中国特色社会主义文化发展道路,指明了我国文化建设的前进方向和发展路径,是发展社会主义先进文化、实现中华文化繁荣兴盛的唯一正确道路。

1. 中国特色社会主义文化发展道路是建设先进文化之路

中国共产党从走上中国历史舞台的那天起,就始终高扬自己的文化理想,代表中国先进文化的前进方向,自觉承担起发展先进文化的历史使命。改革开放后特别是中共十六大以来,党始终把握中国先进文化的发展趋势和要求,着眼时代前沿,立足新的实践,努力建设和弘扬先进文化,不断丰富人们的精神世界,增强人们的精神力量,

---

❶ 中共中央关于深化文化体制改革推动社会主义文化大发展大繁荣若干重大问题的决定[M].北京:人民出版社,2011:10-11.

充分展现了先进文化的强大感召力和吸引力。中国特色社会主义文化发展道路,就是在探索建设先进文化实践中取得的最重要成果,从根本上说就是发展社会主义先进文化之路,也就是要建设以马克思主义为指导,发展面向现代化、面向世界、面向未来的,民族的、科学的、大众的社会主义文化。

2. 中国特色社会主义文化发展道路是科学发展之路

科学发展观是马克思主义关于发展的世界观、方法论的集中体现,不仅反映了我们党对当今世界发展趋势和中国特色社会主义事业发展方位的科学把握,而且反映了我们党对当今文化发展趋势和我国文化建设规律的科学把握。中共十六大以来,党坚持用科学发展观指导文化建设,努力把全社会文化发展的积极性引导到科学发展上来,逐步形成了符合科学发展观要求的新的文化发展理念,科学回答了中国文化实现什么样的发展、怎样实现发展的重大问题。在新的历史条件下推动文化大发展大繁荣,必须深入贯彻落实科学发展观,以科学发展为主题,把科学发展的理念贯穿到工作的各个方面、各个环节。

3. 中国特色社会主义文化发展道路是强基固本之路

文化的力量,很大程度上取决于凝结其中的核心价值体系的力量,不同文化的竞争很大程度上表现为各自代表的核心价值体系的竞争。以社会主义核心价值体系为内核,用社会主义核心价值体系凝魂聚气、强基固本,是中国特色社会主义文化发展道路的根本标识。推动文化大发展大繁荣,必须把建设社会主义核心价值体系作为根本任务,融入国民教育、精神文明建设和党的建设全过程,贯穿改革开放和社会主义现代化建设各领域,体现到精神文化产品创作生产传播的各方面,使其成为全体人民的自觉追求,不断巩固全体人民团结奋斗的共同思想道德基础。

4. 中国特色社会主义文化发展道路是以人为本之路

人民是历史的创造者,是文化发展最深厚的力量源泉。我们建设的社会主义文化,是人民大众的文化;中国特色社会主义文化发展道路,是人民群众共建共享的道路。这条文化发展道路,坚定地维护广大人民的文化权益,蕴涵着我国文化建设永恒不变的价值追求,其重要特征就是坚持以人为本,坚持人民至上。推动文化大发展大繁荣,必须自觉贯彻党的群众路线,牢记文化建设的根基和力量在人民,以满足人民精神文化需求为出发点和落脚点,坚持文化发展为了人民、文化发展依靠人民、文化发展成果由人民共享。

5. 中国特色社会主义文化发展道路是改革创新之路

改革创新是坚持和发展中国特色社会主义的强大动力,也是推动文化繁荣发展的强大动力。中国特色社会主义文化发展道路本身就是改革创新的成果,以改革创新为动力是坚持这条道路的必然要求。推动文化大发展大繁荣,必须坚持解放思想、实事求是、与时俱进,坚持百花齐放、百家争鸣,把改革创新精神贯穿于文化建设全过程,不断激发文化创造活力,解放和发展文化生产力。

第二节 社会主义核心价值观的培育与践行

一、价值观和价值的导向

价值观是人们基于社会生活实践,通过对各种各样的价值进行评价而形成的思想观念。价值观一旦形成,就渗入到人们的一切价值活动之中,是人们进行价值评价、选择、创造的导向和依据。价值观构成了人们的世界观、人生观的重要组成部分。世界观、人生观、价值观三者之间相互交织、相互影响、相互作用,对人们思想和行为产生直接或间接的影响。马克思主义文化建设必须树立适应科技进步和社会发展的先进价值观,才能抵制各种愚昧、腐朽、落后的价值观的侵蚀,推进人与社会的和谐发展。

所谓价值观,就是人们基于生存、发展和享受的需要,在社会生活实践中形成的关于价值的总观点、总看法,是人们的价值信念、信仰、理想、标准和具体价值取向的综合体系。价值观作为人们关于事物是否具有价值、具有什么价值的根本看法,是人们区分好坏、利弊、得失、善恶、美丑、正义与非正义的观念,是人们特有的关于应该做什么和禁止做什么的约束性规范。

影响价值观形成和变革的具体因素比较复杂,主要包括以下两个方面:一方面,价值观的形成与变化有其深刻的社会历史根据。从社会历史的角度分析,任何人的价值观都来自于他所生活的社会,是一定时代文化传统、生活方式、风俗习惯、社会心理等因素潜移默化的濡染和熏陶的结果。同时,社会又常常以其上层建筑的力量,通过家庭和学校教育、社会舆论、利益机制的调整以及各种社会约束机制,有目地传递、灌输某种特定的价值观,校正与这种价值观不相符合的思想和行为,将人的思想和行为纳入社会许可的范围之内,维护社会的稳定和可持续发展。其中,教育在将人培养成该社会的合格成员的过程中,具有举足轻重的作用。

另一方面,人们的社会生活实践的形式和经历是价值观形成的主要根据。价值观直接反映了主体的实际生存状态,反映了主体的社会地位和立场,反映了主体的利益和需要。一定主体的价值观来自于该主体的生活实践的形式和经历,是主体在价值活动中多次实践反馈的观念积淀与内化。从主体自身的角度看,人们的阶级立场、社会地位、生存方式、生活经历,以及利益、需要和自我意识等,都是影响其价值观形成和变化的基本因素。其中主体的需要和自我意识是其价值观形成的两个直接的前提条件。需要是形成价值观的客观前提,价值观就形成于主体的需要系统之上,是基于主体的需要,从而对主客体之间的价值关系进行反思、整合而成的观念系统。不同的人需要不同,价值观往往也不尽相同。人的需要的多方面和多层次性,决定了价值观的多方面、多层次性;人的需要的社会历史性,决定了价值观的社会历史性。主体的自我意识是价值观形成的主观条件。只有当一个人或一个群体在生活实践活动中，不仅正确地掌握了客观对象，而且通过自我意识掌握了自身，把主客体区分开来，才能形成需要意识，并在生活实践活动中，以此为尺度评价客体，经过无数次的反复而形成某种价值观。可见，主体的价值观是以社会生活实践为基础，在主体需要的驱动下和自我意识的引导下逐步形成的。

价值观一旦形成，又作为文化系统的深层结构，具有相对的稳定性和历史延续性，在相当长时期内发挥作用，影响和支配人的思想和行为。在社会文化系统中，一定社会的价值观经过长期的历史传递和文化心理积淀，就会形成一定的文化传统。这种文化传统经过教育和熏陶，可能长期占据人们的头脑，影响和支配人们的思想和行为，不会随着社会的变化而迅速改变。在社会变革时期，文化传统可能演变为一种"巨大的保守力量"，"像梦魇一样纠缠着活人的头脑"，阻碍人们的思想和行为及时发生变化。

当今世界正处在价值观深刻变革的时代。随着时代的发展和社会生活的深刻变化，世界文化、文明正在面临转型，东西方之间、传统与现代之间、发达国家与发展中国家之间、社会主义与资本主义及封建主义之间，不同文化和价值观体系的比较和冲突表现得越来越明显，文化价值观的变革和转型已经成为一种时代性、世界性的思想文化现象。

在这一时代背景下，由于我国正处于社会主义初级阶段，改革开放、从计划经济向社会主义市场经济转型时期，价值观变革、转型的广度和深度显得尤为突出。当前中国社会价值观的基本状况十分复杂：随着社会的发展，人们的价值主体意识普遍觉醒，各层次价值主体的主体地位逐步确立，并发生了从单一主体向多层次主体的转变；传统与现代、"中"与"西"、"左"与"右"等多元价值观并存共处，强调革命、奉献、牺牲、服务的理想价值观与追求物欲满足、追求感官享受的世俗价值观相互交织；封建主义价值体系的"官本位"和资本主义价值体系的"钱本位"仍然拥有一定市场，社会主义的具有普遍号召力的信念、信仰、理想的价值观尚待进一步巩固。在互相竞争的多元价值观面前，在日益普遍的价值矛盾和冲突面前，建设中国特色社会主义这一空前伟大的事业要求我们推陈出新，与时俱进，建立一套与中国特色社会主义实践相适应的先进的主导价值观，以凝聚全国人民的目标和意志，唤起大众建设中国特色社会主义事业的热情。当然，这是一项十分艰巨的任务，不可能一蹴而就，而必然是一个长期、反复、曲折的过程。它只能随着中国特色社会主义建设的深入，立足时代与国情，在总结新的实践经验的基础上，不断创造性地加以充实和完善、丰富和发展。

二、科学发展观的价值导向

以人为本，全面、协调、可持续的科学发展观体现了经济社会发展的合理性要求，成为当代中国最基本的价值导向原则。作为一个具体的发展原则，必须在遵循发展规律的基础上才能体现出自身的价值,因此,新发展理念本身就是符合目的性、符合规律性的有机统一。所以,在科学发展观的价值导向上,不但体现出了经济社会发展的人文精神,还体现出了发展理念本身所具有的科学精神,反映了科学与人文的统一。

科学发展观,是对党的三代中央领导集体关于发展的重要思想的继承和发展,是马克思主义关于发展的世界观和方法论的集中体现,是同马克思列宁主义、毛泽东思想、邓小平理论和"三个代表"重要思想既一脉相承又与时俱进的科学理论,是我国经济社会发展的重要指导方针,是发展中国特色社会主义必须坚持和贯彻的重大战略思想。

科学发展观,是立足社会主义初级阶段基本国情、总结我国发展实践、借鉴国外发展经验、适应新的发展要求提出来的。

进入新世纪新阶段,我国发展呈现出一系列新的阶段性特征。主要是:经济实力显著增强,同时生产力水平总体上还不高,自主创新能力还不强,长期形成的结构性矛盾和粗放型增长方式尚未根本改变;社会主义市场经济体制初步建立,同时影响发展的体制和机制障碍依然存在,改革攻坚面临深层次的矛盾和问题;人民生活总体上达到小康水平,同时收入分配差距拉大趋势还未根本扭转,城乡贫困人口和低收入人口还有相当数量,统筹兼顾各方面利益难度加大;协调发展取得显著成绩,同时农业基础薄弱、农村发展滞后的局面尚未改变,缩小城乡、区域发展差距和促进经济社会协调发展任务艰巨;社会主义民主政治不断发展、依法治国基本方略扎实贯彻,同时民主法治建设与扩大人民民主和经济社会发展的要求还不完全适应,政治体制改革需要继续深化;社会主义文化更加繁荣,同时人民精神文化需求日趋旺盛,人们思想活动的独立性、选择性、多边性、差异性明显增强,对发展社会主义先进文化提出了更高要求;社会活力显著增强,同时社会结构、社会组织形式、社会利益格局发生深刻变化,社会建设和管理面临诸多新课题;对外开放日益扩大,同时面临的国际竞争日趋激烈,发达国家在经济科技上占优势的压力长期存在,可以预见和难以预见的风险增多,统筹国内发展和对外开放要求更高。

这些情况表明,经过新中国成立以来特别是改革开放以来的不懈努力,我国取得了举世瞩目的发展成就,从生产力到生产关系、从经济基础到上层建筑都发生了意义深远的重大变化,但我国仍处于并将长期处于社会主义初级阶段的基本国情没有变,人民日益增长的物质文化需要同落后的社会生产之间的矛盾这一社会主要矛盾没有变。当前我国发展的阶段性特征,是社会主义初级阶段基本国情,不是要妄自菲薄、自甘落后,也不是要脱离实际、急于求成,而是要坚持把它作为推进改革、谋划发展的根本依据。我们必须始终保持清醒头脑,立足社会主义初级阶段这个最大的实际,科学分析我国全面参与经济全球化的新机遇新挑战,全面认识工业化、信息化、城镇化、市场化、国际化深入发展的新形势新任务,深刻把握我国发展所面临的新课题新矛盾,更加自觉地走科学发展道路,奋力开拓中国特色社会主义更为广阔的发展前景。

科学发展观,第一要义是发展,核心是以人为本,基本要求是全面协调可持续,根本方法是统筹兼顾。

深入贯彻落实科学发展观,要求我们积极构建社会主义和谐社会。社会和谐是中国特色社会主义的本质属性。科学发展和社会和谐是内在统一的。没有科学发展就没有社会和谐,没有社会和谐也难以实现科学发展。构建社会主义和谐社会是贯穿中国特色社会主义事业全过程的长期历史任务,是在发展的基础上正确处理各种社会矛盾的历史过程和社会结果。要通过发展增加社会物质财富,不断改善人民生活,又要通过发展保障社会公平正义,不断促进社会和谐。实现社会公平正义是中国共产党人的一贯主张,是发展中国特色社会主义的重大任务。要按照民主法治、公平正义、诚信友爱、充满活力、安定有序、人与自然和谐相处的总要求和共同建设、共同享有的原则,着力解决人民最关心、最直接、最现实的利益问题,努力形成全体人民各尽其能、各得其所而又和谐相处的局面,为发展提供良好的社会环境。

深入贯彻落实科学发展观,要求我们继续深化改革开放。要把改革创新精神贯彻到治国理政各个环节,毫不动摇地坚持改革方向,提高改革决策的科学性,增强改革措施的协调性。要完善社会主义市场经济体制,推进各方面体制改革创新,加快重要领域和关键环节的改革步伐,全面提高开放水平,着力构建充满活力、富有效率、更加开放、有利于科学发展的体制机制。为发展中国特色社会主义提供强大动力和体制保障。要坚持把改善人民生活作为正确处理改革发展稳定关系的结合点,使改革始终得到人民拥护和支持。

深入贯彻落实科学发展观,要求我们切实加强和改进党的建设。要站在完成党执政兴国使命的高度,把提高党的执政能力、保持和发展党的先进性,体现到领导科学发展、促进社会和谐上来,落实到引领中国发展进步、更好代表和实现最广大人民的根本利益上来,使党的工作和党的建设更加符合科学发展观的要求,为科学发展提供可靠的政治和组织保障。

三、社会主义和谐社会的价值导向

构建社会主义和谐社会是我国建设特色社会主义的根本目标,要实现社会主义和谐社会的建设,建立相关的政策、法规以及制度体制必不可少,然而最为重要的是对适应社会发展的社会价值体系的建设和明确,这是构建和谐社会的本质要求也是必要基础条件。科学发展观的本质内容就是以人为本,其基本内涵和要求就是对人的尊重、对人的能力的认同以及对人的基本权利的保护,促进人的全面发展。

对以人为本的"本"的理解和把握,根据这三类划分进行详细解读。第一,从社会群体意义上的人来理解"本"。"人"的社会存在性是人在社会中生存的基本形态,承担了劳动关系中的各种角色,正是在这些社会关系中人才能真正体现自己的价值。社会发展是人在处理社会关系中不断追求和创造自身价值的活动,是一个人的自然超越和自我生成的价值实现过程。因此"以人为本"理所当然地成为社会发展的实质和核心。这种观点能够使社会的发展与人的发展相互统一,从而促进两者朝着有利于社会和个人发展的方向进行发展。因此，以人为本过程中的"本"包括了人的多种方面，虽然人是主体，但客体也不可忽视。第二，从个性意义上的人来理解"本"。人的全面发展和自由个性是马克思哲学追求的最高境界。其主要内容是将人作为发展的终极目标，包括人的发展、人的能力提高、人的全面发展等方面。就这一点来说，以人为本与人的全面发展的理想目标相吻合。因此，以人为本是人的全面发展的思想基础，只有以此为"本"，才能迈出人的全面发展的坚实步伐。

当前知识经济时代更重视知识，各国都加强了对创新性人才的培养。由于知识资源比物质资源更具有无尽性和扩张性，这就决定了在物质资源可以被消耗殆尽的情况下，知识资源可以长久地存在和发展。就两种资源的使用特点来看，物质资源是可以用尽的，知识资源则可以生生不息、取之不尽，知识资源具有效用递增的效果，它是与人力资源紧密结合在一起的。就资源的流通特性而言，物质资源的扩张是有限的，知识资源却可以无限扩张。而人则是知识的鲜活载体，所以人具有极其重要的特性。21世纪是知识经济的时代，时代竞争的主体归根结底是人才的竞争。因此，从物质为本走向以人为本是知识经济时代的客观需要。

四、加强社会主义核心价值体系的建设

社会主义核心价值体系是兴国之魂，决定着中国特色社会主义发展方向。要深入开展社会主义核心价值体系学习教育，用社会主义核心价值体系引领社会思潮，凝聚社会共识。推进马克思主义中国化时代化大众化，坚持不懈用中国特色社会主义理论体系武装全党、教育人民，深入实施马克思主义理论研究和建设工程，建设哲学社会科学创新体系，推动中国特色社会主义理论体系进教材进课堂进头脑。广泛开展理想信念教育，把广大人民团结凝聚在中国特色社会主义伟大旗帜之下。大力弘扬民族精神和时代精神，深入开展爱国主义、集体主义、社会主义教育，丰富人民精神世界，增强人民精神力量。倡导富强、民主、文明、和谐，倡导自由、平等、公正、法治，倡导爱国、敬业、诚信、友善，积极培育和践行社会主义核心价值观。牢牢掌握意识形态工作领导权和主导权，坚持正确导向，提高引导能力，壮大主流思想舆论。

（一）社会主义核心价值体系建设的重要意义

社会主义核心价值体系，决定着中国特色社会主义文化的发展方向，是发展社会主义先进文化的灵魂和精髓，对于巩固全党全国各族人民团结奋斗的共同思想基础具有十分重要的意义。

第一，社会主义核心价值体系是社会主义意识形态的本质体现。这一论断深刻揭示了社会主义核心价值体系在社会主义意识形态中的地位和作用。社会主义意识形态是以马克思主义为指导的意识形态，集中反映着社会主义社会的经济、政治生活，反映着社会主义制度的本质要求，体现着最广大人民的根本利益。社会主义核心价值体系集社会主义价值理念之大成，把我们党倡导的基本理论、思想观念和价值取向系统

凝练地整合在一起，是社会主义意识形态的核心内容和最重要组成部分，决定着社会主义意识形态的性质和方向。

社会主义核心价值体系是社会主义制度在价值层面的本质规定。中国特色社会主义基本制度，必须长期坚持，决不能动摇。社会主义核心价值体系，反映了我国社会主义基本制度的本质要求，渗透于经济、政治、文化、社会建设的各个方面，在所有社会主义价值目标中处于统摄和支配地位，为中国特色社会主义的发展和完善提供了思想根基，是我国社会主义制度的内在精神之魂。建设社会主义核心价值体系，能够促进我国社会主义制度的巩固和发展。

第二，社会主义核心价值体系是全党全国各族人民团结奋斗的共同思想基础。中国共产党历来高度重视共同思想基础的建设。毛泽东指出，党要有"共同语言"，社会主义国家要有"统一意志"。邓小平指出："我们这么大一个国家，怎样才能团结起来、组织起来呢？一靠理想，二靠纪律。组织起来就有力量。"❶ 江泽民指出："一个民族、一个国家，如果没有自己的精神支柱，就等于没有灵魂，就会失去凝聚力和生命力。"❷ 胡锦涛指出，要增强"民族精神"，巩固"精神支柱"，形成"共同理想信念"。这些重要论断，强调的都是共同思想基础建设，提出建设社会主义核心价值体系，揭示了我们共同思想基础的基本内涵和基本要求，其将推动全党全社会进一步形成统一意志，共同团结奋斗。

社会主义核心价值体系是引领社会思潮的精神向导。当前，我国改革发展已进入关键时期，呈现出许多新的阶段性特征，社会思想观念和价值取向复杂多样，主流的与非主流的同时并存，先进的与落后的相互交织，呈现出多元、多样、多变的特点。社会思潮越是纷繁复杂，越需要主旋律，越需要用一元化的指导思想引领多样化的社会意识，牢牢掌握我国意识形态领域的主导权、主动权、话语权，最大限度地凝聚社会思想共识。建设社会主义核心价值体系，在多元多样中立主导，在交流交融中谋共识，在变化变动中一以贯之，既肯定主流又正视支流，有利于形成既有国家统一意志又有个人心情舒畅、既包容多样又有力抵制各种错误思潮和腐朽思想、既坚守基本的社会思想道德又向着更高目标前进的生动局面。

第三，社会主义核心价值体系是实现科学发展、社会和谐的推动力量。科学发展、社会和谐，是发展中国特色社会主义的基本要求，是贯穿改革开放和社会主义现代化建设的一条主线。实现科学发展、社会和谐，离不开社会主义核心价值体系的支撑与引领。社会主义核心价值体系倡导一切有利于国家富强、社会和谐、人民幸福的思想和精神，一切有利于民族团结、祖国统一、人心凝聚的思想和精神，一切用诚实劳动创造美好生活的思想和精神，提供了经济社会全面发展的思想保证。建设社会主义核心价值体系，有助于人们增强对科学发展、社会和谐的认同，同心同德地推动经济社

---

❶ 邓小平文选：第3卷 [M]. 北京：人民出版社，1993：111.
❷ 十五大以来重要文献选编：上 [M]. 北京：人民出版社，2000：549.

会又好又快发展；有助于人们焕发积极性、主动性、创造性，始终保持昂扬向上的精神状态；有助于人们培育和谐文化，树立和谐理念，发扬和谐精神，把各方面的智慧和力量凝聚到推动科学发展、促进社会和谐上来。

(二) 着力推动社会主义核心价值体系建设

建设社会主义核心价值体系是一项长期的战略任务，也是当前一项十分紧迫的工作。必须着眼于巩固党执政的思想基础，着眼于增强国家和民族的凝聚力，着眼于维护社会和谐稳定，着眼于促进人的全面发展，坚持重在建设、贵在践行，把社会主义核心价值体系的要求转化为全社会的群体意识和自觉行动，形成奋发向上的精神力量和团结和睦的精神纽带。

第一，坚持建设社会主义核心价值体系的基本原则。坚持以人为本，充分体现人文关怀。要尊重人的主体地位，关注人的精神诉求，善于发现人民群众中蕴藏的积极向上的思想和精神，引导群众自我教育、自我提高、自我完善。

第二，人人都做社会主义核心价值体系的践行者。人民群众是践行社会主义核心价值体系的主体。人民群众中蕴藏着建设社会主义核心价值体系的巨大热情和创造活力。改革开放和社会主义现代化建设的火热实践，为人民群众践行社会主义核心价值体系提供了广阔舞台。要充分发挥工人、农民、知识分子的主力军作用和青少年的生力军作用，发挥党员干部的模范带头作用，发挥新经济组织和新社会组织从业人员的积极作用，发挥公众人物特别是各界知名人士的独特作用，汇聚起建设社会主义核心价值体系的强大合力。大力倡导建设社会主义核心价值体系人人有责的理念，引导每一个社会成员自觉践行社会主义核心价值体系的要求，形成人人关心、共同参与、携手推进的生动局面。

第三，全社会共同推动社会主义核心价值体系建设。建设社会主义核心价值体系是全社会的共同责任。必须把铸造灵魂、突出主题、把握精髓、打牢基础的要求体现到经济社会生活的各个方面，从政策环境、体制环境、社会环境等多方面给予有力支撑，形成建设社会主义核心价值体系的强大合力。要把社会主义核心价值体系贯穿到群众性精神文明创建活动之中，融入人们的日常生活之中，体现到制度设计、政策法规制定和社会管理之中。

关于加强社会主义核心价值体系建设，党的十八大报告从三个方面进行了阐述。从社会主义现代化的价值追求方面讲，倡导富强、民主、文明、和谐；从政治建设的价值追求方面讲，倡导自由、平等、公正、法治；从公民道德建设的价值追求看，倡导爱国、敬业、诚信、友善。这样一个内涵丰富的价值观有利于在利益多元化条件下培育更多的社会共识，促进社会主义核心价值体系在中华大地上扎根、开花、结果。

(三) 坚持马克思主义指导地位

坚持马克思主义的指导地位，是推进社会主义核心价值体系建设的首要任务和根本所在，是关乎中国特色社会主义事业全局的重大问题。解决这个问题，涉及诸多方面，从根本上说，以下两个问题是首先应当解决的。

1. 为什么要坚持马克思主义的指导地位

这是要不要坚持马克思主义指导的问题，是思想认识问题，解决这个问题，是切实做到坚持马克思主义指导地位的首要前提。回答这个问题，至少应强调以下几点。

其一，马克思主义是我们立党立国的根本指导思想。把马克思主义确立为我们立党立国的根本指导思想，是历史的选择、人民的选择。近代中国，面对空前深重的民族危机和社会危机，中国人民进行了不屈不挠的斗争，无数仁人志士苦苦探索救国救民的真理。只有在中国人民找到了马克思主义这一科学理论后，才从根本上解决了中国的前途和命运问题。90多年来，中国共产党坚持把马克思主义基本原理同中国实际相结合，不断取得马克思主义中国化的理论成果，指导中国革命、建设和改革不断走向胜利。如果没有马克思主义的指导，这一切都是不可能的，也是不可想象的。中国革命、建设和改革的光辉历程，充分显示了马克思主义的强大威力，充分证明了中国人民选择马克思主义的正确性。证明了马克思主义是我们立党立国、治党治国之本，马克思主义的指导地位任何时候都不能动摇。

其二，马克思主义指导思想决定社会主义核心价值体系的性质和方向。马克思主义指导思想是社会主义核心价值体系的灵魂。这种灵魂的作用在于，马克思主义能够为建设社会主义核心价值体系提供正确的立场、观点和方法，对社会主义核心价值体系发挥着思想基础和理论支撑作用。在当代中国，只有坚持马克思主义指导地位，才能正确把握建设社会主义核心价值体系的历史条件、本质要求和客观规律，解决影响当代中国价值观念传承与变革的重大理论和现实问题，促进社会主义核心价值体系的发展；只有坚持马克思主义指导地位，才能有效抵御各种错误思潮的影响和侵蚀，在纷繁复杂的社会变化面前不迷失方向。如果忽视或者放弃马克思主义的指导，各种错误思潮就会泛滥，西方价值观念就会乘虚而入，我国主流意识形态就会受到冲击，我们的民族文化和传统就可能被消解，社会主义核心价值体系建设就会受到干扰，迷失方向。

其三，在意识形态领域指导思想只能是一元的，而不能搞多元化。实际上，古今中外，任何国家和社会，不管社会形态多么不同，不管社会思想多么复杂，但在意识形态领域，占支配地位的思想总是统治阶级的思想，或者说指导思想都是一元的。这是因为，在任何社会，意识形态领域的主导思想，都是由其起主导作用的经济基础决定的。马克思说："统治阶级的思想在每一时代都是占统治地位的思想。这就是说，一个阶级是社会上占统治地位的物质力量，同时也是社会上占统治地位的精神力量。"❶ 指导思想一元化，正是这一人类社会发展规律的反映。同时，指导思想作为上层建筑的核心和灵魂部分，它既是上层建筑的重要内容，又对维护上层建筑起着关键作用。

---

❶ 马克思恩格斯文集：第1卷［M］. 北京：人民出版社，2009：550.

社会制度的巩固和完善，需要指导思想或者主导意识形态提供理论指导、价值导向和精神支撑，它必然要集中反映统治阶级的意志和思想。

其四，在马克思主义指导思想一元化问题上，要走出"多元化"的误区。随着经济社会的深刻变革，社会思想、价值观念日益多样化，指导思想是不是可以搞多元化呢？首先，我们要看到，社会思想的多样化和指导思想的一元化是不同层次的问题。一个是指现实社会中各种思想存在的状态，一个是指这个社会占支配地位的思想是什么。社会思想的多样，并不等于这个社会占支配地位的思想就要多元。恰好相反，正是因为它占支配地位，必然要求通过一元去引领多样。其次，社会思想的多样化并不排斥意识形态领域的有序化。马克思主义认为，人类社会思想文化领域的多样化，是一种正常状态。社会思想的多种多样，有利于促进思想的解放，激发起社会的活力，推动理论、科技、文化等各方面的创新。但是，社会思想的多样化，必须以有序化为前提。杂乱的、无序的多样化是不利于社会稳定和社会发展的。如果一个社会缺乏统一的价值导向，或者这种导向很苍白乏力，社会运转就会陷入混乱，或者陷入停滞，社会发展就会受到影响。所以，对于一个正常的社会来讲，就是既要允许社会思想和个人价值追求的多样性，也要坚持社会价值导向的一元化。概括地说，就是多样并存、一元指导。

2. 怎样坚持以马克思主义为指导

这是坚持马克思主义指导如何做的问题，即是实践的问题，是坚持马克思主义指导的最终落实问题。这个问题更为复杂，也更为重要，它的解决需要做出多方面的努力。

其一，最根本的是坚持马克思主义的立场、观点、方法。马克思主义的立场、观点、方法，是马克思主义科学思想体系的精髓所在，贯穿于马克思列宁主义、毛泽东思想和中国特色社会主义理论体系之中。掌握和坚持马克思主义，最根本的是坚持和运用其立场、观点、方法研究解决实际问题。

马克思主义始终具有鲜明的政治立场，这就是始终站在人民大众立场上，诚心诚意为人民谋利益。为什么人的问题是一个根本的问题、原则的问题？胡锦涛强调："相信谁、依靠谁、为了谁，是否始终站在最广大人民的立场上，是区分唯物史观和唯心史观的分水岭，也是判断马克思主义政党的试金石。"❶《共产党宣言》庄严宣布："过去的一切运动都是少数人的或者为少数人谋利益的运动。无产阶级的运动是绝大多数人的，为绝大多数人谋利益的独立的运动。"❷ 马克思主义的全部理论都立足于实现和维护最广大人民的根本利益，把全人类解放和人的全面发展作为最高价值追求。正因为这样，马克思主义理论才成为对人民大众最有吸引力的强大思想武器。

坚持马克思主义的立场，就是要坚持一切为了人民、一切相信人民、一切依靠人

---

❶ 胡锦涛. 在"三个代表"重要思想理论研讨会上的讲话 [M]. 北京：人民出版社，2003：16.

❷ 马克思恩格斯文集：第2卷 [M]. 北京：人民出版社，2009：42.

民。站在人民大众立场上，首先是对人民群众有真挚的感情，关键是诚心诚意为人民谋利益，根本是为人民掌好权用好权。历史一再启示我们，人民是历史的创造者，只有始终坚持人民利益高于一切，切实做到权为民所用、情为民所系、利为民所谋，才能获得人民群众的衷心拥护，才能拥有取之不尽、用之不竭的力量源泉。

马克思主义的方法，是指导我们正确认识和改造世界的根本思想方法和工作方法。世界观中包含方法论，方法论中渗透着世界观，马克思主义的世界观和方法论是有机统一的。恩格斯指出："马克思的整个世界观不是教义，而是方法。它提供的不是现成的教条，而是进一步研究的出发点和供这种研究使用的方法。"❶ 毛泽东强调："要把马克思主义当作工具看待，没有什么神秘，因为它合用，别的工具不合用。"❷ 在马克思、恩格斯创立的辩证唯物主义和历史唯物主义的基础上，毛泽东用中国语言加以概括，形成了党的"实事求是"的思想路线。尽管时代在不断前进，形势在不断变化，马克思主义仍然是观察和解决当代人类社会发展问题的思想武器，是我们的"望远镜"和"显微镜"。

把握马克思主义的方法，关键是要把握唯物辩证、实事求是、群众路线的思想方法和工作方法。坚持唯物辩证，要求我们按照世界的本来面貌认识世界，客观地而不是主观地、发展地而不是静止地、全面地而不是片面地、系统地而不是零散地、普遍联系地而不是孤立地观察事物、分析问题、解决问题，在矛盾对立统一过程中把握事物发展规律。坚持实事求是，要求我们一切从实际出发，理论联系实际，不断研究新情况、解决新问题，使思想认识跟着客观实际的变化而变化，在解放思想、与时俱进中坚持真理、纠正错误，做到不唯上、不唯书、只唯实。坚持群众路线，要求我们做到一切依靠群众，从群众中来，到群众中去，充分调动各方面群众的积极性、主动性、创造性。

马克思主义的立场、观点、方法是相互联系、不可分割的，统一和贯穿于马克思主义的科学理论体系。只有从立场、观点、方法的统一中把握马克思主义的精髓和实质，才能完整准确地掌握和运用马克思主义。

其二，大力推进马克思主义中国化、时代化、大众化。历史和实践证明，马克思主义只有与本国国情相结合，与时代发展同进步，与人民群众共命运，才能焕发出强大的生命力、创造力、感召力。马克思、恩格斯多次指出，他们的理论不是教条而是行动的指南，是发展着的理论而不是必须背得烂熟并机械地加以重复的教条；对他们理论中一般原理的实际运用，"随时随地都要以当时的历史条件为转移"❸。推进马克思主义中国化、时代化、大众化，既是我们党坚持和发展马克思主义的重要经验，也是不断开拓马克思主义新境界的必然要求。

马克思主义中国化，就是把马克思主义基本原理同中国具体实际相结合，形成具

---

❶ 马克思恩格斯选集：第4卷 [M]. 北京：人民出版社，1995：742-743.
❷ 毛泽东文集：第8卷 [M]. 北京：人民出版社，1999：263-264.
❸ 马克思恩格斯选集：第1卷 [M]. 北京：人民出版社，1995：248.

有中国特色、中国风格、中国气派的马克思主义。这也正如毛泽东所说,"使马克思主义在中国具体化,使之在其每一表现中带着必须有的中国的特性,即是说,按照中国的特点去应用它"❶。推进马克思主义中国化,就是要使马克思主义反映中国国情,切合中国实际,指导中国实践。同时,要从中国优秀传统文化中汲取营养,融合中华民族的价值取向和思维方式,使马克思主义具有中华文化的特质,打上中华文化的烙印。

马克思主义时代化,就是把马克思主义基本原理同时代特征结合起来,坚持与时俱进,使之能够顺应时代发展,体现时代精神。人类社会总处在发展变化之中,探寻真理的过程永远不会完结。作为反映客观规律的科学理论,只有在不断回答时代课题中做出应有的贡献,也才能永葆生机和独特魅力。当今世界正处在大发展大变革大调整时期,当代中国正在新的历史起点上向前迈进。世情、国情、党情的深刻变化,迫切需要我们在把握时代要求和挑战中,做出新的理论概括和理论阐释。当前,尤其要围绕党和国家发展的全局性、战略性、前瞻性问题,围绕社会主义经济、政治、文化、社会建设以及生态文明建设和党的建设中的重大问题,大力推进理论创新,不断以新的理论成果丰富和发展马克思主义。

马克思主义大众化,就是把马克思主义科学理论同人民群众的实践活动结合起来,更好地为人民大众所接受和应用。马克思主义本质上是人民大众的理论。架起理论与大众之间的桥梁,才能使科学理论产生威力。邓小平指出,"马克思主义是很朴实的东西,很朴实的道理"❷,必须深入到群众中去。事实充分表明,科学理论只有大众化,才能成为人民群众认识世界、改造世界的有力武器。推进马克思主义的大众化,关键是在普通百姓的实际生活中"望闻问切",解答群众思想困惑,反映群众切身利益,解决群众实际问题,使抽象的理论逻辑转变为形象的生活逻辑。

马克思主义中国化、时代化、大众化,是一个有机统一、相互促进的历史进程。我们党明确而系统地提出马克思主义中国化、时代化、大众化,是基于对马克思主义精髓、本质和品格的深刻认识,进一步揭示马克思主义理论建设的内在规律。

其三,坚持中国特色社会主义理论体系。中国特色社会主义理论体系,坚持和发展了马克思列宁主义、毛泽东思想,是马克思主义中国化最新成果,是中国共产党最可宝贵的政治和精神财富,是全国各族人民团结奋斗的共同思想基础。在当代中国,坚持中国特色社会主义理论体系就是真正坚持马克思主义。

坚持中国特色社会主义理论体系,要求我们真正用这一理论体系来观察和分析问题,不断提高辨别是非的能力。当前,我国思想理论领域的主流积极健康向上,马克思主义中国化的最新成果日益深入人心,全党全国各族人民团结奋斗的共同思想基础不断得到巩固。同时也要清醒看到,在举什么旗、走什么路等重大问题上,社会上出现了一些值得警惕的错误思潮。比如,宣扬极端自由化、全盘私有化等主张的新自由

---

❶ 毛泽东选集:第2卷 [M]. 北京:人民出版社,1991:534.
❷ 邓小平文选:第3卷 [M]. 北京:人民出版社,1993:382.

主义；宣扬指导思想多元化、"三权分立"、多党制等西方民主思想的民主社会主义；歪曲近现代中国革命的历史、党的历史和中华人民共和国历史，宣扬否定革命、否定中国共产党领导人民进行革命建设成就等观点的历史虚无主义；宣扬西方资产阶级民主、自由、人权具有普适性和永恒性的思潮等。这些思潮，尽管说法不同，具体观点不大一样，但实质都是要取消马克思主义的指导地位，否定中国共产党的领导和我国的社会主义制度，否定党和人民历经艰辛曲折、付出巨大历史代价而选择的正确理论和道路。面对这些思潮，我们要深入学习和掌握中国特色社会主义理论体系，自觉运用贯穿其中的马克思主义的立场、观点、方法认识问题，不断增强政治敏锐性和政治鉴别力，筑牢思想防线，坚决抵制各种错误思想的影响，切实做到在复杂的形势中不忘记根本，不迷失方向，在重大原则问题上始终保持立场坚定、旗帜鲜明。要广泛深入地开展中国特色社会主义理论体系的宣传教育，积极用体现中国特色社会主义理论体系的思想舆论和文化产品占领各种思想文化阵地，唱响主旋律，进一步形成主流思想文化的强势，不断巩固马克思主义的指导地位。要坚持党在社会主义初级阶段的基本路线不动摇，把以经济建设为中心同坚持四项基本原则和改革开放统一于发展中国特色社会主义的伟大实践，做到思想上坚信不疑、行动上坚定不移，决不走封闭僵化的老路，也决不走改旗易帜的邪路，不断增强走中国特色社会主义道路的自觉性和坚定性。

（四）推进社会主义核心价值体系过程中遇到的挑战

在社会主义现代化建设的伟大历程中，推进社会主义核心价值体系建设越来越受到全球化、社会转型带来的意识形态冲突、社会价值体系紊乱及工具理性与价值理性背离等现实问题的挑战。

全球化所导致的不同意识形态的冲突与互渗使我国社会主义核心价值体系建设面临挑战。全球化是当今世界一大特征，全球化作为一个现代性概念，它提出并揭示世界相互依存、紧密联系的状态是一种"破除疆域"的过程，这一过程通过技术的、商品的和文化的交流互渗，逐步达到全球性的"互相依赖"。当然，全球化包含经济、技术、文化、政治等多个维度，单一从政治维度看，全球化的过程，表现为全球政治协作与政治斗争的趋势深化、思想文化和价值观念不断整合的过程，即不同意识形态的冲突与互渗正是这种不同意识形态间的冲突与互渗，使得全球化带来的"世界社会"对传统价值体系产生根本性置换。一方面，意识形态在其政治性没有根本改变的情况下，呈现出科学性与价值性、先进性与层次性、时代性与民族性、批判性与建设性、开放性与包容性并存的图景；另一方面，全球化在打破意识形态霸权即传统"非资即社"二元式研判的同时，逐渐走出"历史的终结""意识形态的终结"的幻境，走向多话语体系的理论生态这样的一种根本性的置换。无论在消除文化霸权、解放思想钝化、拨开意识形态迷雾等方面有多么重要的作用，但它着实也带来了"诸神争位""非意识形态化""个人的无意义感"以及"生存的孤立"的危险，正如马克思所说，"历史从哪里开始，思想的进程也应从哪里开始，而思想进程的进一步发展不过是历史进程在抽象的、理论上前后一贯的形式上的反映"。因此，在全球化日益发展所导致的不同意识形态的冲突与渗透背景下，对社会主义核心价值体系建设的考察无疑是巩固我国意识形态安全的逻辑必然。

党的十八大报告提出："社会主义核心价值体系是社会主义意识形态的本质体现，它回答的是思想旗帜、发展道路、精神风貌、理想目标等问题，它解决的是举什么旗帜、走什么道路、以什么样的精神面貌、朝着什么样的目标前进的问题。"但是，随着全球化的推进，不同意识形态的冲突与互渗影响了社会主义核心价值体系在我国社会价值系统里的主导地位。一些西方大国，把中国视为"主要的新崛起的大国"和"潜在对手"，借助其强大的媒体机器和经济后盾，对我国进行西方模式和价值观的强势传播，进行政治价值、政治模式、文化理念以及文化产品渗透与侵蚀。这种渗透和侵蚀是以表面的淡化政治，甚至是以经济生活方式的参照性来实现的，具有很强的隐蔽性和欺骗性，它比过去的政治经济的围剿更为危险，因为它不易引起人们的反感，且贴近人们的生活，容易让人失去警惕性。这样的现实境遇，给我国社会主义意识形态建设带来了不小的压力。

"社会价值系统的紊乱"使社会主义核心价值体系建设面临挑战。转型与重构是当前我国社会发展过程中所呈现出的两大特征。这些特征与其说是"后发展国家"社会经济发展的必然结果，毋宁说是现代性的"并发症"。

目前，我国社会发展所展现出来的是"繁荣与萎缩""沿承与断裂"并存的图景。在社会价值领域，中国正遭遇着历史上空前规模的"社会价值系统紊乱综合征"，即当中国传统的社会文化价值被快速解构之后，它从西方现代社会"高效便捷"地接收了一个根本没有逻辑纵深也没有文化衔接的、没有精神储备也没有伦理准备的，彻底表面化肤浅化的"先进的后现代观念"，从而使占据不同利益位置的各个阶层，以传统的"小农式自私"，全面陷入"自以为是"的所谓"多元价值"泥沼之中，从而酿致全面的"社会价值系统紊乱综合征"。表现在，一方面，接受了现代西方社会浅层表象的许多国人，根本未能在个人的生命价值与自觉自愿的日常性诚实工作和勤奋劳动间建立起有效的、深层次的精神性联系；另一方面，我们文化传统中的礼序等级观念和"劳心者治人，劳力者治于人；治于人者食人，治人者食于人"的劳动价值观，更进一步加剧了原本就缺乏"自由""平等""人权""勤劳"观念以及"新教伦理与资本主义精神"的中国人的精神性萎缩和身体性放纵。这样一来，在借鉴西方现代市场经济的技术性后发优势的过程中，我们在获得局部性经济丰足的同时，也出现了社会价值观前所未有的分立、对立与互相蔑视，并在短期内呈现出比"多元社会"更花哨的社会表象来。而由此引致的矛盾和问题却广泛潜藏于社会的各个领域和层面，并可能使整个社会逐渐陷入矛盾冲突密集爆发、社会生活严重倒退甚至全面混乱的状态之中。这样一种传统社会价值体系的"被遗弃"和适应现代社会发展的社会价值体系"未建立"，或者说重构的滞后使社会处于"价值紊乱"状态。价值体系紊乱的场景给社会主义核心价值体系建设带来严峻挑战。

社会转型期的工具理性与价值理性的背离使社会主义核心价值体系建设面临挑战。工具理性、价值理性是法兰克福学派批判理论中的两个重要范畴，其最直接、最重要的渊源是德国社会学家马克斯·韦伯所提出的"合理性"概念。韦伯将合理性分为两种，即工具理性和价值理性。工具理性又叫技术理性，是一种强调手段的合适性和有效性而不管目的的恰当与否的理性；价值理性又叫实质理性，是一种强调目的、意识和价值的理性。工具理性和价值理性是人类理性的两个有机组成部分，工具理性与价值理性关系的统一与整合是人类理性与人类社会健康发展的内在需要。

然而事实上，在现代化过程中，在科学技术和人类功利追求的双重挤压下，工具理性一直处于优先地位，工业化过程中对工具理性的过度追求，使得理性上解放的工具异化为统治自然和人的工具，以至于出现了工具理性霸权，工具理性变成了支配、控制人的力量。在当下我国，随着现代化的不断推进，更多的人关注的是物质文明的进步和社会制度的变革，而忽略了精神层面、文化价值领域的建设，导致了价值取向的目的性和价值选择的功利性增强，价值理性的力量正在逐步削弱，功利主义盛行，马克思所批判的资本主义"拜物教"在中国依然存在，并有加强趋势。人们在追逐物质财富的同时，精神世界却日益苍白。

第三节　加快文化改革发展

党的十八届五中全会通过的《中共中央关于制定国民经济和社会发展第十三个五年规划的建议》明确提出，"坚定文化自信，增强文化自觉，加快文化改革发展"。顺应时代发展潮流，增强改革创新意识，全面加强文化建设，激发全民族文化创造活力，为协调推进"四个全面"战略布局和实现中华民族伟大复兴的中国梦提供强大文化力量，就成为加快文化改革发展的重要任务。"十三五"期间，文化改革发展主要任务有六个方面。

一是以社会主义核心价值观为引领，创作生产更好更多的优秀文艺作品。力争在"十三五"时期，创作生产更多传播当代中国价值观念、体现中华文化精神、反映中国人审美追求，思想性、艺术性、观赏性相统一的优秀作品。二是以基本公共文化服务标准化、均等化为抓手，加快构建现代公共文化服务体系。力争到"十三五"末，基本建立覆盖城乡、便捷高效、保基本、促公平的现代公共文化服务体系。三是以文化产业转型升级为突破口，推动文化产业成为国民经济支柱性产业。力争到"十三五"末，形成一批文化产业发展新的增长点和增长极，全面提升文化产业发展的质量和效益。四是以培育市场主体、激发市场活力、加强市场监管为重点，建立健全现代文化市场体系。力争到"十三五"末，基本建成统一开放、竞争有序、诚信守法、监管有力的现代文化市场体系，初步确立权责明确、公平公正、透明高效、法治保障的文化市场监管格局。五是以有效保护为前提，全面加强文化遗产工作，着力推动中华优秀传统文化创造性转化和创新性发展。力争到"十三五"末，形成中华优秀传统文化传承体系，让中华优秀传统文化拥有更多的传承载体、传播渠道和传习人群。六是以提高文化开放水平为着力点，推动中华文化走向世界。力争到"十三五"末，形成更加完备的多渠道、多层次、宽领域的对外和对我国港澳台地区文化交流格局。

一、繁荣文化精品创作生产

优秀精神文化产品反映一个国家和民族的文化创造能力，是衡量和检验文化改革发展成效的根本标准。必须着力扶持优秀文化产品创作生产，加强文化人才培养，繁荣发展文学艺术、新闻出版、广播影视事业，推出更多传播当代中国价值观念、体现中华文化精神、反映中国人审美追求的精品力作。

坚持以社会主义核心价值观为引领。核心价值观是决定文化性质和方向的最深层要素，也是优秀精神文化产品的灵魂所在。要彰显社会主义核心价值观，聚焦实现中国梦的时代主题，突出思想内涵，诠释中国精神，展示家国情怀，建设中华民族共有精神家园。努力讴歌真善美，鞭挞假恶丑，传递向上向善的价值观，不断增强人们的道德判断力和道德荣誉感，不断丰富人们的精神世界。

推动思想性、艺术性、观赏性有机统一。艺术只有贯注思想、蕴涵精神，具备鲜明的个性和独特的风格，才能具有永恒的生命力和真正的价值，才能为人民群众所喜闻乐见。要坚持以人民为中心的创作导向，深入社会生活，贴近基层群众，创作出更多无愧于时代的优秀作品。鼓励艺术创新创造，提倡题材体裁多样，进一步释放文化创作潜力，不断提高作品原创能力，努力把深刻的思想内涵、丰富的知识信息与完美的艺术形式有机结合起来，增强作品的吸引力和感染力。

加强对文化产品创作生产的引导。深入实施文化精品创作工程，重点扶持重大革命和历史题材、现实题材、农村题材、少儿题材的创作生产，并加大推广力度。完善文化产品评价体系和激励机制，倡导积极健康的文艺批评，改革和规范文艺评奖工作，合理设置反映市场接受程度的发行量、收视率、票房收入等量化指标，确保始终把社会效益放在首位，实现社会效益和经济效益相统一。

二、传承弘扬中华优秀传统文化

中华文化是中华民族区别于其他民族的独特精神标识，是加快文化改革发展的宝贵资源。必须深入贯彻落实习近平同志关于推动中华优秀传统文化创造性转化和创新性发展的基本方针，对传统文化做到"扬弃继承、转化创新"，让中华优秀传统文化拥有更多的传承载体、传播渠道和传习人群，使中华民族最基本的文化基因与当代文化相适应，与现代社会相协调。

实施中华文化传承工程。坚持保护利用、普及弘扬并重，切实加大对中华优秀传统文化的保护、研究、普及力度。加强对中华优秀传统文化思想价值的挖掘，赋予其新的时代内涵。广泛开展中华优秀传统文化宣传普及，抓好中华文化经典选编和名家品读等重点项目。加强政策扶持和人才培养，振兴传统工艺。做好古代典籍文献整理、出版工作，全面推进修史修志，推进国家典籍资源数字化。探索用好用活历史文化瑰宝的途径办法，让收藏在博物馆里的文物、陈列在广阔大地上的遗产、书写在古籍里的文字都活起来。

全面加强文化遗产保护工作。坚持把保护文化遗产放到更为重要的位置，切实保护中华民族赖以生存发展的文化根基。加强国家重大文化遗产地、重点文物保护单位、历史文化名城名镇名村等保护，健全文物普查登记和安全管理制度，提高文物安全防范能力，引导规范民间收藏，推动文物由抢救性保护向预防性保护转变。建立完备的非物质文化遗产保护制度，对代表性传承人实施扶持计划，对具有一定市场前景的遗产项目实施生产性保护，加大西部地区和少数民族非物质文化遗产保护力度，统筹国家级文化生态保护区建设。

振兴和发展民族民间文化。坚持以广大农村和基层为重点，大力发展植根群众的民族民间文化。把传承弘扬优秀民族民间文化融入新型城镇化和新农村建设总体规划，发展有历史记忆、地域特色、民族特点的美丽城镇、美丽乡村。发挥传统节日的文化传承功能，广泛开展健康有益的民俗文化活动，打造一批民间文化艺术之乡。完善落实有关扶持政策，加强对民间文学、民俗文化、民间音乐舞蹈戏曲、少数民族史诗等的抢救，实施地方戏曲振兴工程，使优秀传统文化活起来、传下去。

三、推动基本公共文化服务标准化均等化发展

构建现代公共文化服务体系，是保障人民群众基本文化权益、提高社会文明程度的重要制度设计，也是推动社会主义文化大发展大繁荣的必然要求。必须坚持政府主导、社会参与、共建共享，推动基本公共文化服务标准化、均等化，力争到"十三五"末，基本建立覆盖城乡、便捷高效、保基本、促公平的现代公共文化服务体系。

推进公共文化服务设施网络建设。设施网络是推进基本公共文化服务标准化、均等化的基础条件和基本载体。按照城乡人口发展和分布，合理规划建设各类公共文化设施，统筹建设集宣传文化、党员教育、科技普及、普法教育、体育健身等多功能于一体的基层公共文化服务中心，配套建设群众文体活动场地。坚持设施建设和运行管理并重，深入推进国家公共文化服务体系示范区创建，健全公共文化设施运行管理和服务标准体系。积极探索"互联网+公共文化服务"的有效模式，推进公共文化服务数字化网络化建设。

引导文化资源向城乡基层倾斜。公共文化服务的对象主要在城乡基层，难点和短板在老少边穷地区。坚持重心下移，着力加强农村和中西部地区公共文化服务体系建设，逐步缩小城乡文化发展差距。增加农村文化服务总量，拓展重大文化惠民项目服务"三农"内容，鼓励城市对农村进行文化帮扶。结合国家扶贫开发工作，编制和实

施老少边穷地区公共文化服务体系建设发展规划纲要，加大资金、项目、政策倾斜力度。

创新公共文化服务方式。适度引入市场机制，促进公共文化服务提供主体和提供方式的多元化。建立基层群众需求征集、服务评价反馈等方面机制，推行菜单式服务，开展群众满意度测评，使群众"要"文化和政府"送"文化更加匹配。深化公益性文化事业单位内部改革，推动图书馆、博物馆、文化馆、科技馆等组建理事会，完善治理结构，提高服务能力。加大政府购买服务力度，鼓励社会力量、社会资本提供公共文化服务。

四、推动文化产业成为国民经济支柱性产业

发展文化产业，是市场经济条件下满足人民多样化精神文化需求的重要途径，也是适应经济发展新常态、加快转变经济发展方式的重要举措。必须始终坚持把社会效益放在首位，坚持社会效益和经济效益相统一，发展骨干文化企业和创意文化产业，培育新型文化业态，扩大和引导文化消费，努力构建结构合理、门类齐全、科技含量高、富有创意、竞争力强的现代文化产业体系。

推动文化产业结构优化升级。提高文化产业发展质量和效益，必须积极调整优化文化产业结构，走规模化集约化专业化的路子。以文化内容创作生产传播为核心，做强做优做大宣传文化产业。加快培育骨干文化企业，推动跨地区跨行业跨所有制兼并重组，促进文化资源、要素向优质企业、优势产业门类集聚。大力推进文化科技创新，改造提升传统文化产业，积极抢占文化与科技、文化与金融、文化与相关产业融合发展的制高点。

完善现代文化市场体系。发挥市场在文化资源配置中的积极作用，必须加快建立统一开放、竞争有序、诚信守法、监管有力的现代文化市场体系。建立多层次文化产品和要素市场，促进文化资源在全国范围流动，打造综合性、专项性、区域性文化产品和服务交易平台，提高文化消费规模和水平。完善市场准入和退出机制，积极鼓励社会资本投资政策法规许可的文化产业。加强和改进文化市场综合执法，深入开展"扫黄打非"，加强文化行业组织和中介机构建设，加大知识产权保护力度。

完善两个效益相统一的体制机制。坚持把社会效益放在首位，实现社会效益和经济效益相统一。推动文化企业建立有文化特色的现代企业制度，形成体现文化企业特点、符合现代企业制度要求的资产组织形式和经营管理模式。探索建立党委和政府监管有机结合、宣传部门有效主导的国有文化资产管理模式，推动管人管事管资产管导向相统一。在新闻出版传媒领域探索实行特殊管理制度试点，利用经济和法律手段创新管理，确保正确舆论导向。完善和落实文化经济政策，发挥政策的兜底作用，确保文化企业既活得好又走得正。

五、提高文化开放水平

扩大文化领域对外开放，是提升中华文化国际影响力的迫切需要。必须坚持政府主导、企业主体、市场运作、社会参与，构建全方位、多层次、宽领域的文化对外开放格局，广泛参与世界文明对话，积极吸收借鉴国外优秀文化成果，创新对外传播、文化交流、文化贸易方式，推动中华文化走出去，不断提高国家文化软实力。

加强国际传播能力和对外话语体系建设。传播力决定影响力，话语权决定主动权。加快构建技术先进、传输快捷、覆盖广泛的现代传播体系，推动传统媒体与新兴媒体融合发展，支持重点媒体面向国内国际发展，打造国际一流媒体。积极打造融通中外的新概念新范畴新表述，形成富有吸引力和感染力的中国话语，讲好中国故事，传播好中国声音，更好地塑造国家形象，营造于我有利的国际舆论环境。

深化人文交流。文化交流是心灵沟通的桥梁，也是一种"柔性"外交。切实提高对外文化交流水平，做大做响感知中国、欢乐春节等文化品牌，加强深层次、多样化、重实效的思想情感交流。完善人文交流机制，把政府交流与民间交流结合起来，扩大对外文化交流的参与面。加快推进海外中国文化中心和孔子学院建设，搭建展示和体验并举的综合平台。

加快发展文化贸易。文化产品"卖出去"有时候比"送出去"更容易被海外接受。完善政策保障，进一步扶持文化出口重点企业和重点项目，支持更多有经济实力、贸易经验的民营企业从事文化贸易，加强国际文化产品交易平台和国际营销网络建设，办好中国（深圳）国际文化产业博览交易会等国际性展会，不断扩大我国文化产品和服务在国际市场的份额。针对国外受众特点和文化消费习惯，开发既有中国风格又适销对路的文化产品，为文化产品走出去搭建翻译平台。

第四节　提高中国文化软实力

胡锦涛同志在党的十八大报告中将"文化软实力显著增强"作为"全面建成小康社会和全面深化改革开放"的重要目标之一，并提出："社会主义核心价值体系深入人心，公民文明素质和社会文明程度明显提高。文化产品更加丰富，公共文化服务体系基本建成，文化产业成为国民经济支柱性产业，中华文化走出去迈出更大步伐，社会主义文化强国建设基础更加坚实。"

一、文化软实力是综合国力的重要组成部分

约瑟夫·奈对"软实力"一词的含义做出了界定。起初，他将"软实力"理论主要运用于国际关系领域，认为在国际竞争中，软实力发挥着重要的作用。"软实力"就

是"一国通过吸引和说服别国服从本国的目标，从而使本国得到自己想要的东西的能力"。后来，约瑟夫·奈将软实力理论运用于国内问题研究领域，认为"能让其他人做你想让他们做的事，我称之为软实力。它强调与人们合作而不是强迫人们服从你的意志"。2004年，约瑟夫·奈再次指出，软实力"就是通过吸引而非强迫或收买的手段来达己所愿的能力"。归纳起来，约瑟夫·奈所指的软实力主要包括文化吸引力、政治价值观念感召力及塑造国际规则和决定政治议题的能力。

联系到文化和软实力的含义及文化与软实力在综合国力中的战略地位和作用，即文化软实力是主体通过相关载体非强制性地运用文化资源作用于客体而产生的力量。文化软实力主要具有以下特征。

一是文化软实力具有非强制性。文化软实力与硬实力相比具有的显著特点即非强制性。非强制性是文化软实力的根本特征。硬实力是一种有形的威慑性的力量，它往往通过暴力或威胁等强制方式来起作用，强迫对方改变立场，实现其既定目标。硬实力的作用更直接、强硬，是有形的、显见的。文化软实力发挥作用的方式和特点不像军事力量和经济实力那样具有威胁性和强迫性。文化软实力通过吸引、诱导、说服等非强制方式潜移默化地影响和改变客体，使客体自觉、自愿接受，实现主体预期的目标，其作用方式相对而言比较柔和缓慢。文化软实力的效果是使客体认同，自愿支持或服从，因而其影响可以持续不断地发挥作用。随着全球化的发展，文化软实力的非强制性表现得更为明显。"在国际政治中制订纲领计划和吸引其他国家，与通过威胁使用军事和经济手段迫使它们改变立场一样重要。"文化软实力通过非强制性的和说服渗透的方式来实现主体的意图，比单纯使用经济、军事手段等强制方式具有更加显著的效果。

二是文化软实力具有隐蔽性。文化软实力是通过非强制性的方式而不是军事和经济制裁的强迫来起作用。主体通过非强制方式将文化资源不知不觉地作用于客体，以影响和改变客体的思想和行动。客体对文化资源的选择是自愿的，而不是被迫的。文化软实力体现为主体对客体的吸引力，能够让客体在主观上愿意认可、在行动中接受并效仿。客体自愿地选择和接受主体文化资源的行为体现了文化软实力的无形性和隐蔽性。一国将蕴涵本国文化的商品出口到其他国家，并积极鼓励进口国的人们消费这些商品，使消费者在满足自身需要的同时，逐渐地接触、理解并最终认同商品中所蕴涵的价值理念。文化软实力的产生和发展是与文化的渗透同时进行的。文化软实力通常是一种无形的力，能够潜移默化地吸引、影响和同化客体，诱导客体内在地改变。留学美国的人在学习时也受到美国的意识形态和价值观潜移默化的影响，有的接受了美国宣扬的自由、民主、平等、博爱等价值观念，有的甚至在实践中自觉或不自觉地践行美国文化的意识形态与价值观。随着经济全球化的深入发展，世界各国经济的相互依赖性增强，联系与交流越来越频繁和深入，国与国之间的商品、服务、资本、技术和人员流动规模迅猛增加，形式更加多样。这更加增强了文化软实力作用方式的隐蔽性。跨国公司逐渐成为经济全球化的主体。消费者在享受和赞叹这些公司的商品和服务时，得到的不仅仅是商品和服务，更会体会到商品和服务背后隐含的民族文化和价值观。

三是文化软实力具有开放性。文化可以跨越地域疆界的限制，冲破国家民族的藩篱，传递到不同的国家或地区，广泛渗透到社会的各个领域，增强感召力、凝聚力和影响力。文化传播得越广，文化软实力越强。只有当文化广泛传播时，才会产生越来越强大的文化软实力。

在国际社会中，文化软实力是一国通过非强制性地运用文化资源作用于其他国家而产生的力量。一个国家只有通过文化渗透、文化交流、文化贸易等形式传播本国的文化和核心价值观并被另一个国家所认同和接受，才能影响其成员的文化和价值观及其行动。衡量一个国家的文化软实力不仅要看文化软实力的资源，更要看这个国家运用文化软实力资源构建核心价值观的能力。构建和传播核心价值观的过程既发展了本国的文化软实力，在此过程中又可以借鉴他国的核心价值观，提升本国的文化软实力。文化软实力的产生过程就是运用文化软实力资源传播本国文化、构建核心价值观的过程，就是要使特殊的文化上升为普遍的文化、由特殊性转变为普遍性的过程。只有当一个国家和民族的文化穿越民族和国家的疆界被更多的国家和民族接受时，才能在国内外产生越来越大的文化软实力。文化软实力的资源可以通过载体传播到世界上许多国家，渗透到不同的国家，产生文化软实力。

二、扎实推进文化强国建设

文化是民族的血脉，是人民的精神家园。全面建成小康社会，实现中华民族伟大复兴，必须推动社会主义文化大发展大繁荣，兴起社会主义文化建设新高潮，提高国家文化软实力，发挥文化引领风尚、教育人民、服务社会、推动发展的作用。

建设社会主义文化强国，必须走中国特色社会主义文化发展道路，坚持为人民服务、为社会主义服务的方向，坚持百花齐放、百家争鸣的方针，坚持贴近实际、贴近生活、贴近群众的原则，推动社会主义精神文明和物质文明全面发展，建设面向现代化、面向世界、面向未来的，民族的科学的大众的社会主义文化。

建设社会主义文化强国，关键是增强全民族文化创造活力。要深化文化体制改革，解放和发展文化生产力，发扬学术民主、艺术民主，为人民提供广阔文化舞台，让一切文化创造源泉充分涌流，开创全民族文化创造活力持续迸发、社会文化生活更加丰富多彩、人民基本文化权益得到更好保障、人民思想道德素质和科学文化素质全面提高、中华文化国际影响力不断增强的新局面。

（一）加强社会主义核心价值体系建设

社会主义核心价值体系是兴国之魂，决定着中国特色社会主义发展方向。要深入开展社会主义核心价值体系学习教育，用社会主义核心价值体系引领社会思潮，凝聚社会共识。推进马克思主义中国化时代化大众化，坚持不懈用中国特色社会主义理论体系武装全党、教育人民，深入实施马克思主义理论研究和建设工程，建设哲学社会科学创新体系，推动中国特色社会主义理论体系进教材进课堂进头脑。广泛开展理想信念教育，把广大人民团结凝聚在中国特色社会主义伟大旗帜之下。大力弘扬民族精神和时代精神，深入开展爱国主义、集体主义、社会主义教育，丰富人民精神世界，增强人民精神力量。倡导富强、民主、文明、和谐，倡导自由、平等、公正、法治，倡导爱国、敬业、诚信、友善，积极培育和践行社会主义核心价值观。牢牢掌握意识形态工作领导权和主导权，坚持正确导向，提高引导能力，壮大主流思想舆论。

（二）全面提高公民道德素质

这是社会主义道德建设的基本任务。要坚持依法治国和以德治国相结合，加强社会公德、职业道德、家庭美德、个人品德教育，弘扬中华传统美德，弘扬时代新风。推进公民道德建设工程，弘扬真善美，贬斥假恶丑，引导人们自觉履行法定义务、社会责任、家庭责任，营造劳动光荣、创造伟大的社会氛围，培育知荣辱、讲正气、做奉献、促和谐的良好风尚。深入开展道德领域突出问题专项教育和治理，加强政务诚信、商务诚信、社会诚信和司法公信建设。加强和改进思想政治工作，注重人文关怀和心理疏导，培育自尊自信、理性平和、积极向上的社会心态。深化群众性精神文明创建活动，广泛开展志愿服务，推动学雷锋活动、学习宣传道德模范常态化。

（三）丰富人民精神文化生活

让人民享有健康丰富的精神文化生活，是全面建成小康社会的重要内容。要坚持以人民为中心的创作导向，提高文化产品质量，为人民提供更好更多精神食粮。坚持面向基层、服务群众，加快推进重点文化惠民工程，加大对农村和欠发达地区文化建设的帮扶力度，继续推动公共文化服务设施向社会免费开放。建设优秀传统文化传承体系，弘扬中华优秀传统文化。推广和规范使用国家通用语言文字。繁荣发展少数民族文化事业。开展群众性文化活动，引导群众在文化建设中自我表现、自我教育、自我服务。开展全民阅读活动。加强和改进网络内容建设，唱响网上主旋律。加强网络社会管理，推进网络依法规范有序运行。开展"扫黄打非"，抵制低俗现象。普及科学知识，弘扬科学精神，提高全民科学素养。广泛开展全民健身运动，促进群众体育和竞技体育全面发展。

（四）增强文化整体实力和竞争力

文化实力和竞争力是国家富强、民族振兴的重要标志。要坚持把社会效益放在首位，坚持社会效益和经济效益相统一，推动文化事业全面繁荣及文化产业快速发展。发展哲学社会科学、新闻出版、广播影视、文学艺术事业。加强重大公共文化工程和文化项目建设，完善公共文化服务体系，提高服务效能。促进文化和科技融合，发展新型文化业态，提高文化产业规模化、集约化、专业化水平。构建和发展现代传播体系，提高传播能力。增强国有公益性文化单位活力，完善经营性文化单位法人治理结构，繁荣文化市场。扩大文化领域对外开放，积极吸收借鉴国外优秀文化成果。营造有利于高素质文化人才大量涌现、健康成长的良好环境，造就一批名家大师和民族文化代表人物，表彰有杰出贡献的文化工作者。

我们一定要坚持社会主义先进文化前进方向，树立高度的文化自觉和文化自信，向着建设社会主义文化强国宏伟目标阔步前进。

三、推动中国文化走向世界

（一）中国文化的核心价值观走向世界是历史的必然要求

世界文化多元素的发展是大趋势。中国的文化核心价值观也将顺应这一历史潮流，在世界的面前展示自己的风采。在面对全球化的变化和发展中，躲避和逃脱都不是办法。只有在文化的演变进程中将文化吸取和改良才能够继续传承下去。中国的文化是"和谐"，但是很多西方人并没有对此有正确的认识。从这里就可以看出西方国家对待中国的态度，在这么多年的发展中，西方国家已经将快速发展的中国作为假想敌。中国的快速发展对西方国家产生威胁，各种对于中国的打压理论纷纷出台，其中西方研究者抛出的文明冲突论最为代表。其描述了中国的儒家思想如果和伊斯兰文明结合共同对抗西方，将产生巨大的影响，所以西方国家出台了很多打压中国的策略。我们要警惕这样的事件对于中国在国际上的影响，只有使中国不断地加入全球化的进程，并积极地宣传中国文化，让世界了解中国文化核心价值观。而我们也要不断地从国家角度去考虑这样的问题，才能先一步吸收国外的先进文化和发展中国的文化核心价值。

在西方文化的日益冲击下，有很多人认为只有被西方学术认可的中国文化才是科学的、正确的，如果不能被认可则是没有价值、没有意义的。中国人讲的是文化的和谐、思想的统一，如果只是单纯地认为国外的东西就是正确的，那么国内的文化岂不是没有意义了？我们更多要注重的是怎样才能在国内将自己的文化价值发扬和传承。

中国文化能够逐步走向世界是由其独特的魅力所决定的。中国文化博大精深、魅力独特，这是世界不可否认的。西方各国面对今天的中国文化，越来越多的西方人开始学习中国文化，这是对中国文化核心价值认可的体现和证明。中外文化有着很多的连接性。中西方文化虽然有差异性，但是它们的内部又包含着相似的文化因素。在思维方面中，中西方存在着很大的不同，所以对于不同的人来说，只是思维阶段和主观意识不同罢了。单纯而和谐的思想是不可能存在的，只有将包含多种文化要素和成分的文化取长补短地融合在一起，不断加深对于西方文化的了解，加强西方同中方文化互补的关系，才可以很好地使二者处于平衡状态。

（二）推动中华文化走向世界的要求

第一，我们必须尊重自己国家的文化。在历史的发展中有很多的中国文化国人都陌生了,不要只是除了书本中的文言文课文其他的就一概不知了。第二,要清楚地知道中国和世界的文化价值核心观是可以融会贯通的,都有着各自的通性,可能也有不同的地方,这是避免不了的。第三,我们要将我们的文化面向大众。除了利用多种资源宣传外,也要由我们的主观意愿来实现。

随着社会的不断发展,在国际文化的交流中难免有不平等的存在。但是我们必须相信中国的文化不是强权文化,而是一种有境界、有追求,并在发展中不断自我完善的文化核心价值,并且使其能够传承下去。文化的发展在于人们在漫漫的历史长河中能够不断将新的事物融入其中,并开发出新的文化模式使其被现代人所接受,很多文化的流失都是因为不符合现代人的价值观,所以被淘汰掉了。只有将中国文化核心价值的精髓保留并发展出新的内容,才能使其在历史长河中被传承下去。

思考题

1. 中共十八届五中全会提出坚持中国特色社会主义文化发展道路,建设社会主义文化强国的目标,请从理论和实践相结合的角度谈谈你的认识。

2. 在现实生活中,有人提出,发展社会主义市场经济,社会经济成分多样化,指导思想可以搞多元化;也有人提出,多种分配方式并存,利益关系多样化,社会思想、价值观念日益多样化,就要搞指导思想多元化。请对上述观点做出评析。

3. 有人提出,发展是硬道理,提高国家文化软实力也是硬道理。请谈谈你对这个问题的看法。

第五章　中国特色社会主义社会建设理论与实践

> **教学基本要求**
> 1. 了解中国特色社会主义社会建设理论和制度。
> 2. 掌握保障和改善民生的重要性和基本内容。
> 3. 认识统筹协调各方面利益关系的意义、目标和着力点。
> 4. 认识加强社会管理的重要性和任务要求。

"我们的人民热爱生活,期盼有更好的教育、更稳定的工作、更满意的收入、更可靠的社会保障、更高水平的医疗卫生服务、更舒适的居住条件、更优美的环境,期盼孩子们能成长得更好、工作得更好、生活得更好。人民对美好生活的向往,就是我们的奋斗目标。"党的十八大以来,党中央坚持以民为本、以人为本的执政理念,把民生工作和社会治理工作作为社会建设的两大根本任务,高度重视、大力推进,让改革发展成果更多更公平地惠及全体人民。

第一节　中国特色社会主义社会建设的基本问题

一、社会建设及其基本要素

在党的文件中,"社会建设"一词,最早出现于党的十六届四中全会报告。报告强调,要"加强社会建设与管理"。追溯历史,在中国,"社会建设"一词早在20世纪初即已出现。1917年,孙中山就在其专著《民权初步(社会建设)》中,表达了他的社会建设思想。20世纪30年代,学者们也开展过社会建设方面的研究。孙本文曾专门阐释了社会建设的内涵,还创办了《社会建设》杂志。但是,社会建设这一问题在当时

---

❶ 中共中央宣传部. 习近平总书记系列重要讲话读本[M]. 北京:学习出版社、人民出版社,2016:212.

并没有得到重视。直到近几年，中国共产党从中国特色社会主义总体布局的角度提出社会建设问题之后，社会建设概念才真正进入人们的视野。学界对此开始了广泛的研究。不同学科的学者从不同角度对社会建设的概念进行了表述，但对其概念和主要内容的界定至今尚未形成一个普遍的认同。原因在于，与经济建设、政治建设和文化建设相比，社会建设这一概念具有更多的模糊性，这是由"社会"这一概念的复杂性所决定的。因此，要准确界定社会建设的内涵，就要从两个层次来进行：首先要理解社会建设中"社会"一词的含义，从而清楚地把握这一概念的内涵和外延；其次要从中国共产党领导社会建设的具体实践中理解社会建设的基本含义。

要准确理解社会建设这一概念，就要从理解到底什么是"社会"开始。当我们在使用社会这个词的时候，通常有三个不同的层次。广义的社会与自然相对，指的是基于社会物质资料生产基础之上的整个人类社会生活的共同体，它是一种社会形态，主要包括经济、政治、思想文化和社会生活四个方面的内容。中义的社会与经济相对，是指除了经济以外的非经济部分，主要包括政治、思想文化和社会生活。狭义的社会，指的是与经济活动、政治活动和思想文化活动相并列的社会生活领域。

依据社会的广义、中义与狭义之分，社会建设也相应有这样三种区分。广义的社会建设，是指与自然相对的整个人类社会的建设，即包括政治、经济、思想文化、社会生活和生态保护在内的整个社会系统的建设。或者说是经济建设、政治建设、文化建设、社会建设、生态文明建设"五位一体"的那个"体"，也就是整个和谐社会的建设。党的十六届六中全会决定讲的就是广义的社会建设，特别是其中提出的九个任务和六个必须坚持，就是从"五位一体"的总体意义上说的。从这个角度来理解，也可以称作整体的社会建设。中义的社会建设，是指经济建设之外的其他方面的建设。狭义的社会建设，则特指与经济建设、政治建设、文化建设、生态文明建设并列的社会领域的建设，是一个具体的发展领域的建设，是通过对社会价值观、社会体制、社会阶层结构、社会利益关系、社会管理、社会事业、社会服务等多方面任务的调整和问题的解决，以维持社会良性运行，促进社会和谐进步，最终实现人的自由全面发展。从这个角度来理解，也可以称作具体的社会建设，这是当前社会建设的重点和难点。通常我们使用较多的，是广义的和狭义的社会建设。需要注意的是，广义的社会建设和狭义的社会建设并不是截然分开的。广义的社会建设是五大建设的综合，需要各个建设的共同推动和协调发展，其中就包括了狭义的社会建设；而狭义的社会建设，如果没有其他建设的配合与协调，也不可能独自发展，从而形成一个广义上的和谐社会。所以，社会建设是一个复杂的系统工程。我们在考虑社会建设问题时，应当同时使用广义和狭义这两个不同的视角，即所谓的"大处着眼，小处着手"。当我们在考虑社会建设促进整个社会发展的战略问题时，不能脱离经济、政治、文化、生态领域与社会领域的相互作用，要从宏观上着眼于社会大系统的整体性，在经济、政治、思想文化、社会生活、生态保护等方面统筹规划，协调好各方面的关系。而当我们在制定社会建设的具体政策时，主要涉及的则是具体的社会生活领域。

从社会学角度看，社会建设是社会主体通过有目的地对各种社会因素进行协调，以达到社会系统内各组成要素的和谐关系和社会整体的均衡状态，从而起到推动社会良性发展的作用。因此，总体来讲，凡是社会主体为保持稳定的社会秩序、实现社会和谐、推动社会发展而在社会领域所进行的种种努力和举措，都可以视为社会建设。

社会建设的主体遵循社会发展的客观规律，以实现社会和谐：社会主义民主法制更加完善，依法治国基本方略得到全面落实，人民的权益得到切实尊重和保障；城乡、区域发展差距扩大的趋势逐步扭转，合理有序的收入分配格局基本形成，家庭财产普遍增加，人民过上更加富足的生活；社会就业比较充分，覆盖城乡居民的社会保障体系基本建立；基本公共服务体系更加完备，政府管理和服务水平有较大提高；全民族的思想道德素质、科学文化素质和健康素质明显提高，良好道德风尚、和谐人际关系进一步形成；全社会创造活力显著增强，创新型国家基本建成；社会管理体系更加完善，社会秩序良好；资源利用效率显著提高，生态环境明显好转；实现全面建设惠及十几亿人口的更高水平的小康社会的目标，努力形成全体人民各尽其能、各得其所而又和谐相处的局面。六个必须坚持是指：必须坚持以人为本、必须坚持科学发展、必须坚持改革开放、必须坚持民主法治、必须坚持正确处理改革发展稳定的关系、必须坚持在党的领导下全社会共同建设。以实现社会和谐和促进人的全面发展为目标，以公平正义为价值取向，进行自觉而有计划地整合社会利益，发展社会事业，完善社会功能的活动，为推动社会全面协调可持续发展创造和谐的社会环境。在这里，社会建设的目标是人的全面发展和社会和谐的实现，社会建设的途径是利益的实现与协调，社会建设的出发点和落脚点是民生。

具体来说，社会建设应当是在两个方面、三个层次上不断发展完善的动态过程。前者指的精神和实体这两个方面。精神方面的社会建设，即确立社会建设的价值理念和基本原则，以及整合社会价值观念，构建整个社会精神面貌的和谐；实体方面的社会建设，即社会建设的主要内容和具体实践。三个层次指的是个人、群体和社会。社会建设的第一个层次是个人，在这个层次，社会建设的关键是要着力保障每个人的生存权和发展权，即民生问题，这是社会建设最基本的层次；第二个层次是群体，这一层次的社会建设主要是处理好社会群体内部以及群体之间的关系，进行利益整合，优化社会结构，增强社会成员的凝聚力；第三个层次是社会整体，这一层次的社会建设主要是从制度层面上进行社会体制建设。根据以上分析，可以得出，社会建设应当包括社会价值观念建设、社会体制机制建设、社会事业建设、社会管理等主要内容。

事实上，社会系统中的各个组成部分的边缘并不绝对清晰，往往是相互渗透的。因此，即使是狭义的社会建设，我们也很难毫无交集地界定哪些方面只能属于经济建设，哪些方面只能属于政治建设，哪些方面只能属于社会建设。例如：劳动就业和收入分配既是经济领域研究的重要问题，也被归纳为社会建设的重要任务；社会保障一直是福利经济学的研究对象，现在也是社会建设的重要组成部分；利益关系协调、社会管理等社会建设的核心问题，也涉及了政府职能转变等政治建设的内容。把以上具体内容纳入社会建设的范畴,充分体现了经济和社会发展的协调和统一。

二、社会建设的基本要素

如前所述,社会建设的主体遵循社会发展的客观规律,以实现社会和谐和促进人的全面发展为目标,以公平正义为价值取向,进行自觉地有计划地整合社会利益,发展社会事业,完善社会功能的活动,为推动社会全面协调可持续发展创造和谐的社会环境。这表明,社会建设不是随意的行动,而是由多方参与,带有强烈目的性和计划性,以及丰富内容的复杂过程。因此,要进行社会建设,必须首先确定由谁进行建设,为谁建设,建设什么,以及用什么方式建设。这四个方面构成了社会建设的基本要素,即社会建设的主体、目的、对象、方式。就社会建设的主体来说,凡是参与社会建设活动的组织或个体,都可以称作社会建设的主体。在我国,社会建设的主体大致可以分为以下四个方面:党委、政府、社会组织、社会公众。中国共产党领导的社会建设,终极目的是实现人自由全面的发展,直接目的则是实现社会和谐。社会建设主要针对的是组成社会生活领域的各个方面,因此,社会建设的对象,即社会建设的内容,主要包括:社会价值观念、社会体制、社会事业、社会管理、社会公共服务,等等。社会建设的方式综合多样,归根结底蕴涵着一个核心的思路,即利益的实现与协调。

第二节 中国特色社会主义社会建设理论

中国共产党的社会建设思想,就是中国共产党以社会主义社会建设为主题的理论,是关于社会主义社会建设的基本准则、主要目的、基本内容的总体看法和根本观点,是中国共产党领导人民进行社会建设实践经验的科学总结。中国共产党的社会建设思想是以马列主义、毛泽东思想、邓小平理论和"三个代表"重要思想为指导,深入贯彻落实科学发展观,从中国特色社会主义事业总体布局出发,以实现社会和谐为目标而提出的科学理论。它坚持和发展了马克思主义理论,凝结了几代中国共产党人在领导人民进行社会主义建设艰辛历程中不懈探索实践的智慧和心血。它是马克思主义中国化的重要体现,是中国特色社会主义理论体系的重要内容。中国共产党自成立伊始,便开始思考社会发展和社会建设的问题。即使在进行革命过程中,也始终没有放弃对这一问题的探索。新中国的成立,特别是社会主义基本制度的确立,为我国一切发展进步奠定了根本的政治前提和制度基础。以毛泽东为代表的中国共产党人积极探索社会建设的问题,取得了宝贵的经验教训,提出了一系列有价值的思想原则。改革开放以来,中国共产党继承前一阶段毛泽东社会建设的思想原则和基本方法,在中国特色社会主义事业建设的伟大历程中,在实现社会和谐目标指引下,以公平正义为价值取向,以利益整合为基本途径,以保障和改善民生为重点内容,赋予社会建设更加丰富的内涵,中国共产党社会建设思想逐步形成。中国共产党社会建设思想所要解决的,是在我国处于并将长期处于社会主义初级阶段的条件下,如何推进社会建设的问题,这是社会主义建设事业所面临的重大现实问题。社会建设思想是中国共产党领导我国社会建设所形成的科学理论,也是今后我国社会建设实践所必须坚持的指导思想,它需要在指导新的社会建设实践过程中不断发展和完善。具体地说,它涵盖了八个方面的内容。

一、关于实现经济发展和民生改善良性循环的思想

民生是人民幸福之基、社会和谐之本。增进民生福祉是我们党坚持立党为公、执政为民的本质要求。我们党干革命、搞建设、抓改革,都是为了让人民过上幸福的生活。"让老百姓过上好日子是我们一切工作的出发点和落脚点。"❶ 检验一切工作的成效,最终都要看人民是否得到了实惠,人民生活是否真正得到了改善,人民权益是否真正得到了保障。

改善民生是推动发展的根本目的。我们的发展是以人民为中心的发展,全面建成小康社会、进行改革开放和社会主义现代化建设,就是要通过发展社会生产力,满足人民日益增长的物质文化需要,促进人的全面发展。如果发展不能回应人民的期待,不能让群众得到实际利益,这样的发展就会失去意义,也不可能持续。要在推动经济持续健康发展的基础上,通过各种制度安排保障人民群众各方面权益,保障劳动者参与发展、分享发展成果,促进社会公平正义。

经济发展是改善民生的前提,民生是做好经济发展的指南针,为经济发展转型升级提供了强大的内生动力。既要通过经济发展,为持续改善民生奠定坚实物质基础,又要通过持续不断改善民生,为经济发展创造更多有效需求,实现两者的良性循环。

改善民生要做到尽力而为、量力而行。我国仍处于并将长期处于社会主义初级阶段,改善民生不能脱离这个最大的实际提出过高目标,只能根据经济发展和财力状况逐步提高人民生活水平,做那些现实条件下可以做到的事情。决不能开空头支票,也要防止把胃口吊得过高,否则结果只能是适得其反,就有可能落入"中等收入陷阱"。❷ 一些国家的教训表明,民粹主义❸是造成"中等收入陷阱"的根源。由于过度福利化,用过度承诺讨好民众,结果导致效率低下、增长停滞、通货膨胀,收入分配最终反而恶化。因此要坚持从实际出发,将收入提高建立在劳动生产率提高的基础上,将福利水平提高建立在经济和财力可持续增长的基础上。

---

❶ 中共中央宣传部. 习近平总书记系列重要讲话读本[M]. 北京:学习出版社、人民出版社,2016:213.
❷ 中等收入陷阱是指当一个国家的人均收入达到中等水平后,由于不能顺利实现经济发展方式的转变,导致经济增长动力不足,最终出现经济停滞的一种状态。
❸ 民粹主义(Populism,可译为平民主义)是在19世纪的俄国兴起的一股社会思潮。民粹主义的基本理论包括:极端强调平民群众的价值和理想,把平民化和大众化作为所有政治运动和政治制度合法性的最终来源;依靠平民大众对社会进行激进改革,并把普通群众当作政治改革的唯一决定性力量;通过强调诸如平民的统一、全民公决、人民的创制权等民粹主义价值,对平民大众从整体上实施有效的控制和操纵。

二、关于抓住人民最关心最直接最现实的利益问题的思想

保障和改善民生是一项长期的工作，没有终点站，只有连续不断的新起点。2015年10月29日习近平在党的十八届五中全会第二次全体会议上引用了李世民的一句话："天地之大，黎元为先。"要按照人人参与、人人尽力、人人享有的要求，坚守底线、突出重点、完善制度、引导预期，注重机会公平，着力保障基本民生。坚守底线，就是要织牢民生安全网的"网底"，保障群众的基本生活；突出重点，就是要有所侧重，对重点群体和重点地区进行倾斜；完善制度，就是要形成系统全面的制度保障，使制度更加公平、普惠和可持续；引导预期，就是要形成良好舆论氛围和社会预期，使改善民生既成为党和政府工作的方向，又成为广大人民群众自身奋斗的目标。要多谋民生之利，多解民生之忧，在学有所教、劳有所得、病有所医、老有所养、住有所居上持续取得新进展。

当前人民最关心最直接最现实的利益问题大体说来有六个：教育、就业、收入、社会保障、人民健康、生育政策。

努力办好人民满意的教育。教育是民族振兴和社会进步的基石，事关国家未来。因此习近平同志曾这样说过："中国人这么多，教育上去了，将来人才就会像井喷一样涌现出来。这是最有竞争力的。"❶ 落实立德树人的根本任务，为经济社会发展提供强大人才保障和智力支持；大力发展乡村教育，防止贫困现象代际相传；建设中国特色职业教育体系，培养高素质劳动者和技术技能人才；培养一流人才，产出一流成果；落实和深化考试招生制度改革和教育教学改革，提高人才选拔水平和教育质量；构建网络化、数字化、个性化、终身化的教育体系，建设"人人皆学、处处能学、时时可学"的学习型社会。

就业是民生之本。要坚持就业优先的战略，实施更加积极的就业政策，创造更多的就业岗位，着力解决好结构性就业矛盾，鼓励以创业带就业，实现比较充分和高质量的就业；统筹人力资源市场，打破城乡、地区、行业分割和身份、性别歧视，维护劳动者平等就业权利；加强灵活就业、新就业形态的扶持，促进劳动者自主就业；落实高校毕业生就业促进和创业引领计划，带动青年就业创业，加强就业援助；推行终身职业技能培训制度，培养宏大的高素质劳动者大军，努力让劳动者体面劳动，全面发展。

收入分配是民生之源，是改善民生、实现发展成果由人民共享最重要最直接的方式。要不断增加劳动者尤其是一线劳动者的劳动报酬，努力实现劳动报酬增长和劳动生产率提高同步；完善以税收、社会保障、转移支付为主要手段的再分配调节机制；保护合法收入，规范隐性收入，遏制以权力、行政垄断等非市场因素获取收入，取缔非法收入，明显增加低收入劳动者收入，扩大中等收入者比重，努力缩小城乡、区域、

---

❶ 中共中央宣传部. 习近平总书记系列重要讲话读本 [M]. 北京：学习出版社、人民出版社，2016：216.

行业收入分配差距，逐步形成橄榄形分配格局。

社会保障发挥着社会稳定器的作用。要实施全民参保计划，完善城镇职工基本养老、城乡居民基本养老、城镇基本医疗、失业、工伤、生育等保险制度，健全社会救助体系，提高社会福利水平；加快推进住房保障和供应体系建设，构建以政府为主提供基本保障、以市场为主满足多层次需求的住房供应体系。对住房困难群众，政府必须提供基本住房保障。

提高人民健康水平，因为没有全民健康，就没有全面小康。要把维护人民健康权益放在重要位置，推进健康中国建设；坚持公立医院公益性的基本定位，进一步深化医疗保障、医疗服务、公共卫生、药品供应、监管体制综合改革，探索医改这一世界性难题的中国式解决办法，着力解决人民群众看病难、看病贵、基本医疗卫生资源均衡配置等问题，实现到2020年人人享有基本医疗卫生服务的目标。

促进人口均衡发展。坚持计划生育基本国策，全面实施一对夫妇可以生育两个孩子政策，改革完善计划生育服务管理，进一步释放生育潜力。及时、科学、综合应对人口老龄化，减缓人口老龄化压力，增加劳动力供给，保障人口安全。

三、关于坚决打赢脱贫攻坚战的思想

消除贫困、改善民生、逐步实现共同富裕，是社会主义的本质要求，是我们党的重要使命。小康不小康，关键看老乡，关键看贫困老乡能不能脱贫。正如习近平同志指出，如果贫困地区长期贫困，面貌长期得不到改变，群众生活长期得不到明显提高，那就没有体现我国社会主义制度的优越性，那也不是社会主义。

党的十八大以来，党中央实施精准扶贫、精准脱贫，加大扶贫投入，创新扶贫方式，扶贫开发工作呈现新局面：我们已经成功走出一条具有中国特色的扶贫开发道路；我们已经使7亿多农村贫困人口成功脱贫，为全面建成小康社会打下了坚实的基础；我国已成为世界上减贫人口最多的国家，也是世界上率先完成联合国千年发展目标的国家。这个成就足以载入人类社会发展史册，也足以向世界证明中国共产党领导的中国特色社会主义制度的优越性。

当前我国脱贫攻坚形势依然严峻，到了啃硬骨头的冲刺阶段，"脱贫攻坚的冲锋号已经吹响。我们要立下愚公移山志，咬定目标，苦干实干，坚决打赢脱贫攻坚战。"❶脱贫攻坚贵在精准，重在精准，"必须在精准施策上出实招、在精准推进上下实功、在精准落地上见实效。"❷ 要解决好"谁来扶""怎么扶"的问题，实施"五个一批"工程：即发展生产脱贫一批，易地搬迁脱贫一批，生态补偿脱贫一批，发展教育脱贫一批，社会保障兜底一批。把革命老区、边疆地区、民族地区、集中连片贫困地区作为脱贫攻坚重点，支持贫困地区加快发展。

---

❶ 中共中央宣传部. 习近平总书记系列重要讲话读本 [M]. 北京：学习出版社、人民出版社，2016：220.
❷ 中共中央宣传部. 习近平总书记系列重要讲话读本 [M]. 北京：学习出版社、人民出版社，2016：220.

各级党委必须坚定信心,把脱贫攻坚任务作为"十三五"期间第一民生工程来抓,立下军令状,层层压实责任,级级传导压力,在脱贫攻坚第一线上考察识别干部,引导群众树立"宁愿苦干,不愿苦熬"的观念,用自己的辛勤劳动实现脱贫致富。

四、关于维护社会和谐稳定的思想

社会和谐是中国特色社会主义的本质属性。要按照民主法治、公平正义、诚信友爱、充满活力、安定有序、人与自然和谐相处的总要求,努力构建全体人民共同建设、共同享有的和谐社会。着眼于促进经济社会协调发展,把社会主义和谐社会建设同社会主义经济建设、政治建设、文化建设和生态文明建设一起,作为中国特色社会主义事业总体布局的重要组成部分统一部署、整体推进。社会稳定是改革发展的前提,否则一切改革发展都无处谈起,再好的规划和方案都难以实现,已经取得的成果也会失去。因此必须保持清醒的头脑,始终牢记和谐稳定是根本大局的道理,为经济社会持续健康发展创造良好的环境。

维护社会和谐稳定,主要是创新维稳理念。要正确处理好维稳和维权的关系,维权是维稳的基础,维稳的实质是维权。对涉及维权的维稳问题,首先要把群众合理合法的利益解决好,单纯维稳,不解决利益问题,是本末倒置;要正确处理好活力和秩序的关系,既不能管得太死,也不能管得太松;要重视疏导化解、柔性维稳,充分调动一切积极因素,使社会既生机勃勃又井然有序。

维护社会和谐稳定,重在妥善处理社会矛盾。要正确认识和对待改革发展中利益关系和利益格局的调整,正确处理个人利益和集体利益、局部利益和全局利益、眼前利益和长远利益的关系,自觉维护社会和谐稳定;最大限度地增加和谐因素,最大限度地减少不和谐因素;对人民内部矛盾,要用法治、民主、协商的办法进行处理;对敌我矛盾,既要旗帜鲜明、敢于斗争,又要讲究谋略、巧于斗争。

维护社会和谐稳定,要着力推进平安中国的建设。"平安是老百姓解决温饱后的第一需求,是极重要的民生,也是最基本的发展环境。"❶ 建设平安中国,要紧紧抓住人民群众反映强烈、影响社会和谐稳定、制约平安建设深入开展的突出问题和薄弱环节,把专项打击与整体防控更好地结合起来,始终保持对严重犯罪活动的严打高压态势,保障人民财产安全;要把人民群众的小事当作自己的大事来做,做到对群众深恶痛绝的事零容忍、对群众急需急盼的事零懈怠,决不允许群众打不起官司,决不允许滥用权力侵犯群众合法权益,决不允许执法犯法造成冤假错案;坚持多方参与、合作共享、风险共担,实现维护治安人人有责、人人尽责,努力建设领域更广、人民群众更满意、实效性更强的平安中国。

---

❶ 中共中央宣传部. 习近平总书记系列重要讲话读本 [M]. 北京:学习出版社、人民出版社,2016:223.

五、关于促进城乡协调发展的思想

习近平同志在中共中央政治局第二十二次集体学习时指出，要把工业和农业、城市和乡村作为一个整体统筹谋划，要继续推进新农村建设，使之与新型城镇化协调发展、互惠一体，形成双轮驱动。

第一，推进城乡一体化是现代化的重要标志。"要把工业和农业、城市和乡村作为一个整体统筹谋划，促进城乡在规划布局、要素配置、产业发展、公共服务、生态保护方面相互融合和共同发展。"❶ 与全面建成小康社会这一阶段性任务相比较，推进城乡发展一体化是一个伟大而长期的历史任务。从21世纪头20年实现全面建成小康社会的目标，到21世纪中叶我国基本实现现代化，推进城乡发展一体化进程、建立城乡融合的体制机制，真正实现发展现代农业、建设新农村与工业化、新型城镇化进程协调发展、互惠一体，仍需要经过几十年的艰苦努力。

第二，城镇化是城乡一体化的重要途径，是促进城乡协调发展的有力支撑。推进城镇化是解决"三农"问题的重要途径，是推动区域协调发展的有力支撑。但是对于一个拥有13亿人口的发展中大国要实现城镇化，没有现成模式可以效仿，必须走出一条新路。一要坚持实事求是的作风，从社会主义初级阶段的基本国情出发，遵循规律，顺势而为，促进大城市和小城镇的合理分工、功能互补、协调发展；二要坚持以人为本，推进以人为核心的城镇化进程，更加注重人民群众的获得感和幸福感；三要坚持生态文明，有力推进绿色发展、循环发展、低碳发展；四要坚持传承文化，发展有历史记忆、地域特色、民族特点的美丽城镇。

第三，新型城镇化的重要方面是促进农业转移人口就地就近城镇化。"要推进农业转移人口市民化，促进有能力在城镇稳定就业和生活的农业转移人口举家进城落户，与城镇居民有同等权利和义务，同时维护进城落户农民土地承包权、宅基地使用权、集体收益分配权，支持引导其依法自愿有偿转让上述权益。"❷

六、关于构建全民共建共享的社会的思想

构建全民共建共享的社会，就要兼顾不同阶层的利益。在中国，包括知识分子在内的工人阶级以及广大农民，始终是推动中国先进生产力和社会全面进步的根本力量。在社会变革中出现的民营科技企业的创业人员和技术人员、受聘于外资企业的管理技术人员、个体户、私营企业主、中介组织的从业人员、自由职业人员等社会阶层，都是中国特色社会主义事业的建设者。在经济社会发展过程中，要统筹兼顾社会各阶层群众的利益，充分发挥社会各阶层在推动经济社会发展中的作用。

---

❶ 中共中央宣传部. 习近平总书记系列重要讲话读本 [M]. 北京：学习出版社、人民出版社，2016：160.
❷ 中共中央宣传部. 习近平总书记系列重要讲话读本 [M]. 北京：学习出版社、人民出版社，2016：162.

七、关于坚持总体国家安全观的思想

国家安全是人民幸福安康的基本要求，是安邦定国的重要基石。增强忧患意识、风险意识，做到居安思危、有备无患，是治党治国必须始终坚持的一个重大原则。当前，我国面临复杂多变的安全和发展环境，各种可以预见和难以预见的风险因素明显增多，各方面风险可能不断积累甚至集中显露，国家安全内涵和外延比历史上任何时候都要丰富，时空领域比历史上任何时候都要宽广，内外因素比历史上任何时候都要复杂，维护国家安全的任务更加繁重艰巨。这就要求我们必须审时度势、与时俱进，创新国家安全理念，统览国家安全全局，坚持总体国家安全观。

总体安全观强调以人民安全为宗旨，以政治安全为根本，以经济安全为基础，以军事、文化、社会安全为保障，以促进国家安全为依托，维护各领域国家安全，构建国家安全体系，走中国特色国家安全道路。

国家安全体系既包括外部安全，也包括内部安全，如政治安全、国土安全、军事安全、经济安全、信息安全、生态安全、文化安全、社会安全、科技安全、生态安全、资源安全、核安全等。

落实总体安全观，还要持之以恒地抓好公共安全，包括食品安全、药品安全、医疗安全、生产安全等。

落实总体安全观，必须坚决打击恐怖主义。坚持凡恐必打，露头就打，出重手、下重拳，给暴力恐怖势力以毁灭性打击，坚决把暴力恐怖分子的嚣张气焰打下去，坚决挤压暴力恐怖活动空间，以震慑敌人，鼓舞人民；坚决遏制和打击境内外敌对势力利用民族问题、宗教问题进行分裂、渗透、破坏活动。

八、关于推进中国特色社会主义社会治理创新的思想

社会治理是社会建设的重大任务，是国家治理的重要内容。推进中国特色社会主义社会治理创新，主要任务就是要构建全民共建共享的社会治理格局。"治理和管理一字之差，体现的是系统治理、依法治理、源头治理、综合施策。"[1] 构建全民共建共享的社会治理格局，着力点在于以人民利益为坐标，创新社会治理体制，改进社会治理方式。

社会体制是一种规范，是为了社会生活而建立的约束个人行为的规范，包括如何最有效最合理地分配财产，如何对社会生活决策，以及如何参与社会生活等。对社会发展来说，没有什么比公平正义更为重要的了。我们通过什么样的治理方式才能实现经济和社会的公平发展呢？我们看到，中国在走向社会主义现代化和实现中华民族伟大复兴的征程中，既遇到了发达国家和地区在历史上曾经遇到的问题，又遇到了自身

---

[1] 中共中央宣传部. 习近平总书记系列重要讲话读本 [M]. 北京：学习出版社、人民出版社，2016：224.

历史和环境特征造成的具有"中国特色"的问题,还遇到了全新的国际环境和科技革命,在这样的背景下,模仿和照搬别的国家的治理模式不行,这就需要创新社会治理体制,不断改进治理方式。

创新社会治理体制,就是要坚持党委领导、政府主导、社会协同、公众参与、法制保障的体制机制,推进社会治理精细化;健全利益表达、利益协调、利益保护机制,引导群众依法行使权利、表达诉求、解决纠纷,实现政府治理和社会调节、居民自治良性互动;改革社会组织管理制度,鼓励和支持社会力量参与社会治理、公共服务,激发社会活力;支持各类社会主体自我约束、自我管理;发挥乡规民约、市民公约、行业规章、团体章程等社会规范在社会治理中的积极作用;加强社会治理制度建设,建立国家人口基础信息库、统一社会信用代码制度和相关实名登记制度,完善社会信用体系;健全社会心理服务体系和疏导机制、危机干预机制。

不断改进社会治理方式,坚持系统治理、依法治理、综合治理。将治理的重心转移到城乡社区。尽可能把资源、服务、管理放到基层,使基层有权有物,更好地为群众提供精准有效的服务和管理;加强城市常态化管理,聚焦群众反映强烈的突出问题,狠抓城市的顽症治理;运用市场化、法治化手段,促进人口有序流动。

第三节　中国特色社会主义社会建设实践路径

全面推进中国特色社会主义社会建设,不断实现社会建设的改革创新,其根本点在于社会建设的制度改革与创新。因此,改革和完善一系列社会建设范畴内的基本制度,既是社会建设的现实需要,也是社会建设取得长期实效的根本保证。

一、中国特色社会主义社会建设的基本制度

中国特色社会主义社会建设在实践中,形成了教育制度、劳动就业制度、基本医疗卫生制度、社会保障制度、社会管理制度等一系列制度,为推进社会建设,实现和谐社会总体目标提供了制度保障。

一是教育制度。教育制度是为规范各类教育机构与组织体制及其运行而制定的各种规则和原则的总和,具有传播先进文化、推进社会主义民主政治建设、促进经济科学发展、培养人才、推动自主创新等功能。我国的教育制度主要包括:学校教育制度、九年制义务教育制度、职业教育制度和成人教育制度、国家教育考试制度、学业证书制度、学位制度、教育督导制度和学校及其他教育机构教育评估制度等。

二是劳动就业制度。劳动就业制度是为调整劳动和就业关系而制定的各种规则和原则的总和,具有个体自我保护、个体价值实现和社会安全保障等功能。对于维护社会稳定、促进社会和谐具有重要作用。我国的劳动就业制度改革的目标,就是要坚持劳动者自主择业、市场调节就业和政府促进就业的新型劳动就业制度。劳动者自主择

业是新型劳动就业制度的核心，市场调节就业是新型劳动就业制度的基础，政府促进就业是新型劳动就业制度的重要保证。

三是基本医疗卫生制度。基本医疗卫生制度是为规范医疗卫生而制定的规则和原则的总和。我国基本医疗卫生制度的目标是人人享有基本医疗卫生服务。基本医疗卫生制度必须遵循公益性、公平性和可行性原则。

四是社会保障制度。社会保障制度是为保证全体社会成员的基本生存与社会需要而制定的有关社会福利、社会保险、社会救助、社会优抚和社会安置等一系列规则和原则的总称。社会保障制度对保障公民的基本生活需要、增进全体社会成员的物质和文化福利、促进社会和谐稳定，具有重要作用。我国已基本建立最低社会保障制度、基本医疗保险制度、基本养老保障制度以及工伤保险、失业保险、生育保险等社会保险制度，以确保公民在年老、疾病、工伤、失业、生育等情况下，依法从国家和社会获得物质帮助的权利。

五是社会管理制度。社会管理制度是为维护人民群众权益、促进社会公平正义、保持社会良好秩序而制定的各种规则和原则的总和。要建立健全与发展中国特色社会主义经济、政治、文化、社会要求相适应的新型社会管理体系，形成社会管理和服务的合力。

二、保障和改善民生

社会建设是一个复杂的系统工程，涉及社会的方方面面，因此必须有所侧重。全心全意为人民服务是党的根本宗旨，改善民生是中国共产党执政为民的根本立足点，直接体现了我们党以人为本的理念，是社会建设的重点，也是推进社会建设的着力点。改革开放30多年的社会建设，我们党始终坚持这一重点，结合不同时期经济社会发展的状况和改善民生的具体要求，制定和实施了有关社会建设的总体规划和方针政策，在实践中不断探索，推进了社会建设的发展。

（一）民生概念的基本内涵

要研究民生，首先就要明确什么是"民生"。"民生"一词，早在古代就已出现。在中国传统社会中，民生一般是指百姓的基本生计。孙中山将民生解释为"人民的生活，社会的生存，国民的生计，群众的生命"。在现代社会，所谓民生，就是与民众的基本生存、生活和发展直接相关的日常生活问题。由此可知，民生问题与人民群众的生活息息相关，它直接反映着人民的基本生存、生活和发展的状况。因此，民生问题是关系执政党执政基础的重大问题，是为人民谋利益的重要内容，同时也是社会建设的重点。民生存在两类不同的层次。中国共产党社会建设思想强调以人为本，其基本目标之一就是要为不能通过其他途径来满足自身基本需要的人提供帮助。因此，满足人民的基本需要是社会建设政策制定的基础。但是，人的需要是复杂的，人们的生存状况和需要状况具有多层次性，既有基本生存的需要，也有高层次的发展需要。在物质财富较为贫乏时，人们对民生的需要大多限于维持基本生存的物质需要方面；而当解决了基本温饱问题之后，人们的需要上升到了更高的层次，这时的民生，就不再是基本生存权的需要，而是在满足基本生存需要基础上的发展需要，即人们对基本的发展机会和发展能力的需要。由于社会发展的不平衡性，这两种需要同时并存。这就决定了民生也同时存在两个不同的层次：满足基本生存需要的民生，即生存型民生；在解决了基本生存需要后，对生活质量的要求，对自身向更高层次发展的要求形成了更高层次的民生，即发展型民生。在我国，同一时期的不同地区和群体之间，乃至同一地区或相同群体，由于经济社会发展的不平衡性、经济水平的差异性，民生问题也较为复杂。因此，在进行社会建设的制度分析时，既要考虑到基本生存的需要，也要考虑到发展的需要，民生政策要体现出层次性。由此可见，民生包含着丰富的内容。在社会主义初级阶段，我国社会的主要矛盾是人民日益增长的物质文化需要和落后的社会生产力之间的矛盾。在这种生产力不发达的条件下，我们的民生有着具体的内容，主要包括保护基本生存权和发展权的教育、就业、收入分配、社会保障、医疗、社会管理六个方面。这六个方面构成了现阶段我国改善民生最基本的内容。这六个方面实际是六个应当享受的平等权利，即平等地受教育权利、平等地享有劳动就业、参与收入分配、享受社会保障的权利等。我们所提倡的民生，本质上反映了中国共产党以人为本的理念。民生的实现需要有坚实的物质和政治基础，同时还要有各种制度的安排，切实解决和落实人民群众的各种权利。

（二）改善民生是中国共产党执政为民的根本立足点

在马克思主义看来，社会发展的核心是人的发展。人的全面发展，是社会发展的最高目标。中国共产党的社会建设，其最终目的就是为了维护最广大人民的根本利益，为了实现人的全面发展。社会建设以改善民生为重点直接体现了中国共产党以人为本的理念，直接体现了中国共产党"权为民所用，情为民所系，利为民所谋"的宗旨。因此，中国共产党人始终非常重视民生问题，把改善民生作为为人民谋利益的重要方面，作为社会建设的重点内容。党的十七大报告提出的"学有所教、劳有所得、病有所医、老有所养、住有所居"，就是社会建设对改善民生提出的具体目标。人民群众是社会历史的创造主体，同时也是社会建设的主体。胡锦涛指出，相信谁、依靠谁、为了谁，是否始终站在最广大人民的立场上，是区分唯物史观和唯心史观的分水岭，也是判断马克思主义政党的试金石。全心全意为人民服务是党的根本宗旨，党的一切奋斗和工作都是为了造福人民。这些论点鲜明地体现了我党以人为本的思想理念，也指出了党领导社会建设的根据及途径。党的十七大报告提出，社会建设要坚持"以人为本"，并精辟地阐释了以人为本的基本内涵："以人为本"就是要以实现人的全面发展为目标，要不断满足人民群众日益增长的物质文化需要，始终把实现好、维护好、发展好最广大人民的根本利益作为党和国家一切工作的出发点和落脚点，尊重人民主体地位，发挥人民首创精神，保障人民各项权益，走共同富裕的道路，做到发展为了人民，发展依靠人民，让发展的成果惠及全体人民。这一科学论断把社会建设手段和目的之间的关系辩证地统一了起来，意味着在以人为本的内涵中，贯彻了辩证唯物主义的主体思想和历史唯物主义的群众观点，即人民群众是社会历史的主体，是一切社会财富的创造者，是推动社会发展的主要力量。这正是社会建设要以人民利益为出发点和落脚点的根本依据。在以人为本核心理念的指引下，中国共产党始终坚持把维护和实现人民的利益作为中心任务，在社会建设中，以保障和改善民生为重点，切实提高人民生活水平。2004年3月，胡锦涛同志在中央人口资源环境工作座谈会上指出："坚持以人为本，就是要以实现人的全面发展为目标，从人民群众的根本利益出发谋发展、促发展，不断满足人民群众日益增长的物质文化需要，切实保障人民群众的经济、政治、文化权益，让发展的成果惠及全体人民。"这就是以人为本最基本的内涵，中国共产党的以人为本就是以人民的根本利益为本。以人为本是社会建设的核心价值所在，它规定了社会建设的最终目的是为了人。人民是社会建设成果的最终受益者，也是我国社会建设的根本目的。也就是说，社会建设就是要始终把实现好、维护好、发展好最广大人民的根本利益作为党和国家一切工作的出发点和落脚点。社会建设以改善民生为重点，就是要切实解决好广大人民最现实最关心最直接的利益问题，满足人民日益增长的物质和文化需要。改善民生就是要通过社会建设，真正做到充分保障人民享有的经济、政治、文化、社会等各方面权益，实现广大人民群众共享改革发展的成果，最终走上共同富裕的道路。党的十七大报告指出："和谐社会要靠全社会共同建设。我们要紧紧依靠人民，调动一切积极因素，努力形成社会和谐人人有责、和谐社会人人共享的生动局面。"共建共享实际上也是社会建设以人为本的具体体现。社会建设的最高目标是要实现人的自由而全面发展，社会建设既是为了广大人民，同时也要依靠广大人民，离开了社会建设所始终贯彻的以人为本的核心理念，社会建设就失去了正确目标和动力源泉，改善民生也难以实现。现阶段，我国的社会建设要始终坚持以人为本，把最广大人民的根本利益作为最高标准。

（三）改善民生是社会主义初级阶段的重要任务

社会建设的一个重要目标是促进人的全面发展。需要注意的是，实现人的全面发展必须同经济、政治、文化、社会等方面的发展统一起来。经济发展是一切发展的基础，民生的改善也需要物质财富的增长作为重要支撑。而当前我国的基本国情是，我国将长期处于社会主义初级阶段，这一阶段，我国的生产力水平不高，势必无法完全满足所有人日益增长的物质文化需要，因此，人民日益增长的物质文化需要同落后的社会生产力之间的矛盾就是我国社会的主要矛盾。在这种情况下，改善民生就成为社会主义初级阶段一个长期而艰巨的重要任务，也是社会建设的重点内容。改善民生是经济发展的根本目的。只有着力保障和改善民生，经济发展才有持久的动力，社会进步才有牢固的基础，国家才能长治久安。同样，改善民生，推进公平正义，是构建和谐社会的必由之路。基于这一背景，改革开放30多年的社会建设，中国共产党始终以民生事业为重中之重。党的十七大对社会建设越加重视和强调,把关注民生、改善民生、保障民生提到了前所未有的高度。当然,由于我国生产力发展水平比较低,生产关系和上层建筑尚不完善,还不能完全满足人民日益增长的物质文化需要。因此,必须大力推进改革开放,把改善民生作为改革的根本目的。同时,尽管经济的发展会为改善民生奠定坚实的基础,是民生事业长期持续发展的重要保障,但经济的发展并不能自动带来对所有人民生的保障。我国正处于并将长期处于社会主义初级阶段的基本国情也决定了改善民生不可能一蹴而就,这是一项重大的、长期的战略任务。中国共产党充分认识到了改善民生问题的重要性和紧迫性,也充分认识到了解决民生问题的长期性和艰巨性,在社会建设中,始终把民生当作重点内容来抓。每个历史时期党和国家都有自己必须着重应对的挑战和奋斗目标,人民对民生的需要也是随着社会的发展而不断变化的,因此,不同时期,中国共产党改善民生的目标和内容也是不断发展的。改革开放以来,我国的经济建设取得了巨大成就,民生状况已得到普遍改善。社会越发展,人们对民生的需求就会越向高层次发展。随着改革开放的不断深入,我国经济社会的不断发展,中国共产党的民生事业也在不断向着更高层次迈进。站在新的历史起点上,解决民生问题的要求更高,任务更艰巨。另外,改革开放以来相当长时期内,我们在一定程度上把社会发展理解为经济发展,相对忽视了社会领域的协调进步,忽视了经济发展与社会全面进步以及人的全面发展之间的关系。在经济建设取得一定成果的基础上,有必要进一步强调社会建设的重要性,以改善民生为重点,使改革和发展的成果真正惠及全体人民。改革开放30多年后的今天,我们的社会已经有了相当雄厚的物质基础,能够以更多的财力去改善人民生活。因此,必须在保持经济发展的同时,下大力气更好地解决人民群众的切身利益问题。

(四)正确认识当前民生存在的问题及原因

1. 当前民生存在的问题

第一,社会保障水平总体不高,还没有实现城乡完全统一。社会保障体系核心内容的最低生活保障和养老保险问题,城乡之间存在着严重的不平衡。在养老保险上,大量农村居民长期游离于养老保险之外;在经济发展比较落后的西部地区最低生活保障水平更低,甚至不能维持困难居民的基本生活。可见,现阶段我国社会保障发展极不平衡,覆盖面较窄。

第二,教育发展不平衡,教育资源分配不合理。改革开放以来,我国的教育事业迅速发展,取得了明显成效。但是,从社会发展的要求和满足广大人民需要来看,仍然存在许多问题。首先是地区教育发展不平衡。教育与经济的发展紧密相连,由于东西部地区经济发展的差距,东部地区教育较为发达,教育条件明显优于西部地区。其次是城乡教育发展不平衡。在城乡二元经济社会结构的环境中,我国教育发展也体现了二元经济社会的特点。在教育设施方面,广大农村,特别是边远落后地区的农村往往缺乏基本的教育设施,学校布局十分稀疏,房屋十分破旧。城乡教育发展不平衡还表现为师资力量的差异，大量农村教师是没有经过正规教育培训的代课教师，教师队伍极不稳定，这是城乡教育质量存在差距的重要原因。最后是教育资源分配不合理。教育资源分配问题是关系到教育健康发展的关键性问题，虽然我国在教育资源的分配上做了大量调整，但仍然存在分配不合理的问题。长期以来，我国教育政策存在向城市倾斜的取向，形成城乡之间教育资源分配的严重失衡。各区域对教育的投入差距也非常大。

第三，就业的结构性矛盾突出，社会就业压力仍然较大。一方面，就业的结构性矛盾突出。在实现经济发展方式转变的过程中，经济结构的调整和产业结构的升级，使传统产业与现代新兴产业并存发展，在这种结构性调整中，对劳动力供给和需求在学历、职业、技能、产业、地区分布等方面都提出了新的要求，由此造成结构性失业现象。另一方面，就业总量不断增大，形成巨大的就业压力。虽然我国近年的国民生产总值增长较快，就业渠道在不断增多，但巨大的人口数量，使得我国的劳动力始终相对过剩，特别是城市劳动力资源不断增长，大量的农村剩余劳动力向城市转移，加上高校毕业生就业难度加大，对社会形成了巨大的就业压力。

第四，收入分配差距拉大，利益矛盾加剧。一方面，收入分配差距拉大。我国居民的收入分配差距呈逐年扩大之势，成为影响社会利益关系的重要因素。行业之间居民收入分配差距也逐步拉大。另一方面，利益矛盾加剧。随着社会收入分配差距的不断拉大，社会利益分化加剧，社会不同利益群体的诉求更加突出，导致利益冲突加剧。据调查，近年来，因利益矛盾引发的群体性事件发生率呈上升趋势，规模和范围不断扩大，成为影响社会和谐稳定的最重要因素。《中华人民共和国国民经济和社会发展第十二个五年规划纲要》指出，我国发展中不平衡、不协调、不可持续问题依然突出，主要是，经济增长的资源环境约束强化，投资和消费关系失衡，收入分配差距较大，科技创新能力不强，产业结构不合理，社会矛盾明显增多，制约科学发展的体制机制障碍依然较多。

2. 当前民生存在的问题原因分析

30多年的改革开放，我国经济社会获得了持续高速发展，但我国仍处于社会主义初级阶段，民生问题伴随着经济社会发展而日益凸显。当前我国的民生问题是全方位、深层次的，其产生原因也是复杂的、多方面的，分析当前民生问题的形成原因主要有以下几个方面。

第一，社会生产力相对落后。解决民生问题，归根结底还是受经济发展水平的限制，只有生产力高度发展了，才能彻底解决好我们所关心的民生问题。虽然改革开放以来我国取得了经济总量世界第二的巨大成就，但是我国至今仍然是一个生产力总体水平不高、发展不平衡的发展中国家，仍然没有最终摆脱贫穷落后的不发达状态，人民日益增长的物质文化需要同落后的社会生产之间的矛盾仍然是社会的主要矛盾。由于生产力不发达，再加上社会物质生产和生活资料不富余，使得国家在发展教育、实现充分就业、推行医疗卫生改革等方面的困难加大，这使民生问题得到有效解决的难度增大，制约着地区之间的平衡发展和社会保障制度的健全与完善，必然会引起人们在利益分配上的矛盾。另外，随着社会的不断发展，人的需求也在不断更新、提高，旧的需求满足了，新的需求就会产生；低层次需求满足了，又会产生更高层次的需求，这些需求的不断增加与社会生产力实际发展水平之间还存在差距，这是导致民生问题存在的最主要原因。

第二，城乡二元经济结构的存在。中国是个典型的二元经济社会，其主要特征就是城乡经济发展严重不平衡，发达的城市经济与落后的乡村经济并存。在这种结构制度安排下，为了快速实现国民经济的现代化，国家从政策、人力、物力、财力等方面优先支持城市发展，而对广大的农村重视不够和投入较少。畸形发展的城乡二元结构，致使城乡发展不协调，城市快速发展，而农村发展相对滞后，造成了城乡之间从经济到社会、从收入到消费、从教育到医疗卫生、从就业到社会保障等方面出现明显差距，这是当前民生问题存在的重要因素。

第三，社会发展观念落后。我国在长期的发展理念中形成了一种模式，就是把追求 GDP 的增长作为首要任务，在积累与消费的关系上往往把增加积累放在第一位，在经济建设与社会发展的关系上，更加偏向经济建设，对社会建设往往有所忽视。正是在这样一种发展理念的指导下，一些政府官员往往片面追求经济的高速增长，把主要资源和精力多用在了经济建设方面，而对教育、医疗、社会保障等民生事业关注不够、投入不足。这是造成当前我国民生问题存在的重要原因。

第四，政策体制不完善。民生问题不仅是经济社会问题，也是重大的政治问题，政府的公共政策和体制对民生问题的解决有着直接影响。改革开放以来，我们坚持以经济建设为中心，进行经济体制改革，逐步推进其他体制改革，同时我们强调效率优先、兼顾公平的基本原则，通过经济的率先发展来带动社会各方面发展。但是，随着社会建设和改革的不断深化，在经济体制改革过程中遇到了诸多问题，而政府越来越成为改革的焦点和矛盾的中心。即政府公共政策不完善、服务体制不健全，相对滞后于经济改革的步伐，使教育问题、收入问题、就业问题、医疗卫生问题、社会保障问题、住房问题等与每个人息息相关的民生问题成为日益关注的社会问题。首先是社会公共政策不完善。如作为民生之源的收入分配制度。社会分配的失衡造成了巨大的贫富差距，加上生活成本的提高，进一步加剧了民生矛盾。又如作为民生之重的教育、住房、就业制度。由于教育投入力度不够，严重影响教育公平发展，住房制度改革政策调控不力，住房难的问题成为民生的重点问题，促进就业政策和体制机制远远不能适应大量劳动力就业发展的需要，使就业问题成为民生的关键问题。再如作为民生之依的社会保障制度。社会保障政策和体制不完善，城乡社会保障差距巨大，最低生活保障力度太小，难以维持基本生活水平，成为民生的急迫问题。其次是分税制财政体制不完善。改革开放以来，我国实行的是分税制财政体制，在这种"分级财政吃饭"的体制下，地方政府往往为了做大地方财政蛋糕，在发展经济的过程中，投入大部分公共资源用于发展能带来财税效益的经济建设方面，而对发展公共事业投入不够，加上地方政府为了减轻财政负担，也不愿发展不能直接产生经济效益的社会公共事业。

3. 保障和改善民生的主要路径

发展民生就是稳定，民生就是党的根本利益。胡锦涛在十八大报告中指出：社会建设与人民幸福安康息息相关。必须在经济发展的基础上，更加注重社会建设，着力保障和改善民生，推进社会体制改革，扩大公共服务，完善社会管理，促进社会公平正义，努力使全体人民学有所教、劳有所得、病有所医、老有所养、住有所居，推动建设和谐社会。为此，我们就要：一是努力办好人民满意的教育；二是推动实现更高质量的就业；三是千方百计增加居民收入；四是统筹推进城乡社会保障体系建设；五是提高人民健康水平；六是加强和创新社会管理。

全党全国人民行动起来，就一定能开创社会和谐人人有责、和谐社会人人共享的生动局面。

三、统筹协调社会利益关系

（一）统筹协调社会利益关系的重要性

1. 利益整合是体制改革和社会发展的客观要求

妥善解决利益矛盾，维护社会公平，使全体人民共享改革发展的成果，满足对广大人民的根本利益，实现社会和谐。

对立统一规律始终是推动人类社会发展的动力。在社会主义社会，利益差别和利益矛盾仍然存在，但正是这种差别和矛盾，社会才得以不断向前发展。我国还处在社会主义初级阶段，在这个阶段，社会还存在着大量影响社会和谐的矛盾和问题。这是因为，人民日益增长的物质文化需要同落后的社会生产之间的矛盾仍然是社会主义初级阶段的主要矛盾，资源无法充分满足需求的矛盾得不到根本的解决，我国社会的利益矛盾就不能得到根本的解决。改革实际上就是社会利益的打破，以及对利益进行重新调整和分配的过程。改革是中国的第二次革命，社会深刻变革，必然影响到社会的各个方面，引起利益关系的深刻调整和思想观念的深刻变化，在改革进程中，伴随着利益关系的打破和重构，我国社会各阶级、阶层的利益格局不断地进行分化和重组，这就出现了不同的社会利益群体，产生了多元化的利益诉求。特别是我国从计划经济体制向市场经济体制转变，从单一公有制形式向以公有制为主体、多种所有制经济共同发展转变，以及从单一的按劳分配制度向以按劳分配为主体、多种分配方式并存的分配制度转变，使得原有的利益格局、利益关系发生变动，广大人民群众的利益要求也呈现出多样化发展的趋势，人们的思想观念转变也需要一个适应过程。由于多样的思想观念和利益诉求，不同利益群体之间就不可避免地存在着各种各样的利益矛盾和冲突。在这种情况下，要实现社会协调发展，必须不断调整社会利益关系，充分满足人们的利益诉求，整合社会价值观念。因此，利益整合是伴随着改革开放和社会发展全过程的重要内容，也是社会建设的必然要求。有学者指出："回顾改革开放以来中国社会的变化,意义最大的、最为根本的变化,莫过于社会结构的变迁。社会结构变迁的核心是社会分层结构变迁。社会分层的本质是关于人们之间的利益和资源占用关系。而改革的本质也是关于人们利益关系的调整。"需要注意的是,从长远看,经济的发展和改革的深化,能够使各种利益格局、利益关系更加趋向合理,最终达到全体人民共同富裕的目标。但是,如上所述,我国正处在并将长期处在社会主义初级阶段,这个阶段,由于社会主义制度还不完善,我国社会所能够提供给人们的还远远不能满足人们的多方面需求,这时,人们获益的程度存在某些差别和矛盾是难免的。这种差别和矛盾在有些时候、有些地方甚至还很突出,产生了一定的利益冲突。因此,在改革开放和经济发展过程中,必须有意识地对利益关系进行整合,认真研究新形势下由于进行利益格局、利益关系的必要调整而可能引发的新问题、新矛盾,通过社会建设持续不断地协调利益关系,以维护社会公平正义,保持社会稳定、促进经济发展,最终达到共同富裕,实现最广大人民的根本利益这一崇高的目标。改革开放30多年来我国经济的高速发展,不仅解决了人们的温饱问题,而且全面提高了人民生活水平,人民生活总体上达到了小康水平。但是,改革实质上是对利益的重新分配,在这一过程中,不可避免地出现利益分配的差别,造成一定的利益矛盾。一般来说,社会经济迅速发展的时期,也是社会不协调因素的活跃期和社会矛盾的多发期,特别表现为利益集团之间的利益冲突。这是世界各国同期历史所表明的,也是任何一个治理国家和社会的政党所不得不面对的。中国也不能例外。中国共产党所领导的社会建设,归根结底就是要化解社会利益集团间的利益冲突。

2. 实现人民根本利益是中国共产党利益观的核心

中国共产党来自于人民,植根于人民,服务于人民。在领导中国革命、改革和建设过程中,我们党始终以实现最广大人民的根本利益为使命,形成了以实现最广大人民的根本利益为核心的利益观。党在各个时期对社会建设的理论探索,其核心思路都是为了实现和维护最广大人民的根本利益。我国社会建设的具体实践,归根结底也是以这一思路为指导进行的。党的十六届六中全会通过的《中共中央关于构建社会主义和谐社会若干重大问题的决定》明确指出:"始终把最广大人民的根本利益作为党和国家一切工作的出发点和落脚点,实现好、维护好、发展好最广大人民的根本利益,不断满足人民日益增长的物质文化需要,做到发展为了人民、发展依靠人民、发展成果由人民共享,促进人的全面发展。"这一论断精辟地阐明了我们党实现人民根本利益的思想内涵。事实上,党在不同历史时期的各项纲领、方针、政策,都鲜明地体现出我们党的人民根本利益观。人民群众是历史的创造者,是社会主义国家的主人,社会建设的出发点和落脚点都是为了人民。在社会建设的思想和实践中,中国共产党始终坚持把实现人民群众的根本利益作为社会建设的出发点和落脚点,作为党的一切工作是非得失的根本标准。邓小平指出:"党只有紧紧地依靠群众,密切地联系群众,随时听取群众的呼声,了解群众的情绪,代表群众的利益,才能形成强大的力量,顺利地完成自己的各项任务。"他把"是否有利于提高人民的生活水平"作为人们衡量一切工作是非得失的判断标准之一。江泽民创造性地提出了"三个代表"重要思想，指出我们党始终代表最广大人民群众根本利益，从而为重视民生问题提供了理论依据。他指出："我们党所以赢得人民的拥护，是因为我们党在革命、建设、改革的各个历史时期，总是代表着中国先进生产力发展要求，代表着中国先进文化的前进方向，代表着中国最广大人民的根本利益，并通过制定正确的路线方针政策，为实现国家和人民的根本利益而不懈奋斗。"代表最广大人民的根本利益，成为中国共产党社会建设的指导原则。改革开放以来尤其是党的十六大以来，我们党对民生问题给予了前所未有的关注，明确提出要加快推进以改善民生为重点的社会建设，认真解决人民群众最关心、最直接、最现实的利益问题。2003年胡锦涛在"七一"讲话中，鲜明地指出："群众利益无小事。凡是涉及群众的切身利益和实际困难的事情，再小也要竭尽全力去办。"在全党深入学习实践科学发展观活动动员大会暨省部级主要领导干部专题研讨班上的讲话中，胡锦涛强调，要"进一步实现好、维护好、发展好最广大人民的根本利益。科学发展观核心是以人为本。我们党的一切奋斗和工作都是为了造福人民。我们推动科学发展，根本目的就是要坚持尊重社会发展规律与尊重人民历史主体地位的一致性，坚持为崇高理想奋斗与为最广大人民谋利益的一致性，坚持完成党的各项工作与实现人民利益的一致性，坚持保障人民权益与促进人的全面发展的一致性，做到发展为了人民、发展依靠人民、发展成果由人民共享"。在这一思想指引下，中国共产党积极推进社会建设，重点解决人民群众最关心、最直接的上学、就业、收入、就医、社保、住房等方面的突出利益问题，满足人民群众"学有所教、劳有所得、病有所医、老有所养、住有所居"的基本需求，体现了把人民群众的根本利益作为社会建设的出发点和落脚点的思想。

(二) 统筹协调社会利益关系的基本原则

1. 坚定不移地走中国特色社会主义道路

中国特色社会主义的本质要求就是要在解放和发展社会生产力的基础上，消灭剥削、消除两极分化，最终实现共同富裕。因此，中国特色社会主义的发展道路就是一条逐步实现广大人民群众共同富裕之路，只有在这条道路上才能很好地协调社会不同利益群体的利益，防止出现严重的两极分化，使人民群众共享改革开放的成果。邓小平明确指出："只有社会主义，才能有凝聚力，才能解决大家的困难，才能避免两极分化，逐步实现共同富裕。"❶ 因此，我们强调协调社会利益关系，必须在坚持中国特色社会主义道路的基础上进行，使社会利益关系向着更加团结、友好、和谐的方向发展，促进社会主义和谐社会建设。

2. 坚持中国共产党的领导不动摇

中国共产党是中国特色社会主义事业的领导核心，始终代表着先进生产力的发展

---

❶ 邓小平文选：第3卷 [M]. 北京：人民出版社，1993：357.

要求，始终代表着先进文化的前进方向，始终代表着最广大人民的根本利益，是正确处理社会各种矛盾，协调社会利益关系的政治保证。当前，要充分发挥中国共产党的领导核心作用，有效协调好社会利益关系，就必须不断加强党的自身建设，不断提高党的执政能力，使党的先进性更加充分地体现出来，确保社会发展的稳定和谐。

（三）正确认识我国社会利益关系的新变化

利益产生于人的需求。因此，利益是随着人类社会的产生而产生的。只要人类存在下去，利益也会随着存在下去并发挥作用。利益是人类社会最为核心的内容。马克思强调指出："人们为之奋斗的一切，都同他们的利益有关。"列宁也认为，经济利益与每个人的生存密切有关，是"人民生活中最敏感的神经"。由此可见，利益对每一个人来说都至关重要，它直接影响着每个人的生存条件和发展条件。因此，追求利益就成为人类一切社会活动的动因，利益在本质上也就成为一种社会关系。马克思恩格斯还认为，在阶级社会中，利益纠纷是阶级斗争产生的物质根源。利益冲突具有推动社会发展的动力作用。马克思主义利益理论的这些基本观点，对我们正确认识和处理我国现阶段的利益矛盾和利益冲突，协调各方面的利益关系，调动一切积极因素，保持社会稳定，促进社会和谐等方面，都具有重大的指导意义。马克思主义的利益理论阐明了人类社会基本关系的本质，是认识一切社会现象的基础。列宁指出，我们"必须到生产关系中间去探求社会现象的根源，必须把这些现象归结到一定阶级的利益"。按照马克思主义的观点，生产力是社会发展的根本动力，而需要和利益是社会生产力不断向前发展的内在动因。因此，利益是社会发展的基础、前提和动力。同时，人类要生存、要发展，必须要从事获取利益、满足自身生存需要的社会活动，在获取利益以满足自身需要的社会活动中，人们彼此之间必然发生一定的社会关系，这种社会关系归根到底是利益关系，利益关系是一切社会关系产生和变化的根源。也就是说，利益推动了社会生产力的发展，生产力水平和发展要求又决定了一定的利益关系和利益格局，这种利益关系进而决定了生产关系。因此，人们之间的社会关系实际上是利益关系，一定的社会关系必然体现为一定的利益关系。利益关系是人们在追求利益过程中合作与冲突的状态。利益关系由生产力所决定，生产力的发展规律会作用于利益关系的变动。生产力是不断发展变化的，因而利益关系也随之不断变化。所以说，利益是永恒存在的，而利益关系则是随着社会发展而不断变化的。

随着我国经济结构和社会结构的不断发展变化，社会利益关系的构成也发生了明显变化，呈现出利益主体多样化、利益来源多样化、利益差距扩大化和利益关系复杂化等特点。任何社会的变革，归根结底都是要重新调整人与人之间的利益关系，以促进和推动社会生产的发展，满足人们物质文化的利益需要。由于人们对物质文化等利益需要的变化，利益关系在不同的社会发展阶段也是不同的。因此，利益关系是具体的、历史的。实现和维护利益，是人们一切活动的根本动因。同样，我国的改革开放和社会主义现代化建设，根本目的就是为了实现和维护最广大人民的根本利益。中国共产党也正是为了这一目的而不断探索和推动社会建设。社会建设的一个重要内容是社会关系的建设。社会建设要维护公平正义的价值理念、社会建设以改善民生为战略重点，都是调整社会关系、化解社会矛盾的重要思路。而利益关系同时又是社会关系中最核心、最本质的部分。因此，社会建设的过程就是利益整合的过程，利益整合是社会建设的基本途径。

（四）统筹协调社会利益关系的基本路径

1. 利益整合需要注意的若干重点问题

利益整合始终是中国共产党强调的重点问题，也是人们普遍关注的热点。目前，我国已经进入改革和发展的关键时期，经济体制深刻变革，社会结构深刻变动，利益格局深刻调整，思想观念深刻变化。新形势下，又涌现出许多新的利益诉求和利益矛盾，这就需要我们在以往经验的基础上，对利益整合问题进行更加深入的思考。当前，以下几个方面需要加以注意。

第一，利益整合的前提是承认利益的正当性。我们所要构建的和谐社会，并不是没有利益差别的社会。利益整合，首先是承认利益，承认利益的正当性，承认利益差别的正当性，承认每个人都有表达和追求自己利益的正当权利，承认每一个人的正当利益都应当而且能够受到国家和法律的保护。其次需要注意的是，所谓利益的正当性是指利益的合理合法性。因此，承认利益的正当性并不意味着要承认不正当的利益。利益整合也不表示要满足和保护所有的利益要求，也不是要回避利益冲突和利益斗争，在任何情况下，都要坚持对不正当的利益要求加以限制。

第二，利益整合不仅仅包括物质利益，要在整合物质利益的基础上，注重对非物质利益的整合。在探讨利益整合问题时，人们常常把利益理解为物质利益或者经济利益，甚至将它们等同起来。这种理解是非常片面的。事实上，物质利益是利益的重要组成部分，但利益决不仅仅指物质利益。利益有着更为丰富的内涵。它包括所有对人们有价值的物质或机会，包括政治地位、社会声望、知识技能、资源获得机会等诸多基本权益。有学者指出，从主客体关系的角度看，作为利益主体追求和满足的对象，利益自身具有多种类型，比如说：物质型的利益、经济型的利益、精神型的利益、政治型的利益、广泛社会型的利益、群体型集团型的利益、综合型关系型的利益，等等，清晰地说明了利益的丰富内容。因此，物质利益或者说经济利益是当前我们进行利益整合的重点，但除此之外，还应考虑到政治利益、社会利益、文化权益等非物质利益。事实上，即使是整合物质利益，也不可能完全不涉及其他方面的利益。没有其他方面的利益整合，物质利益也不可能得到有效的整合。如果人们不具有平等的社会地位和政治权益，那么也就无法有效地表达和实现自己的物质利益。因此，利益整合是一个系统的工程。在整合利益关系、维护公平正义、保证社会成员平等地享受到物质利益的同时，也要注重整合权利、机会等其他方面的利益。

第三，利益整合的目的是为了缓和矛盾，推动社会的发展，但这并不意味着要消灭所有的利益矛盾。事实上,消灭所有的利益矛盾是不可能的。矛盾是事物向前发展的动力,一定的利益差别和利益矛盾,不仅不会阻碍社会的发展,相反,还可以成为推动社会发展进步的动力因素。关键在于,把利益矛盾和利益关系控制在一个合理的范围之内。合理意味着现存的利益矛盾能够成为社会发展的动力,而不会成为影响社会发展的因素。

第四,利益整合要重视社会共同价值取向的重要作用。我国当前的利益矛盾和利益冲突,很大程度上来自社会成员思想观念深刻变革,人们的价值观念日趋多元化,冲突日趋明显。因此,新形势下,利益整合要重视人们思想观念的这种变化,整合社会价值观念。社会冲突理论强调,社会成员公共持有的价值取向对于社会秩序的稳定和社会整合的维系具有重要的作用。显然,社会之所以成为一个人们能够生活其中的共同体,除了物质利益为基础外,还有一个无形的精神纽带。也就是说,社会共同的基本价值取向能够为社会提供一个发展前进的共同目标,并因此而将追求各自不同利益的人们联结在一起。整合社会价值观念,有助于在社会中营造一个和谐的精神面貌,顺利进行利益整合,维护社会和谐,推动社会发展。

2. 建立健全整合利益关系的有效机制

要有效进行利益整合,必须建立各种正确反映和兼顾不同方面群众利益的长效机制。社会冲突的根源在于利益关系的矛盾。社会冲突论的代表人物之一刘易斯·科塞(L. A. Coser)给冲突所下的定义是:冲突是有关价值、对稀有地位的要求、权力和资源的斗争。当过多的人要求得到充足的报酬机会时,冲突就会发生。很明显,科塞把社会成员之间的物质利益关系和非物质利益关系的失调看成是社会冲突的重要原因。目前我国社会冲突集中体现为利益的矛盾,产生冲突的根源来自各个阶层与群体间利益的不协调。要解决这些冲突,就必须建立健全利益表达机制、利益调节机制、权益保障机制,妥善协调社会利益关系,实现全社会的公平正义,保证人人享有发展带来的利益。整合社会利益关系的机制,就是调整社会利益关系的方法和手段。机制是理顺和协调利益关系的重要保障。这就要求我们在解放和发展生产力的基础上,加强社会建设,通过建立一套正确反映和兼顾不同方面群众利益的合理、完备的利益协调机制,使社会成员的利益诉求得到表达、利益矛盾得到妥善处理、合法权益得到保障。概括起来,新形势下建立健全社会利益整合机制要从以下几个方面着手。

第一,拓宽利益表达渠道,引导利益主体理性与合法地表达利益要求。不同社会利益群体、不同社会阶层、不同社会成员,都有各不相同的利益和利益诉求,如果各利益主体的利益表达渠道不畅、沟通不及时,往往会积累一些利益矛盾,导致社会利益关系紧张。社会主义社会,人和人之间是平等的,都有表达自己诉求的权利,人们利益诉求表达的渠道应该是畅通、广泛的。因此,应当积极地拓宽利益表达渠道,建立健全科学有效的利益诉求表达机制,使不同的利益主体能够以合理、合法的形式,有效地表达自己的利益诉求。在社会学中,所谓社会性价值,是指在社会中具有广泛代表性的价值体系,或者是能够代表大多数人利益的价值诉求,而不是只反映少数群体的价值立场。这里的社会性价值，就可以理解为社会普遍认同的基本价值。实现最广大人民的根本利益，符合我们的基本价值要求。因此，我们在拓宽利益表达渠道时，应当正确把握最广大人民的根本利益、现阶段群众的共同利益、不同群体的特殊利益的关系。在确保人民根本利益一致的基础上，最大限度地统筹兼顾各个方面群众的利益需求。

第二，建立合理有效的社会利益纠纷解决机制，及时、合理地处理利益矛盾，促进社会和谐稳定。在社会主义社会，人们的利益总体上是一致的，与此同时，我国还处在不发达阶段，经济社会发展不平衡，具体到某些群体或个人来说，由于年龄不同、阶层不同等多方面原因，人们的利益需求又是多样的，因此存在着复杂的矛盾和冲突。在某些情况下，矛盾还有可能激化，影响社会稳定。这就要求我们在处理利益关系问题时，必须充分考虑到各种可能出现的情况，不断健全和完善利益纠纷解决机制。有效地化解利益矛盾，促进社会和谐。

第三，建立健全科学有效的权益保障机制，切实保障人民的合法权益。社会主义社会的核心价值是以人为本，整合利益关系归根到底还是要以人民的根本利益为出发点和落脚点，必须从解决人民最关心、最直接、最现实的利益问题着手。因此，需要建立合理有效的权益保障机制，要研究制定更多有利于保障公民权益的法律法规和政策制度，建立健全社会保障体系，形成基本覆盖城乡居民的社会保障体系，使人民的基本生存权和发展权得到切实的保障。

全党全国人民行动起来，就一定能开创社会和谐人人有责、和谐社会人人共享的生动局面。

思考题

1. 改善民生问题是社会建设的重点，当前，就业难、住房难、看病难、上学难等成为改善民生中最紧迫的问题。请谈谈解决这些问题的意义和途径。

2. 当前在如何解决贫富差距拉大问题上有两种观点：一种认为，应把着力点放在继续发展经济上，只有经济发展了、蛋糕做大了，才有能力解决贫富差距问题；另一种认为，应把着力点放在完善分配体制上，只要分配公平了、蛋糕分合理了，就能缩小贫富差距。请结合实际评析上述观点。

3. 结合党的十八大报告，谈谈你对社会管理创新的认识。

第六章　中国特色社会主义生态文明建设理论与实践

 教学基本要求

1. 了解生态文明建设的意义、内涵和要求。
2. 把握当前生态环境面临的重大问题和实现经济发展与人口、资源、环境协调发展的基本要求。
3. 了解建设资源节约型、环境友好型社会的主要任务。
4. 了解中国应对全球气候问题的主张。

生态文明建设是中国特色社会主义事业的重要组成部分，中国共产党生态文明建设的思想是对中国特色社会主义建设深化认识的重要成果。促进经济社会和人口、资源、环境的协调发展，是建设中国特色生态文明的重要任务。尊重经济规律、自然规律、社会发展规律是实现可持续发展战略的客观要求。建设资源节约型、环境友好型社会，是实现文明发展的必然选择。生态文明建设是全世界人类的共同事业，中国作为一个负责任的大国，是全球环境和气候治理重要的建设性力量。

第一节　中国特色社会主义生态文明建设概述

一、生态文明概述

生态思想起源于生态学，但与生态学不同。生态学是研究有机体及其与周围环境相互关系的科学。生态学起源于生物学，生物在长期进化过程中，逐渐形成对周围环境某些物理条件和化学成分，如空气、光照、水分、热量、无机盐类等的特殊需要。各种生物所需要的物质、能量以及他们所适应的理化条件是不同的，这种特性被称为物种的生态特性。

任何生物的生存都不是孤立的：同种个体之间有互助有竞争；植物、动物、微生物之间也存在复杂的相生相克关系。人类作为一种特殊的生物物种，与其生存的环境之间具有特殊的互动关系，人类为满足自身的需要，不断改造环境，环境反过来又影响人类。随着人类活动范围的扩大与多样化，人类与环境的关系问题越来越突出。因此近代生态学研究的范围，除生物个体、种群和生物群落外，已扩大到包括人类社会在内的多种类型生态系统的复合系统。人类面临的人口、资源、环境等几大问题都是生态学的研究内容。

所谓生态思想与生态学不同，生态思想（或生态观）是世界观的一种表现形式，属于哲学范畴，它建立在对生态系统结构的认识基础之上的对人与外部环境关系的考察和整体把握上。生态观的兴起是因为人类面对的环境问题日益严重，迫使人们从生态学的视角重新审视人与自然的关系。今天我们已经很清楚地看到，自然环境的破坏根源在于人的不适当的活动，生物种群之间的关系构成了地球上的生态系统，在自然的安排下，这一生态系统数十亿年来都处于平衡的状态，由于人的活动，打破了自然的安排，这种平衡状态被打破了，并且人的活动如此剧烈，已超出了自然的自我修复能力。所以，重新确立人与自然的关系，调整人的行为，解决人与自然的矛盾成为生态观的核心问题。人与自然的矛盾自古以来就存在，探讨人与自然的关系是人类思想史上永恒的话题。虽然"生态"一词19世纪后半叶才出现，到20世纪成为使用频率极高的词汇，但生态思想的核心问题则是自古就有的。我们把前人讨论人与自然关系的思想称为生态思想，是从生态学的视角对思想史相关理论的反思。

生态思想是一个内容宽广的概念。目前研究生态问题、环境保护问题日趋成熟的社会科学是生态理论学、环境伦理学，"环境伦理学是关于人与自然关系中的伦理原则、伦理范畴和德行规范的知识体系"。由于马克思、恩格斯的时代环境伦理学的概念还不存在，生态学的概念虽然已提出来，但它还只是一个具体的科学概念，还没有上升到哲学的层面，在此时代背景下，马克思、恩格斯只是以哲学的视角考察人与自然的关系，并没有形成系统的生态伦理学，所以我们在本书中不用伦理学的概念，而用生态思想的概念。生态思想与生态伦理学相比，系统性要相对弱一些，但它的内容更加广泛，本质上是一种讨论人与自然关系的哲学思想。

"从20世纪90年代开始，世界出现了史无前例的人口爆炸，工业和人类活动对自然的破坏达到了前所未有的程度。森林大面积被砍伐，土地荒漠化不断加速，气候日益变暖，自然灾害越来越严重，物种大量灭绝，水资源急剧减少，大气质量持续下降，人类已经遭到了来自大自然的严厉惩罚。与此同时，病毒基因的突变与重组导致新的致命性传染病的出现和肆虐；艾滋病、疯牛病、禽流感、SARS、口蹄疫等已经让人类感到了巨大的恐慌。"由于生产规模不断扩大，科学技术越来越发达，地球生态环境的恶化不断加剧。2005年3月30日，来自全球95个国家和地区的1 360名科学家经过四年通力合作完成的"新千年生态系统评估报告"正式公布。该"报告"称，人类对自然界的强行干预，支持地球生命系统运转的生态环境已经有2/3被严重破坏，维持人类生存的一些重要资源也已近枯竭。日益严峻的生态形势迫使人们不断重新审视人与自然的关系，不断加深对生态思想的研究。

目前生态思想主张主要有三大流派。

一是人类中心主义。当代的人类中心主义以人类的自身利益作为生态思想研究的出发点和归宿。这种学说承认把道德关怀及于自然客体的必要性，并指导人类控制环境污染，拯救濒危物种，维护生态平衡。它认为自然客体的价值表现在它们对人类的价值，人类对自然客体进行道德思考、道德关怀的出发点和落脚点是人类自身利益，人类保护环境的责任基于人类对自身的责任。

二是与人类中心主义相反的非人类中心主义。该流派认为，把道德关怀的界限固定在人类的范围内是不合理的，必须突破传统伦理学把人作为中心的基本立场，把道德义务的范围扩展到人之外的其他存在物身上去。根据物种平等原理，一个生物，不管它属于哪个物种，它都应获得平等关心和关怀。自然客体具有内在价值，这种价值不依赖于其对人类的用途。在生态系统中，自然客体和人类一样具有独立的道德地位，它们和人类具有同等的存在和发展权利。人类应当把自由、平等和博爱的伟大原则推广到所有存在物身上去，把自然的内在价值和生存权利（非人类的利益）作为判断人类行为善恶的标准。

三是后现代主义。后现代主义是一种文化思潮和哲学思潮，在环境问题上也有自己的主张。后现代主义认为我们与世界是一个整体，我们包含在他人中，也包含在自然中，自然中的所有生物都具有平等的内在价值。现代主义致力于一种消除现代性所设置的人与世界之间的对立，重建人与自然、人与人的关系。在它看来，如果能够换一种思维方式，用一种新的眼光看世界，我们就不再满足于为了自己的利益而机械地操纵世界，而会对它怀有发自内心的爱。而重建人与自然、人与人的关系的最好方式就是建立一种生态世界观。格里芬认为"后现代思想是彻底的生态学的"，因为"它为生态运动所倡导的持久的见解提供了哲学和意识形态方面的根源"。

二、马克思主义的生态思想与实践

（一）马克思主义的生态思想

1. 马克思、恩格斯对环境问题根源的分析

"生态学"一词是德国生物学家海克尔1866年提出的。19世纪，人类的生态环境问题尚没有像现在这样严重，生态观还没有成为人们普遍关注的话题，马克思和恩格斯不可能就生态环境问题进行专门而系统的研究，也没有使用过"生态"这一词语。但马克思和恩格斯可以说是最早注意到人和自然矛盾加剧、提出人类必须善待自然、实现人与自然和谐相处的伟大的思想家。他们敏锐地看到，由于资本贪婪地追逐利润，资本主义不合理的生产行为，资本家对自然资源不计后果的掠夺，造成了对自然环境的严重破坏。马克思把人与自然、人与人的关系结合起来，揭示了这两种关系的相互

制约关系，指出，人与自然矛盾的加剧源于人与人关系的紧张；反过来，人处理与自然关系的方式又制约着人与人之间关系的发展。在资本主义生产方式框架内，人类是无法达成与自然的真正和解的。改革不合理的社会制度，是实现人与自然协调发展的重要途径。只有超越资本主义社会，建立理想社会，也就是到了共产主义社会，才能实现人与自然合理的物质变换，实现自然主义和人道主义的统一，实现人的"自然存在方式"与"人的存在方式"的统一。所以，在马克思的理论体系中包含了极其丰富而深刻的生态思想，为现代生态自然观提供了直接的理论来源。正像普列特尼科夫所指出的："可以毫不夸张地说，马克思主义奠定了现代生态学及整个世界体系知识的世界观和方法论基础。"

我们只要对人类生产活动与自然环境变化之间关系的历史做一番简略的考察，就可以证实马克思恩格斯对环境问题根源的分析是完全正确的。从历史的角度考察，环境问题并不是今天才出现的。早在古罗马时期，就有人认为环境恶化是导致罗马衰亡的主要原因。在中国古代西域地区，也有因环境变化致使某种文明消亡的实例。但我们稍加分析就可以看到，今天我们遇到的环境问题与古代有很大的不同。在19世纪下半叶以前，环境变化主要与两种因素有关，一是人口的快速增长，超过了某个生活圈中的自然平衡能力，消耗了过多的资源，自然环境不能承载过于密集的人口，造成了地区的生态危机。二是气候等自然因素的变化引起环境的改变，使得原有的自然条件发生改变，不再适合于人的生存。

19世纪后半叶以后，特别是进入20世纪以来，人类社会的工业化进程成为影响环境变化的主要原因。如果说人口膨胀和自然因素的变化是人与自然必然存在的矛盾，是一种生物学意义上的适应关系的话，工业化对环境的影响则不能作为这种简单的生物学意义上的归因。工业化的生产是人的一种特殊活动，它在发动之初不是为了满足人类生存的需要，而是为某些人追逐财富的需要所驱动的。资本的贪婪使人性变得更加自私，资本家通过奴役他人、奴役自然以获取巨额财富。在这一过程中，工业污染对环境的破坏是前所未有的。如果我们把今天严重的环境问题的责任推给所有的人，用"人类的活动带来环境的变化"这样一句简单的话概括目前的事实是不合理的，某些人应该为环境污染承担主要责任是再清楚不过的事实。

资本主义所倡导的消费主义虽然刺激了经济增长，也带来了很大的弊端。现代工业文明的生产模式是在消费的带动下，大量生产，大量抛弃。这种模式极大地消耗自然资源，也使环境不堪重负。随着全球化的进程日益加快，资本主义的生产模式也由欧美发达国家向全球扩展，同时带来的是全球性的生态危机。这就使我们能够很好地理解，为什么古代环境问题是局部的，而今天我们所面临的是全球性的生态危机。

当然有人会说，现在西方发达国家的环境问题已大大得到缓解，西方所倡导的绿色革命已在很大程度上改善了西方国家的自然环境，使发达国家重现了青山绿水、清新空气。所以他们会说，资本主义有着很强的自我调控能力，所以在资本主义框架内也可以解决环境问题。但事实是，发达资本主义国家通过生态殖民主义把污染源转移到了发展中国家,所以,他们环境的改善是以牺牲发展中国家的利益为代价的。全球化所带来的结果之一是贫富差距的扩大和污染的全球化转移。发达国家环境的改善并不能证明资本主义内在矛盾的解决,而只是表明了这种矛盾的转移。事实说明,在资本主义框架内是不能解决全球生态危机问题的。许多人对资本主义彻底失望,人们纷纷寻找破解环境保护难题的方法,结果发现,在对资本主义进行分析批判的理论中,只有马克思主义的批判最有力、最科学。要想解决当前全球面临的环境问题,只有回到马克思主义,回到马克思主义生态观,才能找到彻底解决问题的方法,否则只能是头痛医头,脚痛医脚,局部的问题解决了,全局的问题依然存在。

2. 对社会主义国家生态问题的反思

当然,社会主义国家出现严重的生态问题,与人们对马克思主义僵化、片面的理解有直接的关系。俄国十月革命胜利以后,革命领袖面临着巩固新政权的迫切任务,无暇对马克思主义经典作家的思想进行深入、全面的研究。斯大林成为苏联的主要领导人以后,由于政治生活日趋不正常,学术研究也趋于不正常的状态,学术研究由正常的争论逐渐变为一家之言。马克思主义由内容丰富的理论体系变为教科书式的僵死的形式。教科书式的表述把马克思主义简单化了,马克思主义由内容深刻、丰富的无产阶级世界观和社会主义建设的指南,简化成了一些枯燥、干瘪的条条、点点,使马克思主义失去了生命力和对现实的解释力、指导力。在整个斯大林时代,马克思主义生态思想的研究几乎一片空白,只有到了20世纪七八十年代,随着西方生态思想影响日益广泛,苏联才开始陆陆续续有了一些对马克思主义生态思想的研究,但如何将其付诸实践,则仍是没有解决的问题。

正像毛泽东所说的,十月革命一声炮响,为我们送来了马克思主义。长期以来,苏联教科书式的马克思主义对中国的思想理论界有深远影响,我们的研究、教学活动围绕着条条、点点打转,很难有实质性的突破。改革开放以后,我们面临的中心任务是经济建设,如何解放生产力,加速经济发展,摆脱贫困,使人民生活富裕是我们亟待解决的问题。在这种形势下,在一定时期内对马克思主义生态思想的忽视也是很自然的事。20世纪90年代以后,面对着国际复杂多变的形势和国内在经济社会发展中出现的问题(也包括日益严重的环境问题),国内学术界发出了"回到马克思"的呼声,挖掘、整理、研究马克思主义生态思想,就是回到真正的马克思主义的一种表现。进入21世纪以后,随着环境问题日益严重,人们对环境问题越来越重视,西方生态思想的影响越来越广泛,特别是生态马克思主义被大量地引入国内,使人们对马克思主义有了更新的、更全面的认识,学术界对马克思主义生态思想的研究进入了一个新的阶段。

马克思主义生态思想长期被弱化、被忽视,表现在社会主义实践上就是环境问题日益严重。在人与自然关系问题上,斯大林继承了马克思、恩格斯关于尊重自然规律的思想,但斯大林对这个问题的理解有失片面,他把自然规律与人的活动割裂开来,没有看到自然规律是在人的活动中发挥作用的,离开了人的活动谈尊重自然规律,只是一种抽象的尊重。"斯大林改造自然计划"和改造里海的行动就暴露了这方面的问题。虽然强调改造自然要与科学研究相结合，但这里的科学研究是单向的，即只从可行性出发进行研究，没有研究其不可行性；只从短期效果出发，没有考虑长期影响；只从对人有利方面着眼，没有站在自然角度思考。改造自然的结果引起很大的争议，遗留的负面影响今天看来还是很大的。中国20世纪50年代盲目向苏联学习，"改天换地"的结果也是有目共睹的。改革开放以后，我们在经济社会建设的指导思想方面也有某些偏差。面对着社会主义建设出现的新形势、出现的新问题，以胡锦涛为总书记的党中央提出全面落实科学发展观，并把建设环境友好型、资源节约型社会作为落实科学发展观的战略任务之一。

（二）马克思主义生态思想的实践特征

1. 实践是马克思主义的基本特征

马克思主义认为，实践是理解人与自然关系的关键。自从人类产生以后，人类具有了自己实践的存在方式。实践使人与自然界相分离，人通过"生物性"的、"社会性"的两次飞跃，脱离了动物界。从此，物质世界有了一个特殊的物质形态——人类社会。实践又是人类与自然界既相分离又相统一的基础。马克思指出："在实践上，人的普遍性正表现为这样的普遍性，它把整个自然界——首先作为人的直接的生活资料，其次作为人的生命活动的对象（材料）和工具——变成人的无机的身体。自然界，就它自身不是人的身体而言，是人的无机身体。人靠自然界生活。这就是说，自然界是人为了不致死亡而必须与之处于持续不断地交互作用过程的人的身体。所谓人的肉体生活和精神生活同自然界相联系，不外是说自然界同自身联系，因为人是自然界的一部分。"实践活动加深了人们对人与自然关系的理解，人们认识到，人类永远不能摆脱自然界，只有通过实践活动才能协调人与自然的关系，实现它们的和谐统一。

西方思想家总是从抽象的原则和前提出发理解人与自然的关系。唯心主义或者把自然界看作是客观的绝对精神的外化、理念的"影子"，或者从自身的原则和先天的认识形式出发，主张人为自然界立法。旧唯物主义虽然承认自然界的先在性，但其自然观的起点是抽象的概念。无论是唯心主义还是旧唯物主义，它们都有两条共同的缺陷，一是都没有脱离开主客二元论的限制，将人与自然的关系割裂开来；二是都把认识的对象看作是抽象的自然，而不是现实的自然。与西方思想家从抽象的概念出发点不同，马克思主义认为，人类只有通过自己的实践活动才能认识客观世界，认识自然界。人类以感性的自然为对象，运用人们自身的力量，借助于物质工具和手段，通过对象性的活动从自然界获取人们生存和发展所需要的物质生活资料。在这一过程中，人们认识和掌握自然界的客观规律，同时也认识到人类社会自身的发展规律。实践是联系人与自然的中介，有了这一中介，人与自然不再是割裂的，而是统一起来。自然也不再是个抽象的概念，而是真实的、感性的，是人的实实在在的实践活动对象。

在被恩格斯称为"包含着新世界观的天才萌芽的第一个文件"的《关于费尔巴哈

的提纲》中，马克思阐明了实践是感性的、对象性的物质活动，认为"全部社会生活在本质上是实践的"，强调哲学的重要使命在于指导实践改造世界，"哲学家们只是用不同的方式解释世界，问题在于改变世界"。在费尔巴哈看来，人与环境是统一的，就像鱼儿的本质是水，羊的本质是草一样，人的本质就是他的物质生活条件。但马克思认为，人与其生活环境不是天然一致的，因为环境不是自古不变的，这种变化可能有两个方向，一个是向坏的不适合人的方向变化；一个是向好的适合人的方向变化。人不是被动地适应环境，而是主动地创造好的环境，使之更适合于人的生存与发展。所以，环境创造人，人也创造环境。和费尔巴哈一样，西方思想家只看到了前一个方面，没有看到后一个方面。由于不了解实践的重要意义，他们不能真正理解人与自然的关系，总是在抽象地讨论人在自然中的地位、人的价值、自然的价值等话题，总是在思想理论中打转转，不能真正有效地解释现实中存在的问题。

2. 从实践的视角理解马克思主义生态思想

马克思主义主张，人们只有在实践中才能正确地认识客观事物，认识事物的价值。马克思在批评瓦格纳时指出，瓦格纳从价值概念中首先推出使用价值，然后推出交换价值，在他看来，价值是人们赋予能够满足其需要的外界物的。马克思在解释自己的研究方法时明确表示，"我不是从'概念'出发，因而也不是从'价值概念'出发"，而是从实践出发。人和满足其需要的外界物的关系不是静止的，而是活动的；人不是赋予外界物以价值，而是创造价值。所以，马克思的价值含义与西方普遍持有的价值观不同，只有在实践的基础上才能真正理解马克思的价值观。生态中心主义批评马克思主义否认自然价值，要为当今的生态危机负责，恰恰是因为他们不理解马克思的实践价值观。其实马克思主义不仅承认自然价值，而且对自然价值的理解也是深刻、丰富的。反倒是生态中心主义自己，由于从抽象的原则出发，在解释自然的价值时陷入了矛盾之中。例如，生态中心主义提倡尊重一切生命，但对危害人类健康的微生物怎样看待呢？对于工业化生产的动物怎样看待呢？难道它们不是生命？难道它们没有痛感？人类怎么尊重它们呢？难道人类吃它们就是尊重它们吗？

极端生态中心主义反对任何改造自然的活动，反对任何从自然界获取资源的活动，主张停止人类的一切活动，把自然界原封不动地保护起来。马克思主义认为，实践是人的存在方式，如果停止了实践活动，人类就既不能生存，也不能发展。人类的生存依赖于与自然进行持续不断的物质变换，所以，人类对自然的改造、从自然界获取物质生活资料是不可避免的。人的生物性与自然性决定了人一天也不能停止对自然的改造活动。改造自然的对象性活动是人类生存和发展的物质基础，是一切社会和历史的基本条件。马克思主义对自然的基本态度是，既要改造自然，又要尊重自然，要有所为，有所不为。恩格斯在《社会主义从空想到科学的发展》的英文版导言中指出："人和自然都服从同样的规律，强力和自由是同一的。"自然是一个系统性、复杂性的规律性存在，具有不以人的意志为转移的客观的内在价值。人只有在实践中才能认识自然规律，尊重自然规律，掌握自然规律，运用自然规律。

所以，人们只有在实践活动中才能真正做到尊重自然，保护环境。马克思主义主张，人需要通过社会实践、生产实践、科学实验这三大实践活动实现与自然的和谐统一。首先，人与自然的关系与人与人的关系是相互制约的，人与自然之间矛盾的最终解决，取决于人与人之间矛盾的解决。资本主义的社会关系造成了人与自然关系的异化，只有实现社会变革，用理想的社会取代资本主义社会，才能实现人与自然之间合理的物质变换，实现自然界的真正"复活"。其次，摒弃不合理的生产方式，摒弃对自然资源掠夺式的开发，摒弃隔断人与自然"新陈代谢"联系的生产模式，摒弃靠大量消费推动生产的生产模式，发展循环经济，建立合理的生产模式，提倡合理消费，改变落后的消费习惯和生活方式，建立资源节约型、环境友好型社会。最后，大力发展科学技术，依靠科技进步解决环境污染问题。推广应用新技术，开发新能源、绿色能源，使用环保技术，发展信息产业，走新型工业化道路，推动社会发展从工业文明向生态文明迈进。

第二节　中国特色社会主义生态文明理论

新中国成立后，中国的社会主义建设一直存在着生产力相对落后、人口众多与环境压力、生态系统脆弱之间的矛盾。随着社会主义经济建设规模的扩大，经济发展与资源短缺之间的矛盾日益突出，环境压力愈益增大。进入21世纪以来，我国面临着资源约束趋紧、环境污染严重、生态系统退化的严峻形势，人口大国、资源小国、环境贫国、生态弱国成为我国的基本国情。"人口多、人均资源占有量低，能源资源相对不足、环境承载能力有限是我国的基本国情。"[1]

一、中国共产党人的生态思想与实践

面对具体的历史任务和经济建设中出现的问题，中国共产党人以战略的眼光，高度重视并长期探索生态环境建设，把马克思主义理论与中国实际相结合，在思想和实践两个方面进行了积极、深刻的探索，为中国的社会主义生态文明建设提供了宝贵的历史经验。中国共产党人的生态思想是马克思主义生态思想的重要组成部分，对社会主义生态文明建设具有重要指导意义，他们所领导的生态文明建设实践，为中国社会主义生态文明建设打下了良好的基础。

---

[1] 李克强在会见孟祥民先进事迹报告团成员时的讲话［N/OL］.中华人民共和国环境保护部网站：www.zhb.gov.cn，2012-09-28.

(一)毛泽东的生态建设思想

1. 绿化祖国,建设美好家园

由于战争的破坏和长期的乱砍滥伐,我国的森林覆盖面积大幅下降,荒山荒地很多,毛泽东非常重视绿化工作。

1958年春,毛泽东路过云阳(今属重庆市)时指示,要在荒山上栽树。毛泽东的指示极大地鼓舞了当地干部群众的造林热情,县里为落实毛泽东的指示精神,当即成立绿化长江指挥部,掀起了一场群众性造林运动。几十年过去了,而今的云阳长江两岸8万亩防护林郁郁葱葱,为三峡库区构筑了一道绿色屏障,成为维护库区水环境的重要支撑,为三峡库区乃至长江流域带来了巨大的生态防护效益。

2. 农林牧副渔综合平衡,突出强调发展林业

农业、林业、牧业、副业、渔业并称五业,这五业生产既关系到经济发展和人民生活,也与改善环境有直接的关系。毛泽东主张,这五业要综合发展、平衡发展。他认为:"在发展农业的同时,必须发展林业、牧业、副业、渔业,做到五业并举,全面发展。"他还十分形象地描述了农、林、牧三者之间的辩证关系:"农、林业是发展畜牧业的祖宗,畜牧业是农、林业的儿子,然后,畜牧业又是农、林业(主要是农业)的祖宗,农、林业又变为儿子了。这就是三者平衡地互相依赖的道理。"毛泽东还用系统论的观点考察五业之间的关系,指出它们是相互联系、相互影响,共同构成一个大的生产系统、生态系统的。他说:"所谓农者,指的农林牧副渔五业综合平衡。蔬菜是农,猪牛羊鸡鸭鹅兔等是牧,水产是渔,畜类禽类要吃饱,才能长起来,于是需要生产大量精粗两类饲料,这又是农业,牧放牲口需要林地、草地,又要注重林业、草业。由此观之,为了副食品,农林牧副渔五大业都牵动了,互相联系,缺一不可。"五业的综合平衡发展,既可以发展经济,满足人民的生活需要,又可以改善生态环境。

3. 重视水利建设,治理大江大河

中国是一个气候不稳定、水旱灾害频发、自然条件相对不利的国家,历史上经常发生的水旱灾害往往造成饿殍遍野、赤地千里的悲惨景象,百姓背井离乡、流离失所,并且引发大的社会动荡,进一步加深了人民的苦难。千百年来,治理水旱灾害、改善自然环境一直是中国人民渴望的事情。作为新中国的缔造者之一,毛泽东是一位博古通今、站得高望得远的战略家,他对于水利在中国农业生产中的地位有着深刻的认识,他指出,"水利是农业的命脉",这一具有深刻思想内涵的命题,至今仍具有重要的指导意义。

毛泽东主持起草的"农业十七条"和"农业四十条",都从战略的高度重视水利建设。他指出:"兴修水利,保持水土,一切大型水利工程,由国家负责兴修,治理灾害严重的河流,一切小型水利工程,例如打井、开渠、挖塘、筑坝和各种水土保持工作,均由农业生产合作社有计划地大量地负责兴修,必要的时候由国家予以协助。""兴修水利是保证农业增产的大事",在全面规划中要有水利规划,"保证遇旱有水,遇

涝排水"。

在兴修水利的同时,毛泽东同志主张治水与改土相结合,狠抓水土保持工作。毛泽东要求,"同流域规划相结合,大量地兴修小型水利,保证在七年之内基本消灭普通的水灾旱灾"。对于垦荒工作,毛泽东同志要求全民在垦荒的时候,"必须注意水土保持工作,决不可以因为开荒造成下游地区的水灾",尤其要避免水土流失。实际工作中要坚持治水与改土相结合的原则。对水土流失地区要有步骤有计划地开展水土保持工作,对山水田林进行综合治理,不能只抓治水不抓改土,应通过深耕去改良土壤的性状。

(二) 邓小平对中国社会主义生态建设的探索

1. 提出"植树造林,绿化祖国,造福后代"

"文革"结束以后,以邓小平为核心的党的第二代领导集体拨乱反正,领导中国人民走上了全面实现现代化的新的征程。"十年浩劫",百废待兴,需要做的工作千头万绪,邓小平一开始就把改善生态环境放到了十分重要的位置。"文革"期间,在"以粮为纲"的片面方针影响下,乱砍滥伐现象普遍而严重,中国森林资源遭受了较为严重的破坏,水土流失、土地沙化、风沙、水旱等自然灾害频发。在发展经济的同时如何改善生态环境,成为以邓小平为核心的第二代中央领导集体关心和思考的一件大事。正是由于这一历史背景,在邓小平的关怀下,在改革开放刚刚开始的1978年,党中央、国务院做出了关于在我国西北、华北、东北风沙危害和水土流失重点地区建设大型防护林——"三北"防护林体系建设工程的战略决策。从1978年到2008年的30年间,"三北"防护林工程建设取得了举世瞩目的成就,累计完成造林保存面积2 446.9万公顷,建设区森林覆盖率由工程建设前的5.05%提高10.51%,改善了生态环境,在国内外产生了广泛而深远的影响,提高了我国在国际生态环保领域的地位,成为我国生态建设的标志性工程。

除了"三北"防护林工程之外,邓小平还非常关心全国范围的绿化工作。1981年夏天,四川发生特大水灾,邓小平同志对万里同志说:"最近发生的洪灾涉及林业问题,涉及森林的过量采伐。看来宁可进口一点木材,也要少砍一点树。报上对森林采伐的方式有争议。这些地方是否可以只搞间伐,不搞皆伐,特别是大面积的皆伐。中国的林业要上去,不采取一些有力措施不行。是否可以规定每人每年都要种几棵树,比如种三棵或五棵树,要包种包活,多种者受奖,无故不履行此项义务者受罚。国家在苗木方面给予支持。可否提出个文件,由全国人民代表大会通过,或者由人大常委会通过,使它成为法律,及时施行。"在这次谈话中,邓小平提出了如何"保护和发展森林资源"的问题。在他的倡导下,1981年第五届全国人民代表大会第四次会议通过了《关于开展全民义务植树运动的决议》,使植树造林、绿化祖国成为公民的法定义务。

对于林业建设工作,邓小平强调要"坚持一百年,坚持一千年,要一代代永远干下去"。由此可见,发展林业的战略地位在邓小平同志心目中具有举足轻重的地位,也充分表达了他对改善生态环境的迫切心情。

2. 提倡人与自然协调发展,可持续发展

1978年邓小平在听取了黑龙江省委有关开荒问题汇报后指出:大面积开荒一定要慎重,有的没搞清,开了荒得不偿失,引起气候变化,出现黑风暴、风沙现象。邓小平在这里告诫人们,开发自然要认识自然的规律,不能只从自己的需要出发蛮干、乱干。对于西部地区的造林绿化工作,邓小平要求将植树种草与改善生态、脱贫致富紧密结合,要充分发挥林业的多种效益。他语重心长地说:"这个事情耽误了,今年才算是认真开始。特别是在我国西北,有好几十万平方公里的黄土高原,连草都不长,水土流失严重。黄河所以叫作'黄'河,就是水土流失造成的。我们计划在那个地方先种草后种树,把黄土高原变成草原和牧区,就会给人们带来好处,人们就会富裕起来,生态环境也会发生很好的变化。"黄土高原存在的问题,就是长期以来人们只重视人的利益、忽视了自然的休养生息。在这里,邓小平把人民群众生活水平的提高与生态环境的改善联系起来,明确阐述了人与自然协调发展的思想。

1989年6月邓小平在同几位中央负责同志谈话时曾经指出:"我建议组织一个班子,研究下一个世纪前五十年的发展战略和规划……要采取有力的步骤,使我们的发展持续、有后劲。"经济的良性持续发展需要良好的生态环境的支撑。邓小平主张,我们的经济必须要走可持续发展的道路,其核心思想是经济发展应当建立在社会公正和资源可持续利用的前提下,既满足人民生活的需要,又要保护资源和生态环境,不对后代人的生存和发展构成威胁。可持续发展强调了经济、社会和环境的协调统一发展。在邓小平关于经济走可持续发展道路思想的指导下,我国积极参与联合国主持下的国际环保运动,于1992年签署了与可持续发展有关的两个国际公约,并编制了《中国21世纪议程》,制定了可持续发展战略。

3. 加强生态环境建设方面的法制建设工作

以邓小平为核心的第二代中央领导集体着力推进了生态环境建设方面的法制化工作。国务院多次要求基本建设和环境保护部门必须认真审查在建工程项目,属于布局不合理,资源、能源浪费大,对环境污染严重又无有效治理措施的项目,要坚决停止建设。邓小平在1978年提出:"应该集中力量制定刑法、民法、诉讼法和其他各种必要的法律,例如工厂法、人民公社法、森林法、草原法、环境保护法、劳动法、外国人投资法等,经过一定的民主程序讨论通过,并且加强检察机关和司法机关,做到有法可依、有法必依、执法必严、违法必究。"❶在邓小平的重视下,先后制定、颁布、实施了森林法、草原法、环境保护法、水法。这些法律法规,对保护、利用、开发和管理整个生态环境及其资源提供了强有力的法律保障。

---

❶ 邓小平文选:第2卷[M].北京:人民出版社,1983:146.

(三) 江泽民对于中国社会主义生态建设的探索

1. 将生态良好作为全面建设小康社会的目标之一

早在1995年江泽民就指出："人口、自然资源、生态环境等对经济持续发展的压力在增大。"1996年又指出："我国的可持续发展还受着国民经济整体素质比较低，以及资源、人口、环境等方面问题的严重制约。"1998年3月13日在九届人大一次会议上江泽民再次指出："生态环境恶化，水旱灾害频繁，是制约我国农业发展的最大障碍。要实现农业持续稳定增长，必须切实加强农业基础建设，大力改变生产条件，改善生态环境。这要作为一项长期的战略任务，坚持不懈地抓下去。"正是由于对中国环境问题的严重性、重要性、紧迫性具有清醒、深刻的认识，以江泽民同志为核心的党的第二代领导集体才把生态良好列入了全面建设小康社会的奋斗目标。

江泽民同志在中共十五届五中全会闭幕时所做的《正确处理社会主义现代化建设的若干重大关系》报告中指出："我们不仅要安排当前的发展，还要为子孙后代着想，决不能吃祖宗饭，断子孙路，走浪费资源和先污染、后治理的路子。"在中共十五大报告中，他再次提出要坚持可持续发展，并强调："在我国的现代化建设中，必须把实现可持续发展作为一项重大战略方针。"还提出："所谓可持续发展，就是既要考虑当前发展的需要，又要考虑未来发展的需要，不要以牺牲后代人的利益为代价来满足当代人的利益。可持续发展，是人类社会发展的必然要求，现在已经成为世界许多国家关注的一个重大问题。中国是世界上人口最多的发展中国家，这个问题更具紧迫性。"在党的十六大报告中，江泽民同志更进一步用"生态良好"阐释可持续发展，并将其上升到"文明发展道路"的高度，为"社会主义生态文明"概念的提出奠定了思想基础。

2. 多策并举，推动生态环境建设

生态环境建设是个系统工程，其中包含许多重要的因素，诸如人口因素、科技发展、市场完善、法制建设等，这些因素都对生态环境建设具有重要的影响。江泽民高屋建瓴，统揽全局，对做好方方面面的工作以促进生态环境建设进行深入思考，做出全面部署。

第一，正确处理人口增长与经济发展的关系。经济建设与人口、资源、环境之间存在着相互影响、相互制约的关系。正确处理三者的关系，一要控制人口过快增长，人口增长过快、过多，地球不堪重负，必然阻碍经济的发展和威胁人类的生存，而环境恶化，资源的滥用乃至枯竭，必然会阻碍经济的发展。二要看到经济发展要依靠人的劳动和聪明才智，大量人口形成的人力资源成本优势、大量的资源消耗和对环境的破坏只是初级经济发展模式所带来的弊病，所以，借鉴发达国家的发展经验，实现经济发展方式的根本性转变是解决此矛盾的根本性也是唯一性选择。从粗放向集约转变，不断提升经济发展的水平和质量，提升人力资源水平，以大量的技术、资本投入作为经济发展的第一推动，而不以消耗自然资源、破坏自然环境为经济增长的代价。

第二，充分发挥科教在生态环境建设中的作用。1989年12月19日江泽民在全国科学技术奖励大会上的讲话中指出:"全球面临的资源、环境、生态、人口等重大问题的解决,都离不开科学技术的进步。"1998年3月4日在同全国政协科技界委员座谈时又说:"在环境保护、资源和能源的高效洁净利用等方面,也要广泛采用世界先进技术,以免重蹈工业化国家先污染、后治理的老路,真正实现可持续发展。"

第三,在资源环境保护方面加强立法,严格执法。江泽民指出:"坚持计划生育和保护环境的基本国策,正确处理经济发展同人口、资源、环境的关系……严格执行土地、水、森林、矿产、海洋等资源管理和保护的法律。"根据江泽民的指示精神,国家相继颁布了《环境保护法》《森林法》《大气污染防治法》《水污染防治法》《海洋环境保护法》等多部法律,为做好生态环境建设提供了有利的法律支持。我国虽然出台了一系列有关资源利用、环境保护方面的法律、法规,但是在执法方面存在着有法不依、执法不严、违法不究的现象。广大干部群众对于资源和环境方面的法律意识淡漠。一些领导干部地方保护主义思想严重,片面追求经济效益。对此,江泽民强调,"加大对资源保护和合理利用的执法监察力度。对于违法审批、处置、占用土地和其他资源的,都要依法查处"。

第四,运用国内国际"两种资源、两个市场",搞好生态环境建设。江泽民针对全球化背景下我国经济发展和环境建设出现的新形势,提出在资源开发利用上,必须充分利用国内国际"两种资源、两个市场",必须加大利用国外资源。要采取多种方式利用国外资源,实行多元化经营战略,以弥补我国重要资源的短缺,增强我国持续发展的能力。江泽民提醒我们要注意"既扩大资源领域的对外交流又防止珍稀资源流失","既要充分利用国外资源又不过分依赖国外资源",并强调"对重要战略资源实施国家战略储备"。江泽民强调我国的经济发展要"走出一条适合我国国情的资源节约型的经济发展新路子"。

3. 绿化美化祖国,再造秀美山川

1997年姜春云发表了《关于陕北地区治理水土流失,建设生态农业的调查报告》,向全国人民发出了绿化西部、绿化祖国、"再造秀美山川"的动员令。

1999年江泽民在参加首都全民植树活动时指出:"只有全民动员,锲而不舍,年复一年把植树造林工作搞上去,才能有效地遏制水土流失,防止土地沙漠化,为人民造福。这是关系到中华民族下个世纪和千秋万代的大事,必须充分重视,抓紧抓好。"江泽民和邓小平一样,都把植树造林、绿化祖国当作一项关系到中华民族命运的重大战略任务,要求拿出愚公移山的精神,付出百倍千倍的努力,一代一代坚持下去,直到中华大地尽披绿装,展现美妙的容颜。

二、新时期以来胡锦涛对生态文明思想的继承与发展

党的十八大报告指出:建设生态文明,是关系到人民福祉、关乎民族未来的长远大计。面对资源约束趋紧、环境污染严重、生态系统退化的严峻形势,必须树立尊重自然、顺应自然、保护自然的生态文明理念,把生态文明建设放在突出地位,融入经

济建设、政治建设、文化建设、社会建设各方面和全过程，努力建设美丽中国，实现中华民族的永续发展。

坚持节约资源和保护环境的基本国策，坚持节约优先、保护优先、自然恢复为主的方针，着力推进绿色发展、循环发展、低碳发展，形成节约资源和保护环境的空间格局、产业结构、生产方式、生活方式，从源头上扭转生态环境恶化的趋势，为人民创造良好生产生活环境，为全球生态安全做出贡献。

1. 关于统筹人与自然和谐发展的思想

人类社会的发展以自然为载体，自然是人类生存和生活的家园。必须把自然看作人类社会不可缺少的一部分，看作人类发展的源泉之一。统筹人与自然和谐发展也是实现可持续发展的基本条件，破坏了自然，就是破坏了人类发展的源头，破坏了人类生存和发展的空间，人类就不可能实现可持续发展。人类的发展必须建立在人与自然和谐发展的基础上，必须建立在尊重客观经济规律、自然规律、社会发展规律的基础上。

2. 关于建设资源节约型、环境友好型社会的思想

这是生态文明建设、可持续发展战略的具体落实。建设"两型"社会，是要在社会生产、分配、流通、消费等各个领域，在经济和社会发展各个方面，切实保护和合理利用各种资源，提高资源利用效率，以尽可能少的资源消耗获得最大的产出，在经济社会发展的同时，保护好生态和环境，使经济社会发展与生态环境建设融为一体。这是关系到我国经济社会发展和中华民族兴衰，具有全局性和战略性的重大决策。

3. 关于实施可持续发展战略的思想

经济社会发展要有长远的战略眼光，既要考虑当前经济社会发展的需要，又要考虑子孙后代的发展需要；既要遵循经济规律，又要遵循自然规律；既要讲究经济社会效益，又要讲究生态环境效益，坚决防止急功近利的短期行为，努力实现经济社会的永续发展。

4. 关于走文明发展道路的思想

要把推进生产发展、实现生活富裕、保持生态良好有机统一起来，坚持以生产发展为基础、以生活富裕为目的、以生态良好为条件，走生产发展、生活富裕、生态良好的文明发展道路，努力实现社会经济系统和自然生态系统的良性循环，实现社会进步和人的全面发展。

第三节　努力走向社会主义生态文明新时代

建设生态文明是关系人民福祉、关乎民族未来的大计，是实现中华民族伟大复兴中国梦的重要内容。"我们既要绿水青山，也要金山银山。宁要绿水青山，不要金山银

山，而且绿水青山就是金山银山。"❶ 要按照绿色发展理念，树立大局观、长远观、整体观，坚持保护优先，坚持节约资源和保护环境的基本国策，把生态文明建设融入经济建设、政治建设、文化建设、社会建设各个方面和全过程，建设美丽中国，努力开创社会主义生态文明新时代。

一、建设社会主义生态文明新时代的内涵

建设生态文明新时代就是要为子孙后代留下天蓝、地绿、水清的生产生活环境。"走向生态文明新时代，建设美丽中国，是实现中华民族伟大复兴的中国梦的重要内容。"❷

建设生态文明新时代就是要按照尊重自然、顺应自然、保护自然的理念，贯彻节约资源和保护环境的基本国策，推动绿色发展、循环发展、低碳发展，把生态文明建设融入经济建设、政治建设、文化建设、社会建设各方面和全过程。

建设生态文明新时代就是要形成节约资源、保护环境的产业结构、生产方式、生活方式。

二、建设社会主义生态文明应处理好的几个关系

1. 处理好人与自然的关系

建设生态文明，要以资源环境承载能力为基础，以自然规律为准则，以可持续发展、人与自然和谐为目标，建设生产发展、生活富裕、生态良好的文明社会。

人与自然的关系是人类社会最基本的关系。自然界是人类社会生产、存在和发展的基础和前提，人类则可以通过社会实践活动有目的地利用自然、改造自然。但人类归根结底是自然的一部分，在开发自然、利用自然中，不能凌驾于自然之上，人类的行为方式必须符合自然规律。对此，恩格斯这样警告说："美索不达米亚、希腊、小亚细亚以及其他各地的居民，为了得到耕地，毁灭了森林，但是他们做梦也想不到，这些地方今天竟因此成为不毛之地。"❸ 而这样的例子，在我国正在发生。我国的黄土高原、渭河流域、太行山脉也曾是森林密布、山清水秀，地宜耕植、水草便畜。但是由于毁林开荒、乱砍滥伐，这些地方生态环境遭到严重破坏。塔克拉玛干沙漠的蔓延，湮灭了盛极一时的丝绸之路；楼兰古城因屯垦开荒、盲目灌溉，导致孔雀河改道而衰落。因此就像恩格斯所说："我们不要过分陶醉于我们人类对自然界的胜利。对于每一次这样的胜利，自然界都对我们进行着报复。"❹ 过去的30多年，我国虽在经济建设上取得了历史性的成就，但也积累了大量的生态环境问题，成为民生之患、民心之痛，

---

❶ 中共中央宣传部. 习近平总书记系列重要讲话读本 [M]. 北京：学习出版社、人民出版社，2016：230.
❷ 习近平谈治国理政 [M]. 北京. 外文出版社，2015：211.
❸ 马克思恩格斯选集：第4卷 [M]. 北京：人民出版社，1995：383.
❹ 马克思恩格斯选集：第4卷 [M]. 北京：人民出版社，1995：383.

环境问题成为重要的民生问题。环境问题没有替代品,用之不觉,失之难存。"环境就是民生,青山就是美丽,蓝天也是幸福。要像保护眼睛一样保护生态环境,像对待生命一样对待生态环境,把不损害生态环境作为发展的底线。"❶ 为此我们要把节约优先、保护优先、自然恢复作为基本方针,把绿色发展、循环发展、低碳发展作为基本途径,把民生改革和创新驱动作为基本动力,把培育生态文化作为重要支撑,把重点突破和整体推进作为工作方式,使青山常在、清水长流、空气常新,让人民群众在良好的生态环境中生产生活。生态兴则文明兴,生态衰则文明衰。

2. 处理好经济发展和生态环境保护的关系

要牢固树立保护生态环境就是保护生产力、改善生态环境就是发展生产力的理念,自觉推动绿色发展、循环发展、低碳发展,决不以牺牲环境为代价去换取一时的经济增长。

国土是生态文明建设的空间载体。要按照人口资源环境相均衡、经济社会生态效益相统一的原则,整体谋划国土空间开发,科学布局生产空间、生活空间、生态空间,给自然留下更多修复空间。要牢固树立生态红线的观念,严格按照优化开放、重点开发、限制开发、禁止开发的主体功能定位,严守生态红线,在生态环境保护的问题上,就是不能越雷池一步。

三、建设社会主义生态文明新时代面临的问题

一是我们在生态环境方面欠账太多。改革开放以来,我们以经济建设为中心,推动经济快速发展起来。在这个过程中,我们一些地方、一些行业没有处理好经济发展同生态环境保护的关系,以无节制消耗资源、破坏生态环境为代价换取经济发展,导致能源资源、生态环境问题越来越突出:能源资源约束强化,石油等重要资源的对外依存度快速上升;耕地逼近18亿亩红线,水土流失、土地沙化、草原退化情况严重;一些地区由于盲目开发、过度开发、无序开发,已经接近或超过资源环境承载能力的极限;全国一些地区持续遭遇雾霾袭击,大气污染、水污染、土壤污染等各类环境污染呈高发态势;等等。这些问题已经成为我国经济持续发展的重大瓶颈。

二是粗放的经济发展方式尚未转型。生态环境问题归根结底是经济发展方式问题。纵观我国30多年来取得的经济成就,虽然我国强调可持续发展,重视加强节能减排,环境保护工作,但由于粗放地依赖资源消耗和环境污染、资本扩张等手段追求经济的短暂增长,并没有将生态保护融入经济建设的过程中,反而大张旗鼓地走了一条"先污染后治理"的路子,导致在发展过程中把生态环境破坏了,搞了一堆没有价值的甚至是破坏性的东西,造成了重金属污染区,水被污染了,土壤被污染了,有的甚至是积重难返,再补回去,成本比当初创造的财富还要多。看看西方20世纪发生的"世界

---

❶ 中共中央宣传部. 习近平总书记系列重要讲话读本 [M]. 北京:学习出版社、人民出版社,2016:233.

八大公害事件"❶，如洛杉矶的光化学烟雾事件、伦敦烟雾事件、日本的水俣病事件，对生态环境和公众生活造成了巨大的影响。西方传统工业的迅猛发展在创造巨大物质财富的同时，也付出了十分沉重的生态环境代价，教训十分深刻。我国当下进行的经济供给侧改革、去库存改革正是克服粗放发展的必要手段。

四、建设社会主义生态文明新时代的路径选择

能源资源相对不足，生态环境承载能力不强，已成为我国的一个基本国情。发达国家一两百年出现的环境问题，在我国30多年来的发展中集中显现，呈现出结构型、压缩型、复合型特点，老的环境问题尚未解决，新的环境问题接踵而至。中国的发展重走欧美"先污染后治理"的发展老路肯定行不通，必须探索走出一条环境保护的新路，协调推进新型工业化、信息化、城镇化、农业现代化和绿色化，走出一条经济发展和生态文明相辅相成、相得益彰的新发展道路，为此我们一要以系统工程的思路抓生态建设，二要实行最严格的生态环境保护制度。

1. 以系统工程的思路抓生态建设

大自然是一个相互依存、相互影响的系统，所以环境治理也必定是一个系统工程。

一要牢固树立生态红线观念。生态红线就是国家生态安全的底线和生命线，这个红线不能突破，一旦突破必将危及生态安全、人民生产生活和国家可持续发展。因此我国的经济发展要设定和严守资源消耗上限、环境质量底线、生态保护红线，将各类开发活动限制在资源环境承载能力之内。对于生态红线，全党全国要一体遵行，决不能逾越，确保生态功能不降低、面积不减少、性质不改变。

二要优化国土空间开发格局。加快实施主体功能区战略，以主体功能区规划为基础统筹各类空间性规划，推进"多规合一"；推动各地区依据主体功能区地位发展，严格实施环境功能区划，构建科学合理的城镇化推进格局、农业发展格局、生态安全格局，保障国家和区域生态安全，提高生态服务功能；坚持陆海统筹，进一步关心海洋、认识海洋、经略海洋，提高海洋资源开发能力，保护海洋生态环境，扎实推进海洋强国建设。

三要全面促进资源节约。对生态环境的破坏，主要来自对资源的过度开发、粗放利用。建设生态文明新时代就要从这个源头抓起，把节约资源作为根本之策，加强全过程节约管理，实行能源和水资源消耗、建设用地等总量和强度双控行动；有效控制温室气体排放，主动适应气候变化；加强水源地保护，推进水循环利用；严守18亿亩耕地红线，严格土地用途管制；加强矿产资源勘查、保护、合理开发，提高综合利用

---

❶ 是指在世界范围内，由于环境污染而造成的八次较大的轰动世界的公害事件：1930年12月比利时的马斯河谷烟雾事件；1948年10月美国宾夕法尼亚的多诺拉烟雾事件；1952年至1955年美国洛杉矶的光化学烟雾事件；1952年12月伦敦烟雾事件；1952年日本四日市的硫酸烟雾事件；1968年3月日本北九州市、爱知县一带米糠油事件；1953~1956年日本熊本县水俣市水俣病事件；1955~1972年日本富山县神通川流域的骨痛病事件。

水平。

四要加大生态环境保护力度。以提高环境质量为核心，以解决损害群众健康的突出问题为重点，坚持预防为主、综合治理，强化大气、水、土壤等污染防治；集中力量优先解决好细颗粒物（PM2.5）、饮用水、土壤、重金属、化学品等损害群众健康的突出问题；实施重大生态修复工程，增强生态产品生产能力，推进荒漠化、石漠化综合治理，扩大湖泊、湿地面积，维护生物多样性，筑牢生态安全屏障。

五要推动形成公平合理、合作共赢的全球气候体系。中国承诺2030年左右使二氧化碳排放达到峰值并争取尽早实现；❶ 深度参与全球气候治理，积极参与应对全球气候变化谈判；积极承担与我国基本国情、发展阶段和实际能力相符的国际义务，从全球视野加快推进生态文明建设，把绿色发展转化为新的综合国力和国际竞争优势，为维护全球生态安全做出积极贡献。

2. 实行最严格的生态环境保护制度

建设生态文明，是一场涉及生产方式、生活方式、思维方式和价值观念的革命性变革。实现这样的变革，必须依靠制度和法治。"只有实行最严格的制度，最严密的法治，才能为生态文明建设提供可靠的保障。"❷ 把生态文明建设纳入制度化法治化轨道。

一要完善经济社会发展考核评价体系。把资源消耗、环境损害、生态效益等体现生态文明建设状况的指标纳入经济社会发展评价体系，建立体现生态文明要求的目标体系、考核办法、奖惩机制，使之成为推进生态文明建设的重要导向和约束。

二要建立责任追究制度。"对那些不顾生态环境盲目决策、造成严重后果的人，必须追究其责任，而且应该终身追究。"❸ 建立环保督察工作机制，严格落实环境保护主体责任，完善领导干部目标责任考核制度；坚持依法依规、客观公正、科学认定、权责一致、终身追究的原则，针对对策、执行、监管中的责任，明确领导干部追究情形；对领导干部实行自然资源资产离任审计，建立健全生态环境损害评估和赔偿制度，落实损害责任终身追究制度。

三要建立健全资源生态环境管理制度。建立归属清晰、监管有效的自然资源资产产权制度；建立以空间规划为基础、以用途管制为主要手段的国土空间开发保护制度；建立反映市场供求和资源稀缺程度，体现自然价值和代际补偿的资源有偿使用和生态补偿制度；建立以改善环境质量为导向，监管统一、执法严明、多方参与的环境治理体系；建立运用经济杠杆进行环境治理和生态保护的市场体系；建立探索实行耕地轮作休耕制度；建立实行省以下环保机构监测监察执法垂直管理制度。

---

❶ 目前中国的碳排放总量仍处于上升趋势，如果达到峰值碳排放就开始不断下降。2016年3月7日谢振华在回答记者提问时表示，中国之所以说2030年出现二氧化碳排放峰值，是由于我国国情还是发展中国家，发展必须有能源支撑，但是能源产业结构要大量调整，要求低碳绿色循环发展。

❷ 习近平谈治国理政 [M]. 北京. 外文出版社, 2015：210.

❸ 习近平谈治国理政 [M]. 北京. 外文出版社, 2015：210.

思考题

1. 习近平同志指出:"把生态文明建设融入经济建设、政治建设、文化建设、社会建设各方面和全过程,形成节约资源、保护环境的空间格局、产业结构、生产方式、生活方式,为子孙后代留下天蓝、地绿、水清的生产生活环境。"❶ 请谈谈你对这段话的理解。

2. 理论上人们都知道,不能走先污染、后治理的老路,但在遇到实际问题时,不少企业、甚至有的地方政府还是认为发展经济是最重要的,环境污染的问题等经济发展了,有了经济实力再进行治理。你认为这些现象产生的根本原因是什么?怎样才能真正地把环境保护落到实处?

3. 气候变化问题是国际热点问题之一,请谈谈你对解决这一问题的认识。

---

❶ 习近平谈治国理政 [M]. 北京. 外文出版社:2015:212.

第七章 中国特色社会主义理论与建设的领导力量

> **教学基本要求**
> 1. 了解中国共产党的执政党建设理论。
> 2. 把握加强和改进党的建设的重要性和紧迫性。
> 3. 认识提高党的建设科学化水平的目标任务。

中国共产党是中国特色社会主义事业的领导核心。坚持党的领导，必须改善党的领导，进一步加强党的建设。新中国成立后特别是改革开放以来，中国共产党围绕建设什么样的党、怎样建设党这个重大课题，不断总结和运用自身建设正反两方面经验，借鉴世界上一些执政党兴衰成败的经验教训，积累了加强自身建设的基本经验，形成和发展了执政党建设理论，实施和推进了党的建设新的伟大工程。在新的历史条件下，党面临着执政考验、改革开放考验、市场经济考验、外部环境考验，面临着精神懈怠的危险、能力不足的危险、脱离群众的危险、消极腐败的危险。因此，必须加强和改进新形势下党的建设，全面推进党的建设新的伟大工程，提高党的建设科学化水平。

第一节 中国共产党的性质与领导地位

一、中国共产党的领导地位是历史和人民的选择

中国共产党在中国特色社会主义事业中的领导核心地位，归根到底是由党的性质决定的。中国共产党是马克思主义与中国工人运动相结合的产物，是中国工人阶级的先锋队，同时是中国人民和中华民族的先锋队。党在领导中国革命、建设和改革中也犯过许多错误甚至是严重错误，但从总体上说，中国共产党不愧为领导中国人民不断开创事业发展新局面的核心力量，不愧为伟大、光荣、正确的马克思主义政党。

中国共产党在中国特色社会主义事业中的领导核心地位，是在长期的中国革命、建设、改革实践中逐步形成并巩固起来的。正是在中国共产党成立并担负起救亡图存的民族使命以后，中国人民才踏上了争取民族独立、人民解放的光明道路，开启了实现国家富强、人民富裕的壮丽征程，并不断夺取中国革命、建设、改革的重大胜利。

回顾中国共产党成立以来中国的发展进步，可以得出一个基本结论：办好中国的事情，关键在中国共产党。在新的历史条件下，实现最广大人民群众的根本利益就要不断解放和发展生产力，建设富强民主文明和谐的社会主义现代化国家，实现人民的共同富裕，实现中华民族的伟大复兴。在中国，能够团结和带领全国各族人民实现这个宏伟目标的政治力量，只有中国共产党。党的领导是改革开放和社会主义现代化建设取得成功的根本保证。党具有巨大的政治优势、思想优势和组织优势，有能力正确处理各种复杂的社会矛盾，把亿万人民团结凝聚起来，共同建设美好未来；有能力应对复杂的国际环境的挑战，保证中国走独立自主的和平发展道路。坚持和发展中国特色社会主义，必须毫不动摇地坚持中国共产党的领导。

二、加强党的自身建设，坚持和改善党的领导

中国共产党成为新中国的执政党和社会主义建设事业的领导核心，是历史的选择、人民的选择，也是由工人阶级政党性质所决定的。工人阶级与资产阶级不同，内部没有不同的利益集团，因此，也就不会有代表不同利益集团的政治派别，不需要照搬资产阶级政党轮流执政的政治体制。但这同时带来一个问题，就是由谁监督共产党。针对这种问题，中国共产党早在根据地建政时期就提出，"苏维埃必须吸引广大民众对于自己工作的监督与批评""只有让人民来监督政府，政府才不敢松懈。"新中国成立后，毛泽东又特别指出，在对党的各种监督中，"首先是阶级的监督，群众的监督，人民团体的监督。"为了加强对共产党的监督，他在第一届全国政协结束后，决定保留八个民主党派，并实行与民主党派长期共存、互相监督的方针。他说："主要监督共产党的是劳动人民和党员群众。但是有了民主党派，对我们更为有益。"党从执政的第一天开始，为了防止改变颜色，产生主观主义、官僚主义和贪污腐败的问题，还不断开展党内整风，力图通过思想建设、组织建设、作风建设，吸收新鲜的血液，排除肌体的毒素，保持自身的纯洁性和先进性，以及与人民群众的血肉联系。改革开放后，党中央一方面，总结历史经验，纠正过去整风中实行的"左"的指导思想和采取的政治运动的方式；另一方面，继续强调要防止党和国家"改变面貌"，告诫全党要警惕帝国主义搞"和平演变"、打"没有硝烟的战争"，要牢记"两个务必"，要坚持立党为公、执政为民，要坚决惩治和预防腐败，并接二连三地开展组织整顿和思想教育活动。

这些加强自身建设的措施，在其他执政或执政过的共产党中很少见，但对我们党经受长期执政、市场经济、对外开放考验，确实起到了重要作用。事实说明，中华民族要复兴就必须坚持共产党的领导，而要坚持共产党的领导就必须坚持党的自身建设，

确保党永远不脱离人民群众，不腐化变质。

中国共产党是中国特色社会主义事业的领导核心。坚持和发展中国特色社会主义，关键是坚持和改善中国共产党的领导。

共产党的领导与科学社会主义从来都是联系在一起的，坚持共产党的领导是科学社会主义的题中应有之义。马克思、恩格斯在1848年发表的《共产党宣言》，既是无产阶级政党第一个"详细的理论和实践的党纲"❶，也是科学社会主义创立的标志。显然，科学社会主义从创立之日起，就是和共产党的领导紧密联系在一起的。

中国特色社会主义事业是由中国共产党领导的。从理论上看，中国共产党坚持把马克思主义与中国实际相结合，不断推进马克思主义中国化，分别形成了两大理论成果——毛泽东思想和中国特色社会主义理论体系，前者系统回答了在一个半殖民地半封建的东方大国，如何实现新民主主义革命和社会主义革命的问题，并且对建设什么样的社会主义、怎样建设社会主义进行了艰辛探索；后者系统回答了在中国这样一个十几亿人口的发展中大国建设什么样的社会主义、怎样建设社会主义，建设什么样的党、怎样建设党，实现什么样的发展、怎样发展等一系列重大问题。从实践上看，中国共产党紧紧依靠人民完成了新民主主义革命和社会主义革命，建立了新中国，确立了社会主义基本制度，在此基础上，进行了改革开放新的伟大革命，开创、坚持、发展了中国特色社会主义。显然，没有中国共产党的领导，就不可能有中国特色社会主义基础的奠定和中国特色社会主义道路的开辟，也就不可能有中国特色社会主义事业。

坚持和发展中国特色社会主义，必须坚持和加强中国共产党的领导。邓小平在推进改革开放过程中一直强调："从根本上说，没有党的领导，就没有现代中国的一切。"❷"中国没有共产党的领导、不搞社会主义是没有前途的。这个道理已经得到证明，将来还要得到证明。"❸"中国由共产党领导，中国的社会主义现代化事业由共产党领导，这个原则是不能动摇的；动摇了中国就要倒退到分裂和混乱，就不可能实现现代化。"❹"对于党内外任何企图削弱、摆脱、取消、反对党的领导的倾向，必须进行批评、教育以至必要的斗争。这是四个现代化能否实现的关键。"❺他反复强调："我们说的社会主义是具有中国特色的社会主义，而要建设社会主义，没有共产党的领导是不可能的。我们的历史已经证明了这一点。"❻

要坚持党的领导，必须不断改善党的领导。改善党的领导，是中国共产党为适应时代的变化而主动提出的一个重大课题。改革开放之初，邓小平就明确提出了改善党的领导的问题。他指出："为了坚持党的领导，必须努力改善党的领导。"❼ 改善党的领

---

❶ 马克思恩格斯选集：第1卷［M］. 北京：人民出版社，1995：248.
❷ 邓小平文选：第2卷［M］. 北京：人民出版社，1994：266.
❸ 邓小平文选：第3卷［M］. 北京：人民出版社，1993：195.
❹ 邓小平文选：第2卷［M］. 北京：人民出版社，1994：267-268.
❺ 邓小平文选：第2卷［M］. 北京：人民出版社，1994：358.
❻ 邓小平文选：第3卷［M］. 北京：人民出版社，1993：208.
❼ 邓小平文选：第2卷［M］. 北京：人民出版社，1994：268.

导,"不是要削弱党的领导,涣散党的纪律,而正是为了坚持和加强党的领导,坚持和加强党的纪律"❶。邓小平还指出:"坚持四项基本原则的核心,就是坚持党的领导。问题是党要善于领导;要不断地改善领导,才能加强领导。"❷ 在改革开放和现代化建设新时期,"怎样改善党的领导,这个重大问题摆在我们的面前。不好好研究这个问题,不解决这个问题,坚持不了党的领导,提高不了党的威信"❸。在新的历史条件下,党要继续走在时代前列,要适应新形势新任务的深刻变化和自身发展的要求,要巩固执政地位和完成执政使命,必须改善党的领导。

坚持党的领导和改善党的领导,是党的领导的一个问题的两个方面,二者是辩证统一、紧密联系的。坚持党的领导。是改善党的领导的前提和归宿;而只有改善党的领导,才能真正实行和达到党的领导的目的。如果说坚持党的领导所要解决的是社会主义事业要不要党的领导,党在社会主义事业中的地位和作用的问题,那么,改善党的领导所要解决的则是进一步改革和完善党的领导方式和执政方式,更好地实现党对社会主义建设事业的领导问题。在新的历史条件下,坚持党的领导与改善党的领导统一于建设中国特色社会主义的历史进程中,目的是更好地发挥党对社会主义建设事业的领导核心作用。

把改善党的领导作为坚持党的领导的必要条件,是中国共产党在总结历史经验教训的基础上得出的重要结论。改革开放以来,中国共产党人在开辟和拓展中国特色社会主义道路的进程中,把坚持党的领导与改善党的领导有机统一起来,在坚持党的领导的前提下,改革党和国家领导制度,改进党的领导方式和执政方式,不断提高党的领导水平和执政水平,使党的执政能力显著增强,党的领导和执政地位得到巩固,这从根本上保证了中国特色社会主义事业的发展。

在新形势下坚持和改善党的领导,必须从以下两个方面着手:一是坚持和完善党的领导制度。科学的领导制度是党有效治国理政的根本保证。要坚持党总揽全局、协调各方的领导核心作用,坚持党的领导、人民当家做主、依法治国有机统一,改革和完善党的领导方式和执政方式,提高党的领导水平和执政水平。二是紧紧抓住党的建设这个关键,进一步深刻认识和科学回答在长期执政的历史条件下建设什么样的党、怎样建设党这个重大问题,继续推进党的建设新的伟大工程,不断推进党的建设创新,不断提高党的建设科学化水平。

---

❶ 邓小平文选:第2卷 [M]. 北京:人民出版社,1994:341.
❷ 邓小平文选:第2卷 [M]. 北京:人民出版社,1994:342.
❸ 邓小平文选:第2卷 [M]. 北京:人民出版社,1994:271.

第二节 中国共产党执政党建设的基本理论

一、把党的建设与中华民族复兴的伟大事业紧密结合的思想

坚持把推进党领导的伟大事业同推进党的建设伟大工程紧密结合起来，保证党始终成为社会主义事业的坚强领导核心。紧紧围绕和服务党领导的伟大事业，按照党的政治路线来进行，围绕党的中心任务来展开，朝着党的建设总目标来加强，为抓好发展这个党执政兴国的第一要务、建设富强民主文明和谐的社会主义现代化国家、坚持和发展中国特色社会主义提供根本保证。中国共产党为中华民族的复兴做了六件大事。

（1）开辟了有利于中华民族复兴的发展道路——中国特色社会主义道路。中国共产党的最高理想和最终奋斗目标是实现共产主义。在取得新民主主义革命胜利以后，我们党经过艰辛探索，逐渐弄清楚了什么是社会主义和怎样建设社会主义的问题，明白了实现共产主义理想不仅要经过漫长的社会主义阶段，而且在社会主义阶段里还分为不发达、比较发达和发达等不同阶段。中国是由半殖民地半封建社会进入社会主义社会的国家，基础差，起点低，要建设社会主义，必须经过社会主义初级阶段，把坚持社会主义基本制度同发展市场经济结合起来，走中国特色社会主义的道路。

党的十七大报告指出："中国特色社会主义道路，就是在中国共产党领导下，立足基本国情，以经济建设为中心，坚持四项基本原则，坚持改革开放，解放和发展社会生产力，巩固和完善社会主义制度，建设社会主义市场经济、社会主义民主政治、社会主义先进文化、社会主义和谐社会，建设富强民主文明和谐的社会主义现代化国家。中国特色社会主义道路之所以完全正确、之所以能够引领中国发展进步，关键在于我们既坚持了科学社会主义的基本原则，又根据我国实际和时代特征赋予其鲜明的中国特色。在当代中国，坚持中国特色社会主义道路，就是真正坚持社会主义。"

这条道路实行30年的历史告诉我们，它完全符合中国的实际，是中华民族复兴最可靠的途径。

（2）建立了有利于中华民族复兴的社会主义民主制度和法律体系。新中国成立初期，中国共产党从中国的实际情况出发，建立了人民代表大会制度、共产党领导的多党合作和政治协商制度、民族区域自治制度等根本政治制度和基本政治制度。这些制度既不同于西方的多党轮流执政制、三权鼎立和两院制，也有别于苏联的一党制和联邦制，是具有中国特色的民主制度。与此同时，新中国还制定了第一部宪法，为社会主义民主法制建设和中国特色社会主义法律体系的形成奠定了坚实基础。

在改革开放新时期，党中央通过总结"文化大革命"的教训，把加强社会主义民主法制建设作为坚定不移的方针确定下来，把依法治国确定为党领导的人民治理国家的基本方略，强调必须使社会主义民主制度化、法律化，提出构建社会主义和谐社会

的重大战略任务，强调发展社会主义民主政治最根本的是坚持党的领导、人民当家做主、依法治国的有机统一。

现在一个立足中国国情和实际、适应改革开放和社会主义现代化建设需要、集中体现党和人民意志的中国特色社会主义法律体系已经形成。它既保证了人民各项民主权利的落实，又保证了社会主义集中力量办大事、决策效率高等优越性的发挥；既妥善处理了法律前瞻性与可行性的关系，又解决了国家发展中带根本性、全局性、稳定性、长期性的问题，从而为建设富强民主文明和谐的社会主义现代化国家、实现中华民族的伟大复兴提供了强大的法制保障。

(3) 开展了有利于中华民族复兴的一系列社会稳定工作。没有社会的稳定就没有政权的巩固，没有政权的巩固就没有民族的复兴。新中国自成立之始，针对国民党撤离大陆时留下的大批特务、正规军分散为匪、捣乱破坏、组织暴动的猖獗活动，进行了大规模剿匪斗争，开展了镇压反革命运动，保证了人民政权的长治久安。随后，又针对极少数民族分裂分子在外国势力支持下发动的武装叛乱，进行了平叛斗争，维护了国家统一和社会稳定。

粉碎"四人帮"后，我国结束了十年内乱，恢复并连续30多年保持了社会的安定团结。在此期间，由于国内外敌对势力的渗透、颠覆、分裂活动，也发生过局部动乱乃至反革命暴乱和打砸抢烧事件。对此，党和政府依靠人民群众，坚决予以平息，维护了正常的社会秩序，使改革开放和现代化建设事业得以顺利进行。

在长期实践中，中国共产党总结出了一系列指导和引导社会和谐稳定的理论、方针、政策，如正确区分与处理两类不同性质的矛盾，正确处理改革、发展、稳定三者的关系，构建社会主义和谐社会，健全党和政府主导的维护群众权益机制等，为维护社会稳定发挥了重要作用。

正如邓小平所说："中国的问题，压倒一切的是需要稳定。没有稳定的环境，什么都搞不成，已经取得的成果也会丢掉。""中国不能把自己搞乱，这当然是对中国自己负责，同时也是对全世界全人类负责。"中国的稳定，不仅对中国是一个贡献，对全世界也同样是一个贡献。

(4) 培育了有利于中华民族复兴的民族精神和社会风气。在中国长期的封建社会里，普通群众无权参与社会事务，因而缺乏组织性和纪律性，对社会变革也往往表现淡漠，被人讥为一盘散沙、麻木不仁。但中国共产党在革命战争和抗日战争时期的根据地里，通过自己以身作则的示范作用和发动群众、组织群众、教育群众，改变了这种精神面貌，焕发了热爱国家、艰苦奋斗的民族精神，形成了关心集体、团结互助、遵守纪律、争当先进的社会风气。

取得全国胜利后，中国共产党将这种在根据地培育的精神和风气传播到各地，又通过恢复国民经济、抗美援朝运动、"一五"时期建设，以及学大庆、学大寨、学雷锋、学王进喜、学焦裕禄等先进典型和模范人物的活动，使之进一步融入了自力更生、奋发图强和人人为我、我为人人等新风尚。

改革开放后，中国共产党通过两个文明建设、五讲四美三热爱活动和社会主义核心价值体系建设，在全社会进一步培育了以爱国主义为核心的民族精神和以改革创新为核心的时代精神，使无私奉献、助人为乐、廉洁奉公、爱岗敬业、勇于创新、敢为人先的风气成为社会风气的主流。

在新中国建设的各个历史时期和各个领域各条战线，广大共产党员总是以自己的实际行动，为人民群众做出表率。可以说，哪里取得了重大成就，哪里就有共产党员的足迹；哪里有困难危险，哪里就有共产党员的身影。所有这一切，促使中华民族始终保持了一种昂然向上的精神状态。

（5）坚持了有利于中华民族复兴的不间断的执政党自身建设。中国共产党成为新中国的执政党和社会主义建设事业的领导核心，是历史的选择、人民的选择，也是由工人阶级政党性质所决定的。工人阶级与资产阶级不同，内部没有不同的利益集团，因此，也就不会有代表不同利益集团的政治派别，不需要照搬资产阶级政党轮流执政的政治体制。但这同时带来一个问题，就是由谁监督共产党。针对这种问题，中国共产党早在根据地建政时期就提出，"苏维埃必须吸引广大民众对于自己工作的监督与批评""只有让人民来监督政府，政府才不敢松懈。"

（6）构筑了有利于中华民族复兴的国际环境。新中国一成立便奉行独立自主的和平外交政策，倡导不同社会制度国家和平共处的五项原则，坚定站在亚非拉发展中国家一边，积极发展同尚未建交的西方国家之间的民间外交，赢得了国际社会的普遍尊重和广泛赞誉。

与此同时，中国共产党在事关国家安全、主权和领土完整等核心利益问题上从不妥协，在极其困难的条件下出兵抗美援朝，下决心研究制造了"两弹一星"，为和平建设提供了必要的安全环境。

20世纪70年代，中国调整了外交工作的战略，恢复了在联合国的合法席位，打开了外交工作的新局面。

改革开放后，随着国际形势的发展变化，我们党在战争与和平的问题上做出了新的判断，并改变了一度实行的"一条线"战略，推动建设持久和平、共同繁荣的和谐世界，奉行互利共赢的开放战略，强调走和平发展的道路，坚持同发达国家加强战略对话，贯彻同周边国家睦邻友好、务实合作的方针，深化同广大发展中国家的传统友谊，积极参与多边事务，承担相应国际义务，推动国际秩序朝着公正合理的方向发展。

所有这一切，为中国的发展营造了相对安全和宽松的外部条件，使中华民族的复兴大业始终处于相对有利的国际环境。

二、把思想建设放在首位的思想

坚持党的思想路线，坚持真理、修正错误，不断推进马克思主义中国化、时代化、大众化，推进用马克思主义中国化最新成果武装全党、教育人民，建设马克思主义学习型政党，提高全党的马克思主义水平，提高运用科学理论改造主观世界和客观世界的能力，使党的理论和实践始终体现时代性、把握规律性、富于创造性。

1. 思想建设的内容

党的思想建设是指党为保持自己的创造力、凝聚力和战斗力而在思想理论方面所做的一切工作。党的思想建设的主要任务是，用马克思列宁主义、毛泽东思想、中国特色社会主义理论体系武装全党，改造和克服党内一切非无产阶级思想，对党员进行基本理论、基本路线、基本纲领和基本经验的教育，保证党的基本路线的贯彻执行。党的思想建设的实质是，坚持马克思主义的思想领导，保持全党在思想上政治上的高度一致。着重从思想上建党，以无产阶级思想改造非无产阶级思想，是党的建设突出的特点。党的思想建设的基本原则是，把坚持对党员进行思想政治教育作为党建的中心环节。

2. 思想建设的地位

1929年12月下旬，在福建省上杭县古田村召开了红四军党的第九次代表大会，史称古田会议。古田会议决议创造性地运用马克思列宁主义，初步回答了如何从加强党的思想建设着手，保持党的无产阶级先锋队性质的问题。古田会议所做的努力，会议决议所规定的基本原则，集中体现了着重从思想上建设党的这一独特的党的建设的道路。思想理论建设是党的根本建设。坚持用实践基础上的理论创新成果武装全党，形成全党团结一心、共同奋斗的思想基础，是我们党加强自身建设、推动事业发展的重要保证。把思想理论建设放在党的建设的首位，既是马克思主义的重要建党原则，也是我们党的建设的突出特点和优良传统。马克思、恩格斯在创建无产阶级政党的过程中，不仅从理论上阐明了无产阶级政党的性质、宗旨、纪律和作风等问题，还同形形色色的非无产阶级思想进行了斗争，为无产阶级政党奠定了坚实的思想理论基础。列宁在创建新型无产阶级政党的过程中，始终重视马克思主义理论的指导作用，提出了"没有革命的理论，就不会有革命的运动"的著名观点。中国共产党在土地革命时期就确立了思想建党原则，在此后各个历史时期都坚持把思想理论建设放在党的建设首位，十分注意用无产阶级思想改造和克服各种非无产阶级思想，用马克思主义武装全党。正是由于始终把党的思想理论建设放在首位，才保持了我们党的马克思主义纯洁性和朝气蓬勃的战斗精神。思想理论建设是贯穿于党的一切建设的中心环节。在党的建设总体布局中，党的思想理论建设是党的根本建设，党的组织建设、作风建设、制度建设和反腐倡廉建设，都离不开思想理论建设，都要以思想理论建设为基础、做保证。离开了党的思想理论建设，党的其他建设失去了前提和基础，就没有了可靠的保证。加强和改进新形势下党的建设，必须始终把思想理论建设放在首位，建设马克思主义学习型政党，提高全党马克思主义水平。要坚持解放思想、实事求是、与时俱进，坚持以马克思列宁主义、毛泽东思想、邓小平理论和"三个代表"重要思想为指导，深入贯彻落实科学发展观，不断研究我国经济社会发展和党的建设面临的新形势新问题，做出新的理论概括，不断推进马克思主义中国化、时代化、大众化。深入实施马克思主义理论研究和建设工程，建设充分反映马克思主义中国化最新成果的学科体系和教材体系，培养造就一大批马克思主义理论家特别是中青年理论家，推动中国特色社会主义理论体系进教材、进课堂、进头脑，增强科学理论教育引导群众作用。积极开展社会主义核心价值体系学习教育。坚持用中国特色社会主义理论体系武装全党，不断提高全党同志运用科学理论改造主观世界和客观世界的能力，使党的理论和实践始终体现时代性、把握规律性、富于创造性。

3. 思想建设的实践

一是思想路线层面的实践。在中国共产党的历史上，正确的思想路线的形成和确立，有一个过程。第二次国内革命战争时期，毛泽东在1929年6月写的一封信中第一次使用了"思想路线"这一概念。1930年5月，毛泽东针对当时党和红军内部普遍存在的教条主义倾向，撰写了《反对教条主义》一文，指出本本主义是完全错误的，完全不是共产党人从斗争中创造新局面的思想路线。初步界定了中国共产党人的思想路线的基本含义。1937年，毛泽东撰写的《实践论》《矛盾论》对党的思想路线做了系统的哲学论证。1938年，毛泽东提出"马克思主义中国化"等问题。1939年，毛泽东在《〈共产党人〉发刊词》中提出"马克思主义理论和中国革命实践相结合"这个完整的概念，标志着实事求是思想路线的形成。1941年5月，毛泽东在《改造我们的学习》报告中，对实事求是这个概念做了马克思主义的界定："实是"就是客观存在着的一切事物，"是"就是客观事物的内部联系，"求"就是我们去研究。经过延安整风和党的七大，实事求是的思想路线在全党得到了确立。

"文化大革命"结束后，邓小平在反对"两个凡是"的错误方针斗争中重新确立了党的思想路线。正是在邓小平等领导的支持下，1978年关于实践是检验真理标准的大讨论成了全党的一次思想解放运动，使解放思想、实事求是的思想路线最终在全党重新确立起来。我们党在历史上的一些时期曾经犯过错误，甚至遇到过严重挫折，根本原因就在于当时的指导思想脱离了中国的实际。我们党能够依靠自己和人民的力量纠正错误，战胜挫折，继续胜利前进，根本原因就在于重新恢复和坚持贯彻了解放思想、实事求是的思想路线。1978年12月，邓小平在为党的十一届三中全会做准备的中央工作会议上的讲话中，特别强调解放思想、实事求是的重要意义。以这一讲话精神为指导的党的十一届三中全会，重新确立了实事求是的思想路线。

党的十二大党章中明确指出："党的思想路线是一切从实际出发、理论联系实际，实事求是、在实践中检验真理和发展真理。"

进入21世纪，江泽民对新形势下坚持实事求是的思想路线又提出了新的要求，他强调马克思主义最重要的理论品质就是与时俱进。2004年1月，胡锦涛又指出，必须大力弘扬求真务实精神、大兴求真务实之风。进一步丰富和发展了实事求是的思想路线。

二是理论创新层面的实践。1938年，毛泽东在党的六届六中全会上做的题为《论新阶段》的政治报告中最先提出"马克思主义中国化"这个命题。刘少奇代表党中央在党的七大做的"关于修改党的章程"的报告中，对马克思主义中国化从理论上做了进一步阐述。党的七大通过的党章指出：毛泽东思想是马克思主义中国化的第一大理论成果，是"中国化的马克思主义"，开启了中国马克思主义理论创新的新航程；马克思主义中国化的第二大理论成果是中国特色社会主义理论体系，这个理论体系实现了我们党的指导思想的三次与时俱进，第一次是将邓小平理论列为党的指导思想，第二次是将"三个代表"重要思想列为党的指导思想，第三次是党的十八大报告将科学发展观列为党的指导思想。是马克思主义中国化的最新理论成果。

改革开放30多年来，我们党的全部理论和全部实践，归结起来就是创造性地探索和回答了什么是马克思主义、怎样对待马克思主义；什么是社会主义，怎样建设社会主义；建设什么样的党、怎样建设党；实现什么样的发展，怎样发展等重大理论和实际问题，开拓了马克思主义新境界。

三、加强党的执政能力建设和先进性建设的思想

强调以执政能力建设和先进性建设为主线，坚持科学执政、民主执政、依法执政，着力提高党总揽全局、协调各方的能力和水平，建设高素质干部队伍，凝聚各方面人才和力量，充分发挥党委领导核心作用、基层党组织战斗堡垒作用、共产党员先锋模范作用，使党始终代表中国先进生产力发展要求、中国先进文化前进方向、中国最广大人民根本利益。

（一）党的执政能力建设与党的先进性建设概述

党的执政能力建设与党的先进性建设，是执政党的根本性建设，两大建设有着共同的本质特征，同时又有不同的个性；二者在内容上兼容实现统一，又在不同的个性上相互补充、相互制约，在辩证统一中推进党的发展和建设，巩固执政地位。

党的先进性建设是指通过党的思想建设、组织建设、作风建设和制度建设，努力做到使党的理论和路线方针政策顺应时代发展的潮流和我国社会发展进步的要求，反映全国各族人民的利益和愿望，使各级党组织不断提高创造力、凝聚力和战斗力，始终发挥领导核心作用和战斗堡垒作用，使广大党员不断提高自身素质，始终发挥先锋模范作用，使我们党保持与时俱进的品质，始终走在时代的前列。

党的执政能力建设是指按照推动社会主义物质文明、政治文明、精神文明协调发展的要求，不断提高驾驭社会主义市场经济的能力、构建社会主义和谐社会的能力、应对国际局势和处理国际事务的能力。由于执政党建设归根到底是党的执政能力建设，所以，党的执政能力建设成为党执政后的一项根本建设。

（二）加强党的执政能力建设和先进性建设的迫切性

中国共产党历来重视执政能力建设。新中国成立前夕，毛泽东在中共七届二中全会上从作风和本领两个方面向全党提出接受执政考验的问题，表明党的执政能力建设的开始。改革开放之初，邓小平关于加强和改善党的领导、明确执政党建设目标和途

径的思考,实际上就是强调加强党的执政能力建设。中共十三届四中全会后,面对国内外形势变化,巩固党的执政地位成为以江泽民为核心的第三代中央领导集体最关注的问题之一。从1989年到1997年,江泽民相继提出了"执政意识""执政本领"和"执政水平"等重要概念,但明确提出执政能力的科学概念并把执政能力建设作为党的建设的重点,则在进入21世纪以后。

2001年5月,江泽民在一次考察工作时的讲话中指出:办好中国的事情,关键取决于我们党,"不仅取决于党的正确的理论路线方针政策,也取决于各级党组织贯彻落实党的理论路线方针政策的能力和水平,也就是说,取决于我们党的领导水平和执政能力"。"我们党处在执政地位,肩负着重大的领导责任,要把我们这样一个十二亿多人口的发展中大国领导好,必须不断提高自身的领导水平和执政能力。"❶ 从而首次明确提出了"执政能力"的概念。同年7月,他在庆祝中国共产党成立80周年大会上的讲话中,又把"提高党的执政能力和领导水平"作为全面推进党的建设的新的伟大工程必须进一步解决的两大历史性课题之一。❷ 2002年召开的中共十六大,明确提出了加强党的执政能力建设、提高党的领导水平和执政水平的任务。

中共十六大以后,以胡锦涛为总书记的党中央高度重视加强党的执政能力建设问题,积极推进党的建设新的伟大工程。胡锦涛在党的十六届一中全会上强调:"我们党是执政党,党的各方面建设,最终都应该体现到提高党的执政能力上来,体现到巩固党的执政地位上来。" 2003年7月1日,胡锦涛在"三个代表"重要思想理论研讨会上发表讲话,系统地提出了需要全党进一步探索和回答的14个重大课题,其中包括"如何改革和完善党的领导方式和执政方式,如何以加强党的执政能力建设为重点全面推进党的建设新的伟大工程"❸。2004年6月,胡锦涛就党的执政理论建设又提出了需要研究的基本范畴,其中包括执政理念、执政基础、执政方略、执政体制、执政方式、执政资源等。这些表明,中国共产党已经找到了执政党建设的新的突破口,体现了党在执政理论把握上的重大进步。

2004年9月召开的中共十六届四中全会,全面分析了当前的形势和任务,着重研究了加强党的执政能力建设的若干重大问题,做出了《中共中央关于加强党的执政能力建设的决定》。该决定论述了加强党的执政能力建设的重要性和紧迫性,总结了党执政以来的主要经验,明确了加强党的执政能力建设的指导思想、总体目标和主要任务,提出了加强党的执政能力建设的具体要求,并号召全党以提高党的执政能力为重点,全面推进党的建设新的伟大工程。

在新世纪现阶段,中国共产党之所以明确强调执政能力建设是党执政后的一项根本建设,并做出加强党的执政能力建设的决定,主要原因在于以下几个方面。

第一,党要担负起推进中国特色社会主义伟大事业的历史重任,必须加强党的执

---

❶ 江泽民. 论党的建设 [M]. 北京:中央文献出版社,2001:484.
❷ 江泽民. 论党的建设 [M]. 北京:中央文献出版社,2001:497.
❸ 十六大以来重要文献选编:上 [M]. 北京:中央文献出版社,2005:376.

政能力建设。中国共产党从成为执政党之日起，就肩负起了实现国家富强、民族振兴、社会和谐、人民幸福的历史使命。党执掌全国政权之后，既为党提供了更好地为人民服务的条件，同时也对党的执政能力提出了新的要求和考验。党的执政能力越来越成为推进党领导的伟大事业、巩固党的执政地位、完成党的执政使命的关键因素，也是衡量党的先进性的主要指标和具体体现。党在中国特色社会主义事业中的领导核心地位，党在新世纪新阶段肩负的重任和使命，党的建设面临的新课题新考验，都决定了党必须始终把执政能力建设作为一项根本建设来抓。

第二，党在推进伟大事业的同时推进党的建设新的伟大工程，内在要求加强党的执政能力建设。高度重视和不断加强自身建设，是中国共产党从小到大、由弱到强、从挫折中奋起、在战胜困难中不断成熟的一大法宝，也是与党领导的伟大事业紧密联系的一项伟大的工程。"党的建设"从不同的历史方位来看，可以分为革命党的建设和执政党的建设。执政党的建设，就是在执政条件下的党的建设，它包括执政党的思想、组织、作风、反腐倡廉、制度等方面的建设。执政党建设的主线，就是执政能力建设和先进性建设。党的执政能力建设和先进性建设，既是执政党自身建设的一个重要组成部分，又对其他各方面建设起牵头、管总的作用。对于执政党的使命和责任来说，最重要、最根本的建设就是执政能力建设。只有以提高党的执政能力为重点，将执政能力建设作为主线贯穿于党的建设的各个方面，全面推进党的建设新的伟大工程，党才能永葆先进性和创造力，才能不断巩固立党之本、夯实执政之基、开掘力量之源，才能始终代表中国先进生产力的发展要求，代表中国先进文化的前进方向，代表中国最广大人民的根本利益。

第三，世界上一些执政党丧失政权的历史教训深刻警示我们，必须加强党的执政能力建设。历史证明，能否在实践中不断提高执政能力，直接关系执政党的生死存亡，关系国家事业的兴衰成败，关系民族的前途命运。20世纪末，包括苏联共产党在内的世界上一些长期执政的大党老党相继丧失政权的历史教训，充分证明了加强党的执政能力建设的重要性。这些政党丧失政权的原因尽管是多方面的，但与它们忽视党的执政能力建设直接相关。在长期执政的条件下，这些政党执政意识淡薄，执政思想僵化，执政宗旨蜕变，执政方式落后，执政队伍涣散，执政基础削弱，执政能力衰退，执政成绩不能令人民满意，最终导致执政地位的丧失。这就从反面告诉我们：执政能力建设是决定执政党生死存亡的一项根本建设。

第四，党内在新形势新任务面前仍然存在一些严重问题，迫切要求全党高度重视党的执政能力建设。面对新形势新任务，党的领导方式和执政方式、领导体制和工作机制还不完善；一些领导干部和领导班子思想理论水平不高、依法执政能力不强、解决复杂矛盾本领不大，素质和能力同全面建设小康社会的要求还不适应；一些党员干部事业心和责任感不强、思想作风不端正、工作作风不扎实、脱离群众等问题比较突出；一些党的基层组织涣散，一些党员不能发挥先锋模范作用，"庸、懒、散"现象和腐败现象在一些地方、部门和单位还比较严重。这些问题严重损害党的执政形象，影响党的执政成效，必须引起全党高度重视，切实加以解决。

正是基于以上原因，中共中央做出了关于加强党的执政能力建设的决定，明确加强党的执政能力建设的总体目标是：通过全党共同努力，使党始终成为立党为公、执政为民的执政党，成为科学执政、民主执政、依法执政的执政党，成为求真务实、开拓创新、勤政高效、清正廉洁的执政党，归根到底成为永远保持先进性、经得住各种风浪考验的马克思主义执政党，带领全国各族人民实现国家富强、民族振兴、社会和谐、人民幸福。❶

加强党的执政能力建设的主要任务是提高"五种能力"。一是坚持把发展作为党执政兴国的第一要务，不断提高驾驭社会主义市场经济的能力；二是坚持党的领导、人民当家做主和依法治国的有机统一，不断提高发展社会主义民主政治的能力；三是坚持马克思主义在意识形态领域的指导地位，不断提高建设社会主义先进文化的能力；四是坚持最广泛最充分地调动一切积极因素，不断提高构建社会主义和谐社会的能力；五是坚持独立自主的和平外交政策，不断提高应对国际局势和处理国际事务的能力。❷要立足现实、着眼长远、抓住重点、整体推进，不断研究新情况、解决新问题、创建新机制、增长新本领，使党的执政方略更加完善、执政体制更加健全、执政方式更加科学、执政基础更加巩固。

（三）加强党的执政能力建设和党的先进性建设的措施

1. 加强党的执政能力建设

在贯彻为民、务实、清廉的要求中发挥党的先进性。加强党的执政能力建设的核心，就是坚持执政为民。执政为民就是党的各级领导干部要成为人民的公仆，成为人民根本利益的组织者、倡导者、实践者。坚持一切从人民的利益出发，做到权为民所用、情为民所系、利为民所谋。贯彻党的十七大提出的为民、务实、清廉的要求，解决当今社会利益冲突和社会贫富两极差距过分悬殊的矛盾。制定维护社会公平公正的利益协调机制，建立健全社会保险、社会救助、社会福利、社会优抚等体现广大人民群众共享全面小康社会带来的共同利益的社会保障机制，制定科学正确协调的社会关系，形成团结友爱，互助融洽，人与社会、人与自然和谐相处良好社会秩序的管理和制约机制，为构建人民安居乐业的社会主义和谐社会提供保障。它有利于保护全体社会成员根本利益得到不断满足和提高，使经济和社会、城市和乡村、东中西部各区域协调发展，国内外经济、政治、文化、社会良性循环，社会稳步前进。这样执政党的先进性必然得到充分发挥，执政地位得到巩固发展。

2. 加强干部队伍建设

在提高党员干部、领导班子素质中发挥党的先进性。党的执政能力和先进性，要

---

❶ 十六大以来重要文献选编：中 [M]. 北京：中央文献出版社，2006：276.
❷ 十六大以来重要文献选编：中 [M]. 北京：中央文献出版社，2006：276-299.

通过党的各级领导干部的领导水平来体现。实现科学执政、民主执政、依法执政，领导干部是关键。毛泽东对党的领导干部提出严格要求，共产党人不是为了做官，而是为了革命。因而在全面建设小康社会、构建社会主义和谐社会的过程中，必须贯彻党的十七大提出的必须把党的执政能力建设和先进性建设作为主线，以造就高素质党员干部为重点，加强组织建设；以健全民主集中制为重点，加强制度建设；加强廉政文化建设，形成拒腐防变的长效机制、反腐倡廉制度体系、权利运转监控机制，使广大党员干部成为实践社会主义核心价值体系的模范，在带领人民构建社会主义和谐社会进程中，坚定马克思主义思想体系，掌握新知识，积累新经验，增长领导才能，创建坚如磐石的执政基础。

3. 加强党风建设

在保持党同人民群众的血肉联系中体现党的先进性，巩固执政地位。在社会主义初级阶段、改革深化的关键时期，各种制度不健全、体制不完善、党风不正，一些领导干部特别是个别党的高级领导干部以权谋私、权钱交易、任人唯亲现象，利用地方势力坑害勒索群众等现象，严重损害了党同人民群众的血肉联系，影响了党在人民群众中的威望。邓小平指出，端正党风是端正社会风气的关键，对严重危害社会风气的腐败现象要坚决制止和取缔。一切企事业单位，一切经济活动和行政司法工作，都必须实行信誉高于一切。严格禁止坑害勒索群众。保持党同人民群众的血肉联系是我们党始终保持先进性的根本法宝。党的十七大强调，必须以保持党同人民群众的血肉联系为重点，加强党风建设。我们党执政后的最大危险就是脱离群众，因而必须加强党的作风建设，始终坚持党的群众路线，构建党员干部联系基层群众，做群众工作的一整套制度体系，建立能反映并表达群众意愿的各种畅通渠道和长效的服务群众的机制，为实践执政为民，体现党的先进性建立制度保证。

总之，党的十七大倡导的须把党的执政能力建设和先进性建设作为主线是提高党的执政能力、保持党的先进性建设、巩固党的执政地位的理论指南。

四、立党为公、执政为民的思想

强调坚持全心全意为人民服务的根本宗旨，坚持以人为本这个核心，贯彻马克思主义群众观点和党的群众路线，保持党同人民群众的血肉联系，实现好、维护好、发展好最广大人民的根本利益，做到权为民所用、情为民所系、利为民所谋，不断增强党的阶级基础、扩大党的群众基础，使党始终得到人民群众的支持和拥护。

立党为公、执政为民的基本内涵是权为民所用、情为民所系、利为民所谋。

（1）权为民所用，是党员干部要做人民利益的忠实代表，坚持为人民服务的思想宗旨。权力来自于人民，服务于人民，这是马克思主义的基本观点和共产党人的根本立场。广大党员特别是党员领导干部要深知手中的权力是人民赋予的，只能为人民谋利益，绝不能为个人谋私利捞好处，绝不能损害人民的利益。做党的好干部，当人民的公仆，就意味着责任和奉献。当好人民公仆，就应当把为人民服务作为人生的目标、人生的价值。只有把自己的智慧和才华贡献给党和人民的事业，为党和人民建功立业，去实现自身的追求，人生才有价值。当今每个党员干部都应自觉地为民解难，为党分忧，永做人民公仆。

(2) 情为民所系，是党员干部为人民谋利益的根本动力。对人民群众的态度如何，就是感情问题。郑培民同志说，对老百姓要讲感情，人民群众最讲感情。感情问题解决了，才能端正对群众的态度，才能站在人民群众的立场上，诚心诚意为人民谋利益。郑培民是情为民所系的光辉典范，他的岗位多次变动，职务越来越高，贴近群众却越来越紧。他不管走到哪里，都深入群众中去体察民情，了解民意，对群众讲实话，给群众办实事，调动群众的积极性，与人民群众建立了深厚的感情。

(3) 利为民所谋，是党员干部要谋富民决策，多办利民之事，倾听群众呼声，关心群众疾苦，为群众办实事、办好事。因此，党员干部要以群众的满意为标准，尽心尽力地为群众解决最实际的困难，尽职尽责地为人民谋取最实在的利益。群众利益无小事，凡是涉及群众的切身利益和实际困难的事情，再小的事也要竭尽全力去办。特别是那些群众难处多、意见大、需要干部着力帮助解决的实际问题，更需要雷厉风行去办，绝不能拖拉。

五、以改革创新精神加强党的建设的思想

坚持继承和创新相结合，坚持用时代发展要求审视自己、以改革创新精神提高和完善自己，不断推进党的建设实践创新、理论创新、制度创新，建立健全以党章为根本、以民主集中制为核心的制度体系，不断提高党的建设科学化水平，推进党的建设科学化、制度化、规范化，发展党内民主，保障党的团结统一，增强党的创造活力。

(一) 改革创新精神的内涵

1. 实践精神是改革创新精神的基本内涵

首先，改革创新本身就是现实的实践活动。实践是人的感性活动，是人能动地改造现实世界的物质力量，它是人类社会存在的基础。实践的最大特性是革命性，就是不断否定旧事物、发展新事物。它"不仅具有普遍性的品格，而且还具有直接现实性的品格"。而改革创新正是这种革命性实践在当今时代的最突出展现，它从根本上体现为一种解放生产力、发展生产力的社会实践活动。只有在切实的革命性的实践过程中，我们才能改革旧体制、创造新事物，改革创新也才具有现实的意义。离开了现实的实践活动，改革创新就只能是一句空话。正是在这个意义上，我们说，实践性是改革创新的最基本特性，实践品格是改革创新精神的最基本品格。

其次，实践是推动改革创新的动力。实践是一种革命性的力量，正是实践的发展推动了社会的发展，进而要求不断地改革创新。一方面，实践的发展，在解决旧矛盾旧问题的同时，提出了新环境下的新矛盾新问题，从而为改革创新提出了新目标新任

务。另一方面，也是由于实践的发展，才推动了社会环境的改变，为新一轮的改革创新提供了新条件。"社会实践是不断发展的，我们的思想认识也应不断前进，应勇于和善于根据实践的要求进行创新。"无论是经济体制改革，还是政治体制改革，它们都是社会主义制度的自我完善和发展，都是社会主义建设实践的需要。无论是理论创新，还是制度创新，抑或是科技创新和文化创新，都在社会主义建设实践的推动下发展。正是由于有了改革开放的实践，才推动了我国全方位的体制改革；正是由于发展中国特色社会主义实践的需要，我们党才不断推动马克思主义理论创新。改革创新精神，是社会实践内在创新性的精神体现和时代呼唤。由于实践的革命性和内在创新性，所以实践精神便内在地包含了与时俱进精神。实践性是马克思主义的显著特性，与时俱进是马克思主义的理论品质。实践活动随着时代的发展而发展，每一次时代转换或时代主题的更换都会伴随社会实践的巨大变革。而社会实践的变革，则会带来社会体制的改革和时代精神的发展。实践精神，便是随着时代发展而不断改革发展的精神，也就是与时俱进的精神。改革创新，"就要不断解放思想、实事求是、与时俱进"。所以改革创新的实践品格，也体现为与时俱进精神。改革创新精神与实践精神、与时俱进精神，是内在一致、融为一体的。而实践精神则是改革创新精神最基本的精神内涵和思想品格。

2. 科学精神是改革创新精神的内在要求

科学精神，是科学发展和科学探索所体现的基本要求，是科学家共同体所具有的根本精神气质，它在精神面貌上体现为一种科学精神。由于科学精神内在于改革创新精神之中，因而科学精神便成为改革创新精神的内在要求。

首先，从科学精神的内涵看，科学精神与改革创新精神是融为一体的。科学精神，是随着近代科学的发展而兴起的体现人类文明成果的重要精神理念，是推动现代社会飞速发展的根本精神动力。美国科学社会学家默顿曾对科学精神的基本含义做过界定。他在1942年发表的《科学的规范结构》一文中指出，"普遍性、公有性、无私利性、有条理的怀疑论"四组体制上的规则构成了现代科学的精神气质。默顿的这一界定，一方面，体现了科学学科的内在规范和基本特质；另一方面，也反映了科学家共同体所遵循的基本要求，因而成为科学哲学界大多数学者界定科学精神的基本范式。但在更广泛的意义上，即在整个人类生活方式和思维方式的意义上，科学精神则具有更为深刻、更为广博的内容。一般认为，科学精神的基本内涵，包含了崇尚真理、实事求是、理性思考、敢于批判、勇于创新、宽容协作、规范严谨等多方面内容；而其中最基本的内容可以概括为三个方面，即求真务实精神、理性批判精神和开拓创新精神。由于科学活动是人们在改造世界的过程中逐步认识规律、接近真理、探索创新的理性活动，科学的发展过程是人们不断摆脱旧观念旧思想、开拓新理论新体系的改革创新的过程，因而"科学的本质就是创新"。这样，科学精神与改革创新精神在基本含义上便融为一体了；科学品格便内在于改革创新的思想品格之中。

其次，在科技发展日新月异的当代社会，尊重科学、弘扬科学精神已是改革创新的内在要求。一方面，改革创新就是要改变不合时宜的旧观念旧体制，使当前的观念体制、科学文化跟上时代的步伐，符合时代发展的规律，因而改革创新的历程也就是一个摆脱错误观念、探索科学真理的过程。另一方面，当今时代，科学技术已经成为第一生产力，科学的发展已经成为推动经济发展和社会进步的最大动力，科学的价值规范和精神理念已经渗透到社会生活的方方面面。这使得当代社会的改革创新已经完全不同于古代社会带有盲目性的社会变革和技术发明，而成为在现代科学理论指导下的体制变革、观念更新和技术创造。它遵循了科学规范的约束，体现了科学发展的原则，因而也就是科学精神和科学原则在社会生活中的贯彻和展现。改革创新精神与科学精神的关系，比以往任何时代都更加密切。这就要求在改革创新的过程中必须尊重科学、弘扬科学精神，体现科学品格。

最后，之所以说科学品格是改革创新精神的内在品格，也是对我国改革开放 30 多年来改革创新历程的思想总结。我国 30 多年改革创新的过程，就是一个不断弘扬科学精神、贯彻科学原则、体现科学理念的过程。改革创新道路的开辟，本身就是我们党崇尚科学精神、以科学态度对待毛泽东思想的结果。此后，无论党的基本路线的提出，还是社会主义市场经济体制的确立，抑或其他各项改革的深入发展，都是我们党科学分析国际国内形势、在科学理论的指导下进行的，都体现了科学探索和科学发展的精神理念。正是因为坚持了实事求是、求真务实、开拓创新的科学精神，我们党才实现了马克思主义中国化的重大理论创新，推动了我国改革开放的深入发展。纵观我国 30 多年的改革历程便可发现，每一次重大改革和创新，无不是以科学的态度对待马克思主义、以科学的精神指导社会发展的结果，无不彰显了改革创新的科学品格。

3. 人文精神是改革创新精神的时代特征

首先，人文精神成为改革创新精神的时代特征，是人文发展的历史必然，也是马克思主义人文精神在当代社会变革中的展现。人文精神是文艺复兴以来所兴起的重视人的理性、尊严和价值的精神理念。它从一开始就与早期资产阶级勇于变革、勇于创新的精神密不可分。早期的人文主义强调人性，否定神性，强调人的独特价值、自由尊严和天赋权利，反对封建专制，因而它具有鲜明的资产阶级个人主义的特性。马克思主义的诞生，从根本上确立了与科学精神相统一的人文精神，使人文精神超越了资产阶级的阶级局限，成为无产阶级乃至全人类实现自己的人文价值、追求人的全面发展的精神动力。马克思、恩格斯深刻指出了私有制社会中人的异化的原因，批判了资本主义社会存在的人对人的剥削、物对人的控制等反人文的现象，并找到了克服异化、追求人的真正自由的道路，即社会主义、共产主义道路。马克思、恩格斯批判旧社会、追求新解放的过程，本身就是马克思主义的革命精神和改革创新精神在当时的体现。100 多年来，马克思主义的人文精神不但没有过时，而且随着资本主义异化的加重以及科技发展所带来的一些问题，更显现出它的真理本质和现实价值，从而成为当今时代社会改革和技术创新的精神准则。

其次，当今时代的科技发展，使弘扬人文精神、体现人文理念成为改革创新的时代要求。20世纪中叶以来，人类社会发生了翻天覆地的变化，日新月异的科技创新渗透到人类生活的各个方面，使整个人类生活方式发生了重大变革，社会的管理体制、人们的思维方式与思想观念也在不断地改进、转变或翻新，改革创新已经成为时代发展的一大特色。但另外科学的发展、生产的扩大、消费的增长，在很多方面造成了人类生存环境的恶化。环境的污染、资源的短缺、物种的灭绝以及生活节奏的加快、人际感情的淡漠等，使得越来越多的人感染了"精神空虚"症。自杀、焦虑、烦躁不安与缺乏安全感，成为某些现代化国家人文缺失的精神病症。弘扬人文精神，回归人的价值，实现对自然、社会特别是人本身的广泛的人文关怀，成为当今时代发展的迫切需要。人文精神与人文价值，越来越引起人们的重视，逐渐成为衡量社会发展的重要标尺。人文价值在当今时代的再次彰显，为改革创新提出了新的要求，使改革创新精神具有了人文精神的价值维度。体现人文价值，成为当今时代改革创新精神的突出特色。

最后，在当代中国，彰显改革创新的人文精神，也是贯彻以人为本的科学发展观的精神要求。以人为本是科学发展观的核心，是对马克思主义人文精神的发展，也是我们各项工作改革创新的思想原则。它改变了以往偏重物质生产、科技发明的发展模式，更加注重人的价值、权利和尊严，注重人的全面发展，注重人民群众的切身利益，把人的价值、人的发展和人民的利益体现在改革创新的各个方面。

一方面，当代中国的改革创新，就是要推动我国经济社会和谐发展、科学发展，进而满足人民群众的物质文化需要。实现人的发展，满足人民的需要，是我们改革创新的目的所在。相应地，人文价值，是改革创新精神的方向所在。另一方面，当代中国的发展模式日益展现为一种和谐、科学的发展模式，这种发展模式要求在改革发展的过程中统筹兼顾，把经济发展与文化发展、人的物质需要与精神需要、人民群众的眼前利益与长远利益统一起来。它在推动发展的同时，更加注重了对人的精神关怀，使人文价值成为始终贯穿改革发展的一个重要原则。可以说，改革创新精神的人文品格，既体现在改革创新的目的中，也体现在改革创新的过程中。它是当今时代改革创新的核心理念，是当前改革创新必须坚持的精神要求。

（二）党的建设思想的创新体现

1. 理论体系方面

明确了党的执政理论体系的主要内容。胡锦涛在2004年6月29日中央政治局会议上的讲话中指出："党的执政理论建设是一项系统工程，包括执政理念、执政基础、执政方略、执政体制、执政方式、执政资源等主要方面。"2004年8月22日在邓小平诞辰100周年纪念大会的讲话中，又增加了"执政环境"的内容。这样胡锦涛就从"执政理念、执政基础、执政方略、执政体制、执政方式、执政资源、执政环境"这七个方面提出并构筑起完整的党的执政理论体系。从价值上讲，提出完整的党的执政理论体系是胡锦涛对执政党建设所做的理论上、宏观上、战略上的深入思考，是在我们党完成革命党向执政党的转型后对执政党建设理论的重大飞跃。这样一个科学完整的执政理论体系的构建对我们党在执政条件下大力加强党的建设，不断提高党的执政水平和领导水平，创建突出的执政业绩无疑都具有重大的理论指导意义。

2. 思想建设方面

提出了科学发展观引领发展的基本指导方针。在推进中国特色社会主义的过程中全力推进发展理念和发展模式创新。2003年10月召开的党的十六届三中全会上胡锦涛提出了科学发展观这一引领发展的基本指导方针，科学发展观不仅为未来中国经济社会的发展指明了基本方向，也为中国共产党的执政能力建设提供了重要的指导思想。2007年6月25日，胡锦涛在中央党校发表演讲中进一步强调，"科学发展、和谐社会，是发展中国特色社会主义的基本要求，是实现经济社会又好又快发展的内在需要，必须坚定不移地加以落实。"科学发展观使执政党对中国特色社会主义的发展方式有了更加全面、深刻和成熟的认识。胡锦涛带领全党全力推进马克思主义中国化和党的指导思想创新，并最终形成了马克思主义中国化最新成果——中国特色社会主义理论体系。按照党的十七大报告的表述：中国特色社会主义理论体系，就是包括邓小平理论、"三个代表"重要思想以及科学发展观等重大战略思想在内的科学理论体系。

3. 执政能力方面

形成了全方位的执政能力建设构想。中国共产党成立95年、执政67年、实行改革开放38年来，党组织的发展壮大，党的生机与活力的展现，党的创造力、凝聚力、战斗力的增强，党的坚定有力和执政地位的持久稳固，党的事业取得一个又一个历史性胜利，都同不断提高和发展党的建党思想所起的重大作用是分不开的。胡锦涛同志在党的十六届一中全会上指出："我们党是执政党，党的各方面建设，最终都应该体现到提高党的执政能力上来，体现到巩固党的执政地位上来。"在科学发展观的指导下，中国共产党的执政能力建设外化出一系列全新的政治理念：一是"以人为本"的理念；二是和谐的理念；三是合作、协调、均衡的理念；四是法治的理念。这一系列新理念、新思想，在新的历史时期不断提升和巩固着党的执政能力。

4. 执政理念方面

明确提出了立党为公、执政为民的执政理念。胡锦涛是"执政为民"理念的首倡者，他在"三个代表"重要思想理论研讨会上的讲话中，把人民当家做主的国家制度本质具体化为"立党为民、执政为民"的执政能力建设思想。在2003年的"七一"讲话中，他在"权为民所用、情为民所系、利为民所谋"的基础上，明确提出了我们党的"立党为公、执政为民"的执政理念。这一执政理念明确了我们党"为谁执政，靠谁执政"的根本性问题，是我们党执政的思想指针。胡锦涛在党的十六届四中全会上提出的"社会主义和谐社会"的科学论断，是对我国改革开放和现代化建设经验的科学总结，标志着我们党对社会主义基本问题的重大创新。2011年"七一"重要讲话强调，以人为本、执政为民是我们党的性质和全心全意为人民服务根本宗旨的集中体现，是指引、评价、检验我们党一切执政活动的最高标准，这标志着我们党的执政理念的重要升华。

5. 执政环境方面

积极争取国际环境，营造良好国内环境，促进党内和谐环境。执政环境是指存在于执政党周围直接或间接地作用和影响执政活动的各种客观因素或条件的总和，包括执政党所处时代的国际、国内、党内的客观状况，即世情、国情、党情。一是积极争取良好的国际环境和周边环境。中国特色社会主义事业能否成功，在一定程度上取决于国际环境和周边环境的好坏。我党高举和平、发展、合作的旗帜，推动建立国际政治经济和国际文明的新秩序，争取在激烈的国际竞争中始终掌握主动，为中国特色社会主义建设事业创造一个良好的外部环境。二是构建社会主义和谐社会，营造良好的国内环境。党的十六届四中全会在党的历史上第一次提出和阐述了"构建社会主义和谐社会"的科学论断，并将其作为执政党能力建设的重要战略任务提到全党面前。构建和谐社会是执政党主动提出的社会目标，基本宗旨在于最广泛最充分地调动一切积极因素，形成全体人民各尽其能、各得其所的和谐社会，巩固执政党的社会基础。三是健全党内民主，促进党内和谐环境的发展。以改革创新的精神加强党的建设，尊重党员的主体地位，营造党内民主环境，调动党员参与的积极性，在部分地区推行党代会常任制试点工作、干部任用的票决制和公推直选制。将政治协商纳入决策程序，创建程序文明。

6. 执政体制方面

在新的历史条件下，健全党的执政体制是党的建设的一项重要工程。2004年6月，胡锦涛同志在中央政治局第十四次集体学习时，提出了"执政体制"的概念和解决执政体制的问题。同年9月，中国共产党十六届四中全会通过了《中共中央关于加强党的执政能力建设的决定》，明确宣布要通过全党的共同努力，使党始终成为立党为公、执政为民的执政党，成为科学执政、民主执政的执政党，成为求真务实、开拓创新、勤政高效、清正廉洁的执政党，这标志着中国共产党从革命党到执政党的转变历程从此进入一个以制度建构和制度创新为核心的新时期，充分体现出中国共产党对于制度建构和制度创新在执政能力建设中的基础性作用的认识不断加深和强化。

7. 党风廉政建设方面

着力培育领导干部良好的执政作风，推动建立惩治预防腐败体系。加强党的作风建设，保持党同人民群众的血肉联系，最重要的是大力弘扬求真务实精神、大兴求真务实之风。胡锦涛同志指出："求真务实，是辩证唯物主义和历史唯物主义一以贯之的科学精神，是我们党的思想路线的核心内容，也是党的优良传统和共产党人应该具备的政治品格。"在全党内大力弘扬求真务实精神，加强思想教育，健全相关制度，提高执政效率，真正做到为民、务实、清廉，建立健全惩治和预防腐败体系。党的十六届四中全会通过的《中共中央关于加强党的执政能力建设的决定》明确提出了坚持"标本兼治、综合治理、惩防并举、注重预防"的十六字方针,标志着中国的反腐败斗争向前迈出了坚实的一大步,进入了新的发展阶段。

8. 领导班子和干部队伍建设方面

干部制度改革是与执政党建设相关的重要内容之一,中共十六大报告首次提出执政能力建设时,强调的就是"各级党委和领导干部要不辱使命、不负重托,就要适应新形势和新任务的要求,在实践中掌握新知识,积累新经验,增长新本领"。2004年,"5+1"文件的颁布标志着我国干部选拔任用制度改革正在由局部改革、单项突破向综合配套、整体推进的方向迈进。党的十七大第一次明确提出"坚持正确用人导向,按照德才兼备、注重实绩、群众公认的原则选拔干部,提高选人用人的公信度"。

9. 基层组织和党员队伍建设方面

建立健全体制机制,充分发挥基层党组织作用。基层党建和基层党组织作用的发挥是提高中国共产党执政能力的重要基础。2005年,提出了党的路线、方针、政策在基层党建中是否得到切实的贯彻和落实,直接关系到整个社会的治理体系是先进还是落后,关系到社会发展道路顺畅与否,关系到党的全部工作和战斗力的基础是否得到巩固。胡锦涛在党的十六届四中全会上指出,要根据基层党组织建设面临的新情况新问题,调整组织设置,改进工作方式,创新活动内容,扩大覆盖面,增强凝聚力,使基层党组织都能够紧密联系群众、充分发挥作用。党的十七届四中全会《关于加强和改进新形势下党的建设若干重大问题的决定》强调:"党的基层组织是党的全部工作和战斗力的基础,是落实党的路线方针政策和各项工作任务的战斗堡垒。"因此,执政党建设应注重基层组织的建设,无论是贯彻落实科学发展观、建设和谐社会,还是巩固党的组织基础,都必须做好抓基层打基础工作。

六、党要管党、从严治党的思想

治国必先治党、治党务必从严,实行党建工作责任制,坚持严格要求、严格教育、严格管理、严格监督,开展批评和自我批评,严肃党的纪律,从关系人心向背和党的生死存亡的战略高度加强党风廉政建设,坚决纠正损害群众利益的不正之风,不断解决党内存在的问题,提高管党治党水平,始终保持党的先进性和纯洁性。

1. 党要管党、从严治党的必要性

坚持党要管党、从严治党,是我们党从长期执政建设实践中得到的重要认识和结论,也是加强和改进新形势下党的建设必须长期坚持的重要指导原则。

坚持党要管党、从严治党,是由党的性质、党在国家和社会生活中所处的地位、肩负的历史使命决定的,是党的一贯要求和优良传统。中国共产党是按照马克思列宁主义建党理论和原则建立起来的工人阶级先进政党。从成立的那一天起,党就具有严密的组织、严格的纪律,就坚持党要管党、从严治党。历史经验告诉我们,党要管党须臾不可懈怠,从严治党一刻不可背离。

坚持党要管党、从严治党，是党在长期执政条件下保持先进性和纯洁性，巩固党的执政地位的必然要求和重要保证。治国必先治党，治党务必从严。对于我们这样一个在13亿多人口的大国执政的马克思主义政党来说，坚持党要管党、从严治党尤为重要。因为执政，党有了更好地为人民服务的条件，同时也增加了脱离群众的危险。对此党要始终保持清醒的认识。执政党的建设和管理，比没有执政的政党要艰难得多。我们必须深刻认识世界上一些长期执政的共产党丧失政权的教训。党执政时间越长，越要抓紧自身建设，越要从严要求党的组织，从严要求党员干部，切实把从严治党的方针贯彻于党的建设各个方面和环节。

坚持党要管党、从严治党，是由目前党的状况所决定的。我们党执掌全国政权已经60多年，从受到外部封锁和计划经济条件下领导国家建设，到对外开放和发展社会主义市场经济条件下领导国家建设，党所处的社会环境发生了很大的变化，党的自身状况也发生了很大的变化。党员队伍不断发展壮大，结构不断变化，素质逐步提高，党组织的覆盖面不断扩大，使党展现出蓬勃的生机和活力，同时对党员进行教育、管理、监督的难题也增加了，落实坚持党要管党、从严治党的任务比过去任何时候都更为繁重和紧迫。

2. 党要管党、从严治党思想要求

面对长期执政带来的考验，面对党员队伍出现的变化，如果治党不严、纪律松弛、组织涣散，党的基层组织起不到战斗堡垒的作用，党员发挥不出先锋模范作用，发展下去党的执政地位就有丧失的危险。

坚持党要管党，从严治党，不是一个空洞的口号，而是对党的建设的全面要求，必须贯穿于党的建设各个方面工作中，切实体现到对各级党组织、广大党员干部竞选教育、管理、监督等各个环节中去。

坚持党要管党、从严治党，要在全党特别是党的各级领导干部中形成党组织抓好党建是本职、不抓党建是失职、抓不好党建是不称职的思想共识和舆论导向。要全面落实党建工作责任制，健全党委统一领导、部门齐抓共管、一级抓一级、层层抓落实的党建工作格局，确保党的建设各项任务落实到基层、落实到实处。

坚持党要管党、从严治党，必须严格按照党章办事，按党的规定和制度办事；必须对党员特别是领导干部严格要求、严格教育、严格管理、严格监督；必须在党内生活中讲党性、讲原则，弘扬正气、反对歪风；必须严格执行党的纪律，坚持在纪律面前人人平等。特别是要加强党风廉政建设，坚持不懈开展反腐败斗争，坚决纠正损害人民群众利益的不正之风，不断解决自身存在的问题，始终保持党的先进性和纯洁性。

第三节 党的建设面临的新课题和新考验

中国共产党"历经革命、建设和改革,已经从领导人民为夺取全国政权而奋斗的党,成为领导人民掌握全国政权并长期执政的党;已经从受到外部封锁和实行计划经济条件下领导国家建设的党,成为对外开放和发展社会主义市场经济条件下领导国家建设的党"❶。深刻认识和正确把握党自身历史方位的转变,是加强和改进新形势下党的建设的根本前提和依据。面对风云变幻的国际形势,面对艰巨繁重的国内改革发展稳定任务,中国共产党要团结带领人民在新的历史起点上继续前进,必须在正确把握党自身历史方位变化的基础上,认真分析党的建设面临的形势和任务,不断加强和改进党的建设。

一、党的建设面临的新课题

(一)世情的深刻变化与党面临的新课题

从世情来看,当今世界正处于大发展大变革大调整时期,如何在日趋激烈的综合国力竞争中赢得发展主动权,对理论工作提出了新的更高要求。当前,世界多极化和经济全球化深入发展,科技创新孕育新突破,和平、发展、合作仍是时代潮流。同时,世界政治经济格局出现新变化,各种不确定、不稳定、不安全因素增多,特别是应对国际金融危机的冲击是对各国发展模式、发展道路、执政能力的重大考验,经历这场冲击之后,围绕发展主动权的国际竞争日趋激烈。世界各国都在重新审视自己,积极探寻更为有效的发展路径、发展方式,努力抢占世界经济发展的制高点,对发展模式、发展道路的讨论也日益活跃。在这场竞争中,国家发展如逆水行舟,不进则退。当今世界,综合国力的竞争,从实质上说,是发展理念、发展战略、发展模式的竞争,其中最具决定意义的是关于发展的理论。用什么样的发展理论来指导,就会有什么样的发展取向,有什么样的发展结果。我国之所以有今天这样的好局面,根本在于改革开放以来形成了一套科学的发展理论,找到了一条正确的发展道路,这就是中国特色社会主义。综合判断当前国际国内形势,总体上有利于我国和平发展,我国仍处于可以大有作为的重要战略机遇期。战胜各种风险挑战、赢得发展的主动权,迫切要求我们从国际国内的相互联系中把握发展大势、创新发展理念、完善发展战略,争创发展的新优势,使中国特色社会主义道路越走越宽广;迫切要求深入总结我国发展的成功经验,积极回应国际社会对"中国道路""中国经验"的关切,使中国发展道路获得更加广泛的理解和认同,努力营造良好的国际环境;迫切要求进一步进行理论创新,增

---

❶ 十六大以来重要文献选编:上 [M]. 北京:中央文献出版社,2005:9.

强思想理论的说服力和感召力，使全国各族人民对中国特色社会主义的创新实践增强自信心和自豪感，有力抵御西方敌对势力的思想渗透，维护我国国家安全和意识形态安全。

（二）国情的深刻变化与党面临的新课题

从国情来看，改革开放和现代化建设进入新的关键阶段，如何开拓中国特色社会主义更为广阔的发展前景，对理论工作提出了新的更高要求。胡锦涛同志讲话中"三个没有变"的重要论断，对于我们正确认识和把握我国国情，具有十分重要的意义。经过长期艰苦的努力，我国取得了举世瞩目的巨大成就，国家面貌发生了历史性变化，事业发展已站在新的历史起点上，进入新的发展阶段。这既是一个发展机遇期，也是改革攻坚期和社会矛盾凸显期，呈现出一系列新的阶段性特征。经济社会发展中不平衡、不协调、不可持续的问题突出，制约科学发展的体制机制障碍依然存在，转变经济发展方式过程中的"两难"问题明显增多。社会思想多元多样多变趋势更加明显，各种社会思潮日趋活跃，引领社会思潮、凝聚社会共识的难度越来越大。特别是随着利益格局深刻调整，各种利益关系更趋复杂，社会矛盾明显增多，协调各方面关系、化解社会矛盾的压力不断加大，推动科学发展、促进社会和谐的任务十分艰巨繁重。这迫切要求我们从理论上深入分析我国发展面临的新情况新问题，研究解决制约科学发展的突出矛盾，为推动经济社会又好又快发展提供理论支持；迫切要求围绕党和政府的重大决策部署开展具有针对性、战略性、前瞻性的深入研究，更好地提供政策建议、理论依据、解疑释惑和咨询服务；迫切要求深入总结人民群众的实践创造和鲜活经验，不断深化对经济社会发展规律的认识，以新的思想观点为丰富和发展中国特色社会主义理论体系做出新贡献。

（三）党情的深刻变化与当前面临的新课题

从党情来看，党所处的历史方位和执政环境发生了深刻变化，如何提高党的执政能力、保持和发展党的先进性，对理论工作提出了新的更高要求。90多年来，我们党为争取民族独立、人民解放和实现国家富强、人民富裕艰苦奋斗、不懈探索，建立了彪炳史册的丰功伟绩。在这一光辉历程中，我们党适应各个历史时期的形势和任务，坚持不懈地推进自身建设，党的先进性得到坚持和发展，党的执政地位得到加强和巩固，党的领导水平和执政水平、党的建设状况、党员队伍素质总体上同党肩负的历史使命是适应的。但是，党的先进性和党的执政地位都不是一劳永逸、一成不变的，过去先进不等于现在先进，现在先进不等于永远先进，探索执政党建设规律是一个永恒课题。当前，党内还存在不少不适应新形势新任务、不符合党的性质和宗旨的问题。特别要看到我们党所处的历史方位和执政环境已发生深刻变化，面临的执政考验、改革开放考验、市场经济考验、外部环境考验也是长期的、复杂的、严峻的，精神懈怠的危险、能力不足的危险、脱离群众的危险、消极腐败的危险，更加尖锐地摆在全党面前，党自身建设的任务比过去任何时候都更为紧迫和繁重。胡锦涛同志指出："我们必须从新的实际出发，坚持以科学理论指导党的建设，以改革创新精神研究和解决党的建设面临的重大理论和实际问题，着眼于全面建设小康社会、加快推进社会主义现代化，全面认识和自觉运用马克思主义执政党建设规律。"这就迫切要求我们用科学的理论武装全党，不断提高广大党员干部的思想理论素养，始终保持清醒头脑和科学认识，树立坚定的政治立场和政治信念；迫切要求认真研究总结党的建设的历史经验和新鲜经验，研究我们党领导人民夺取政权、执掌政权、治国理政的客观规律，不断丰富和发展党建理论；迫切要求深入研究党的建设遇到的新情况新问题，进一步探索新形势下加强党的建设的有效途径和方法，以更多有价值的理论成果推动党的建设实践创新和制度创新。

二、加强党的建设，积极应对当前面临的新课题

（一）加强党的执政能力建设，经受四个考验

在世情、国情、党情发生深刻变化的情况下，提高党的领导水平和执政水平，提高拒腐防变和抵御风险能力，面临许多前所未有的新情况、新问题、新挑战，执政考验、改革开放考验、市场经济考验、外部环境考验是长期的、复杂的、严峻的。

一是执政考验。提高党的领导水平和执政水平，面临着一系列新的重大课题：面对国际形势的深刻变化和国内改革发展的繁重任务，如何坚持以经济建设为中心，抓住发展这个执政兴国的第一要务，促进经济又好又快发展；面对社会主义政治的深入发展，如何坚持科学执政、民主执政、依法执政，创新执政理念、转变执政方式，为人民掌好权、执好政；面对人们思想活动独立性、选择性、差异性日益增强，如何巩固马克思主义在意识形态领域的指导地位；面对我国社会空前变革中社会阶层分化、价值观念多样、利益诉求多元、社会矛盾凸显的情况，如何激发全社会的创造活力，把各方面的力量凝聚起来，有效维护社会稳定、促进社会和谐，等等。所有这些，都对中国共产党执政提出了新的要求。

二是改革开放考验。新的历史时期，中国共产党肩负着领导全国人民进行改革开放和实现社会主义现代化的伟大任务。这是一场新的革命，党要领导和推进这场革命，自身必须坚强有力。面对改革开放中日益呈现出的新旧矛盾、长期性矛盾和阶段性矛盾、可以预料和难以预料的矛盾相互交织的复杂局面，排除来自"左"和右的各种干扰，坚定不移地继续推进改革开放，进一步解放和发展生产力，是党执政面临的重大课题和根本任务。

三是市场经济考验。中国的社会主义市场经济是一种新型市场经济，没有现成的经验可以借鉴，也必然会遇到各种突出矛盾和问题。不断完善社会主义市场经济体制，既发挥好市场在资源配置中的基础性作用，又发挥社会主义制度的优越性，仍然是中国共产党需要不断探索和回答的重大课题。此外，经济领域中的市场交换原则也会不

同程度地反映到政治生活领域乃至党内生活中来，导致拜金主义、享乐主义、极端个人主义侵蚀党的肌体。如何既能领导好社会主义市场经济，又能始终保持党的先进性和纯洁性，也是摆在党面前的重大考验。

四是外部环境考验。当代中国的前途命运已经日益紧密地同世界的前途命运联系在一起。党要领导好国内建设，一刻也不能忽视外部环境的影响，一刻也离不开对世界形势发展变化的准确判断。当前，我国发展的外部环境总体上是有利的，但也要看到，随着世界多极化、经济全球化深入发展，国际金融危机影响深远，综合国力竞争和各种力量较量更趋激烈，不稳定不确定因素增多，也给我国发展带来了新的机遇和挑战。如何以敏锐的眼光洞悉发展先机，始终保持清醒头脑，统筹国内国际两个大局，牢牢掌握发展的战略主动权；如何既积极参与国际经济合作和竞争，又有效抵制西方敌对势力的渗透破坏，维护国家安全，为中国的改革和发展创造良好外部环境，这些也是党面临的重大考验。

（二）加强党的先进性建设，消除四个危险

共产党的先进性，就其自身而言，有两层含义：一是指党在思想、理论、纲领等方面所具有的优于其他政党的特质，这种特质，就是以马克思主义为指导思想，以工人阶级为阶级基础，以优秀分子为成员，以民主集中制为组织原则所形成的，它体现在党的理想、宗旨、路线、纲领、方针和政策之中，体现在党员和党的干部模范带头作用之中。二是指党在推动人类社会历史发展进步中所体现出来的先进性质。

共产党的先进性，一是来源于先进的阶级基础。工人阶级的先进性，决定了这个阶级的先锋队的先进性。二是来源于先进的理论。马克思主义与时俱进的理论品质，决定了以其为指导思想的马克思主义政党的先进性。

先进性是马克思主义政党的本质属性，是马克思主义政党的生命所系、力量所在。党的先进性是历史的具体的，既是一以贯之的，又是与时俱进的。这就决定了保持和发展党的先进性是马克思主义政党自身建设的根本任务和永恒课题。中共中央提出加强党的先进性建设的重大战略思想，就是基于对这个重大课题的深刻认识，也是基于对不断解决好这个重大课题的战略思考。❶

党的先进性建设，是马克思主义政党通过自身的思想、组织、作风、反腐倡廉、制度等方面的建设，保持和发展党的先进性的动态过程。

党的先进性建设作为马克思主义政党的根本性建设，在于它是马克思主义政党的立党之本、生命之魂和力量之源，是"建设一个什么样的党，怎样建设党"的核心问题。它贯穿于党的各项建设之中，是统领党的建设全局的根本任务。

在长期执政的条件下，党的先进性建设与党的执政能力建设紧密相关、相辅相成，先进性建设是党的建设的永恒主题，涵盖思想、组织、作风、反腐倡廉、制度和能力

---

❶ 十六大以来重要文献选编：下 [M]．北京：中央文献出版社，2008：525．

建设等各个方面，并外在地表现为党在治国理政实践中的能力和本领、党的形象与风貌。执政能力是党的先进性的客观标志和外在的具体体现，因为执政党的先进性必须通过执政能力来展现，通过执政绩效来检验。先进性建设是执政能力建设的内在基础和决定性因素。如果党的先进性建设抓得不紧或未见成效，党就会失去人民群众的信任，就会丧失执政资格和执政地位，党的执政能力建设也就无从谈起。在长期执政的条件下，抓紧抓好党的先进性建设，就是抓住了提高党的执政能力、巩固党的执政地位的关键。总之，党的先进性建设和执政能力建设一起共同构成党的建设的主线，贯穿于党的思想建设、组织建设、作风建设、反腐倡廉建设和制度建设之中，统一于党的建设新的伟大工程。

回顾中国共产党成立以来的历程，总结党的自身建设的经验，中国共产党人明确了保持和发展马克思主义政党先进性的四个根本点：一是坚持解放思想、实事求是、与时俱进，以科学态度对待马克思主义，用发展着的马克思主义指导新的实践，坚持真理、修正错误，坚定不移走自己的路，始终保持党开拓前进的精神动力；二是坚持为了人民、依靠人民，诚心诚意为人民谋利益，从人民群众中汲取智慧和力量，始终保持党同人民群众的血肉联系；三是坚持任人唯贤、广纳人才，以事业感召、培养、造就人才，不断增加新鲜血液，始终保持党的蓬勃活力；四是坚持党要管党、从严治党，正视并及时解决党内存在的突出问题，始终保持党的肌体健康。❶

中国共产党坚持不懈地加强先进性建设，不断取得重要成果，为党更好地完成执政使命提供了重要保证。但也必须清醒地看到，党内目前仍然存在着一些与党的先进性要求不适应、不符合的突出问题。比如，一些党员先进性意识淡薄，理想信念不坚定，宗旨观念不牢固；一些领导干部和领导班子思想理论水平不高，解决复杂矛盾的本领不强，工作作风不实；一些地方党的基层组织建设还比较薄弱；一些领域的腐败现象还比较严重，特别是有些领导干部以权谋私、贪赃枉法、腐化堕落的案件仍时有发生。对于这些问题，必须高度重视、下大力气抓紧解决，否则就会影响党的先进性的充分发挥。全党都必须深刻认识到，加强党的先进性建设是一项长期的历史任务，必须紧紧围绕党的历史使命和中心任务，进一步推进党的先进性建设。

加强党的先进性建设，就是要通过推进思想建设、组织建设、作风建设、反腐倡廉建设和制度建设，使党的理论和路线方针政策合乎时代发展的潮流、顺应我国社会发展进步的要求、反映全国各族人民的利益和愿望，使各级党组织不断提高创造力、凝聚力、战斗力，始终发挥领导核心作用和战斗堡垒作用，使广大党员不断提高自身素质，始终发挥先锋模范作用，使党不断提高执政能力、巩固执政地位、完成执政使命。因此，要紧密结合贯彻落实科学发展观的实践、构建社会主义和谐社会的实践、加强党的执政能力建设的实践、保持党同人民群众血肉联系的实践，来加强党的先进性建设，保持和发展党的先进性。要把保持和发展党的先进性体现在善于治国理政上，

---

❶ 胡锦涛. 在庆祝中国共产党成立90周年大会上的讲话［M］. 北京：人民出版社，2011：9-10.

体现在不断发展先进生产力、发展民主政治、发展先进文化、构建和谐社会、实现最广大人民的根本利益上,必须以党的先进性建设推动科学发展观的贯彻落实,使党始终保持旺盛的生机和活力。

党的建设是党领导的伟大事业不断取得胜利的重要法宝。新中国成立后特别是改革开放以来,中国共产党根据自身历史方位和中心任务的变化,不断提高领导水平和执政水平,提高拒腐防变和抵御风险能力,取得了巨大成就。当前,党的建设状况、党的领导水平和执政水平、党员队伍素质总体上同党肩负的历史使命是适应的。同时,党内也存在不少不适应新形势新任务新要求、不符合党的性质和宗旨的问题,精神懈怠的危险、能力不足的危险、脱离群众的危险、消极腐败的危险更加尖锐地摆在全党面前。

一是精神懈怠的危险。对于肩负着实现中华民族伟大复兴历史使命的中国共产党来说,革命精神是非常宝贵的,没有革命精神就没有革命行动。中国共产党之所以能从成立时的几十个人发展成为拥有8 000多万名党员的大党,之所以能领导中国革命、建设、改革取得伟大胜利和巨大成就,团结带领人民在中华民族伟大复兴的道路上奋勇前进,靠的就是革命理想和信念的支撑。在长期执政和取得改革发展巨大成就的情况下,如何避免精神懈怠,如何克服一些党员干部安于现状、贪图享受、不思进取、不爱学习、理想信念动摇、缺乏忧患意识的思想,始终保持积极进取的精神状态,坚定理想信念,始终为人民不懈奋斗,这是一个重大而紧迫的问题。

二是能力不足的危险。在国际国内复杂形势下,中国特色社会主义事业发展呈现出许多前所未有的新趋势新特点,面临着许多前所未有的新情况新问题,做好工作的艰巨性、复杂性、挑战性更加突出,对领导者素质、能力的要求越来越高。克服一些党员干部能力素质不高,应对复杂局面的能力不强,工作主动性、积极性和创造性不够等问题,不断提高领导改革开放和现代化建设的能力和本领,更加突出地摆在全党的面前。

三是脱离群众的危险。党的根基在人民、血脉在人民、力量在人民。密切联系群众是中国共产党的最大政治优势,脱离群众是中国共产党执政后的最大危险。当前,一些党员干部宗旨意识淡薄、官本位思想严重,有些党员干部还存在脱离群众、脱离实际,不讲原则、不负责任,言行不一、弄虚作假,形式主义、官僚主义严重等问题。如果对这些问题重视不够、整治不力,党的执政地位就有丧失的危险。

四是消极腐败的危险。消极腐败是危害党的肌体健康的毒瘤。坚决反对腐败,是中国共产党必须始终抓好的重大政治任务。目前一些党员干部法治意识、纪律观念淡薄,铺张浪费、奢靡享乐,跑官要官、买官卖官等问题屡禁不止,一些领导干部特别是高级干部中发生的腐败案件影响恶劣,一些领域腐败现象易发多发等。这严重削弱了党的创造力、凝聚力、战斗力,严重影响党的执政地位巩固和执政使命实现,必须引起警醒,抓紧加以解决。

"党的先进性和党的执政地位都不是一劳永逸、一成不变的,过去先进不等于现在先进，现在先进不等于永远先进；过去拥有不等于现在拥有，现在拥有不等于永远拥有。"❶ 对于中国共产党来说，在"四个考验"和"四个危险"面前，落实党要管党、从严治党的任务比以往任何时候都更为繁重、更为紧迫。必须居安思危，增强忧患意识，以改革创新的精神研究和解决党的建设面临的问题，进一步加强和改进党的建设。要着眼于提高党的执政能力、保持和发展党的先进性，确保党在世界形势深刻变化的历史进程中始终走在时代前列，在发展中国特色社会主义的历史进程中始终成为坚强的领导核心。

（三）保持党的纯洁性，做到四个坚持

对于马克思主义政党来说，党的纯洁性就是指党员干部的思想、作风、行为符合党的工人阶级先锋队性质和为大多数人谋利益的宗旨的这一特性。党能否保持纯洁性，不仅关系到党组织的形象，也关系到党组织功能的发挥。

在复杂多变的国际环境和艰巨繁重的国内改革发展任务的双重考验前，在党面临的"四个考验"和"四个危险"面前，2012年1月9日，胡锦涛在中国共产党第十七届中央纪律检查委员会第七次全体会议上发表重要讲话，突出强调了在新形势下保持党的纯洁性问题，要求切实做好保持党的纯洁性各项工作，从而向全党提出了在新形势下保持党的纯洁性的任务。3月1日，习近平在中央党校2012年春季学期开学典礼上的讲话中，对新形势下保持党的纯洁性的问题做了系统阐述。

党的纯洁性，体现在党的思想、政治、组织和作风各个方面。体现在思想上，就是要求各级党组织和广大党员、党的领导干部必须坚持把马克思主义及其中国化的理论成果作为指导思想，坚持把为社会主义、共产主义奋斗作为理想信念，坚持马克思主义实事求是的思想路线，坚决抵制各种反马克思主义思想的侵蚀，坚决同各种违背马克思主义的错误思想做斗争；体现在政治上，就是要求各级党组织和广大党员、党的领导干部必须坚决执行党的纲领、章程和路线方针政策，在社会主义初级阶段必须坚持以经济建设为中心、坚持四项基本原则、坚持改革开放的基本路线，坚决抵制和反对一切违背党的基本路线的错误政治倾向；体现在组织上，就是要求各级党组织和广大党员、党的领导干部必须坚持贯彻党的民主集中制原则和遵守党的组织纪律的要求，自觉维护党的团结统一，坚决反对一切危害和分裂党的行为，严格坚持党章所规定的共产党员标准和领导干部条件，坚决把背离党纲党章、危害党的事业、已经丧失共产党员资格的蜕化变质分子和腐败分子清除出党；体现在作风上，就是要求各级党组织和广大党员、党的领导干部必须坚持发扬党的理论联系实际、密切联系群众、批评和自我批评以及谦虚谨慎、不骄不躁、艰苦奋斗等优良作风，坚持贯彻党的从群众中来到群众中去的工作路线和调查研究的工作方法，坚决反对主观主义、官僚主义、形式主义、以权谋私、弄虚作假和个人专断、追求奢华等

---

❶ 中共中央关于加强和改进新形势下党的建设若干重大问题的决定［M］. 北京：人民出版社，2009：5.

不正之风。❶

　　始终保持党的纯洁性，是马克思主义政党的本质要求，只有保持党的纯洁性，才能更好地肩负起历史赋予自己的使命。马克思主义经典作家高度重视保持无产阶级政党的纯洁性。马克思、恩格斯在为世界上第一个工人阶级政党——共产主义者同盟制定的章程中，就对保持党的纯洁性做出严格规定，要求每一个支部对它所接受的成员的品质纯洁负责。列宁在创建俄国工人阶级政党的过程中也特别注重党的纯洁性，强调"我们的任务是要维护我们党的坚定性、彻底性和纯洁性。我们应当努力把党员的称号和作用提高，提高，再提高"❷。马克思主义政党之所以高度重视保持党的纯洁性，从根本上说是为了永葆党的政治本色，永葆党的生机活力，从而更好地肩负起自己的历史使命。

　　始终保持党的纯洁性，是由中国共产党的性质和宗旨决定的。中国共产党是中国工人阶级的先锋队，同时是中国人民和中华民族的先锋队，党除了工人阶级和最广大人民群众的利益外没有自己特殊的利益，党在任何时候都把人民群众的利益放在第一位，全心全意为人民服务。党的这种性质和宗旨，既决定了党的先进性，也决定了党的纯洁性。党的纯洁性同党的先进性相辅相成、密不可分。纯洁性是先进性的前提和基础，先进性是纯洁性的体现和保证，二者在本质上是一致的。中国共产党成立90多年来的历史证明，党的坚强有力和事业发展取决于多种因素，党的纯洁性对党的创造力、凝聚力、战斗力有着根本性影响。什么时候党的纯洁性保持得好，党就更加坚强有力，党的事业就能健康发展；什么时候党的纯洁性受到影响和削弱，党的战斗力就会下降，党的事业就会遭受损失。

　　高度重视保持党的纯洁性，是中国共产党自身建设的优良传统。中国共产党作为马克思主义政党，在中国革命、建设、改革各个历史时期，始终把保持党的纯洁性作为党的建设的根本问题和重要目标，始终把保持党的纯洁性摆在党的建设的重要位置。为保证党的纯洁性，毛泽东早在民主革命时期就明确指出，我们要建设的是"一个有纪律的、思想上纯洁的、组织上纯洁的党，合乎统一的标准的党"❸，并将保持党的纯洁性作为党领导革命胜利的重要条件之一。为此，党内通过整风运动、"三查、三整"运动及其他各种措施加强党的建设，解决党内存在的思想、组织、作风不纯的问题，保持了党的纯洁性。在取得全国的执政地位后，面对更为艰巨的保持党的纯洁性的任务，党的历代领导集体都高度重视保持党的纯洁性，一方面，对党员干部提出了更高的要求，开展了整党整风等活动，加强党风廉政建设；另一方面，同各种脱离群众的不良作风、不良倾向特别是贪污腐化行为进行坚决的斗争，因而在总体上保持了党的纯洁性。但是，党的纯洁性同党的先进性一样，都不是静止的，也

---

　❶ 习近平. 扎实做好保持党的纯洁性各项工作［J］. 求是，2012（6）.
　❷ 列宁全集：第7卷［M］. 北京：人民出版社，1986：272.
　❸ 毛泽东文集：第3卷［M］. 北京：人民出版社，1996：261.

不可能一劳永逸。其内容和要求，都是随着时代的前进、随着党和人民事业的发展而发展的。加强党的自身建设，保持党的纯洁性，是一篇永无止境、在实践中常做常新的大文章。特别是在党长期执政、改革开放和发展市场经济条件下，保持党的纯洁性更是一个非常艰巨的任务。在新的历史条件下，中国共产党只有继承优良传统，不断保持自己在思想上、组织上、作风上的纯洁性，才能提高在群众中的威信，才能赢得人民信赖和拥护，才能不断巩固执政基础，才能实现党和国家兴旺发达、长治久安。

在新形势下保持党的纯洁性，是党担负起历史使命、经受住"四个考验"、防止和抵御"四个危险"、解决当前党内存在的突出问题的需要，具有极端重要性和紧迫性。

一是担负起历史使命的需要。在中国共产党走过90多年风雨历程、执政60多年的今天，党正担负着领导全面建设小康社会、加快推进社会主义现代化、实现中华民族伟大复兴的历史使命。为此，必须进一步增强党的创造力、凝聚力、战斗力，确保党始终走在时代前列，始终成为中国特色社会主义事业的坚强领导核心。而要做到这一点，就必须始终保持党的纯洁性。因为党的纯洁性是党的先进性的前提和基础，没有纯洁性就无法保证先进性。

二是经受住"四个考验"、防止和抵御"四个危险"的需要。对于中国共产党人来说，"四个考验"和"四个危险"是长期的、严峻的、复杂的。党只有从严治党，始终保持党的纯洁性，才能真正经受住"四个考验"、有效抵御"四个危险"，才能建设一支高素质的党员干部队伍，不断开创中国特色社会主义事业新局面。

三是解决当前党内存在的突出问题的需要。尽管当前党员干部队伍总体上是纯洁的，但还存在一些党员干部理想信念不坚定、作风不正、原则性不强、为政不廉等不符合党的纯洁性要求的问题。这些问题虽然只存在于少数党员、干部和党组织中，但严重影响党的纯洁性，严重损害党的形象和威信，严重削弱党的凝聚力和战斗力。而要解决这些问题，必须采取各种措施不断增强党自我净化、自我完善、自我革新、自我提高的能力，保持党的纯洁性。

为此，以胡锦涛为总书记的党中央强调，"全党都要从党和人民事业、党的建设面临的新课题考验发展的高度，从应对新形势下党面临的风险和挑战出发，充分认识保持党的纯洁性的极端重要性和紧迫性，不断增强党的意识、政治意识、危机意识、责任意识，切实做好保持党的纯洁性各项工作"❶，为保持党的纯洁性而不懈努力。

在新形势下保持党的纯洁性的基本要求是：坚持党要管党、从严治党，坚持强化思想理论武装和严格队伍管理相结合、发扬党的优良作风和加强党性修养与党性锻炼相结合、坚决惩治腐败和有效预防腐败相结合、发挥监督作用和严肃党的纪律相结合，不断增强自我净化、自我完善、自我革新、自我提高能力，始终保持党的思想纯洁、

---

❶ 胡锦涛. 切实做好保持党的纯洁性各项工作［J］. 共产党员，2012（3）.

组织纯洁、作风纯洁。具体而言：

一是保持党在思想上的纯洁性，这是保证党的正确政治方向和党的团结统一的思想基础。保持思想纯洁，最重要的是保持对共产主义的坚定信仰、对中国特色社会主义的坚定信念。信仰纯洁是共产党人最根本的纯洁。共产党人的最高利益和核心价值是全心全意为人民服务、诚心诚意为人民谋利益。

二是保持党在政治上的纯洁性，这是保持全党政治上清醒和坚强有力的政治基础。保持政治纯洁，最重要的是坚决执行党的纲领、章程和路线方针政策，在社会主义初级阶段，必须坚持"一个中心，两个基本点"的基本路线，坚决抵制和反对一切违背党的基本路线的错误政治倾向。

三是保持党在组织上的纯洁性，这是保持全党步调一致和增强党的创造力、凝聚力、战斗力的组织保证。保持组织纯洁，要严格管理党员队伍和党的干部队伍，严把入口、加强教育、强化监督、畅通出口。

四是保持党在作风上的纯洁性，这是保持党同人民群众血肉联系和不断从人民群众实践中吸取经验、智慧和力量的固本之道。加强和改进党的作风，坚持发扬党的优良作风，保持党的作风纯洁，核心是密切联系群众，始终与人民群众同呼吸、共命运，始终代表人民群众的意志和利益，始终依靠人民群众来推动历史前进。这是保证党永不变色的根本所在。

保持党的纯洁性，关键在党的各级领导干部。党的领导干部既是保持党的纯洁性的组织者和领导者，又是保持党的纯洁性的执行者和实践者。领导干部处在党和人民事业的领导岗位上，这就决定了他们在保持党的纯洁性方面负有极为重要的责任，由此也决定了他们务必时时处处用党的纯洁性要求对照自己、检点自己、修正自己、提高自己，以自己率先垂范的实际行动充分体现党的纯洁性。

党的纯洁性同一切腐败现象是根本对立的，反腐倡廉就是要同各种腐败现象做斗争，维护党的肌体健康，维护党的纯洁性。腐败的实质就是以权谋私。作为掌握了公共权力的党的领导干部，一定要以正确的世界观立身、以正确的权力观用权、以正确的事业观做事，带头遵守廉洁自律各项规定，以淡泊之心对待个人名利和权位，以敬畏之心对待肩负的职责和人民的事业，任何情况下都要稳住心神、管住行为、守住清白，做到一尘不染、一身正气，始终保持共产党人的高尚品格和清廉形象。要自觉加强党性修养和党性锻炼，秉公用权、廉洁从政，自觉弘扬中华民族和党的勤俭节约、艰苦奋斗的优良作风，自觉抵制拜金主义、享乐主义、极端个人主义，做到为官一任既要发展一方、又要始终保持清正廉洁。

严格的监督是防止党员和党的干部腐化变质、维护党的纯洁性的重要途径。上级对下级、下级对上级、群众对领导干部以及干部之间，都要敢于进行有效的监督。各级领导干部要纠正那种监督就是不信任的观念，增强主动接受监督的意识和依法依规保护监督的意识，自觉把自己置于党和人民事业所要求的各种监督之下，防止权力失控、决策失误和行为失范。

严明的纪律是维护党的纯洁性的有力保证。各级领导干部都要增强纪律意识，切实把党的政治纪律、组织纪律、经济工作纪律、群众工作纪律和廉政纪律的规定转化为自己的行为规范。尤其要严格遵守党的政治纪律，提高政治敏锐性和政治鉴别力，毫不动摇地坚持党的领导，毫不动摇地坚持走中国特色社会主义道路，毫不动摇地坚持把改革开放推向前进，在思想上、政治上、行动上自觉同党中央保持高度一致。党的各级领导干部还要担负起加强纪律建设的责任，严肃查处违反纪律的行为包括各类腐败案件，切实做到纪律面前人人平等，遵守纪律没有特权，执行纪律没有例外，努力使党的纪律真正成为全党同志在任何时候任何情况下都必须遵守的统一的铁的纪律。

总之，对于中国共产党来说，坚持不懈地把保持党的纯洁性这篇文章做实做深做好，不断交出党和人民满意的答卷，是全体党员的共同责任，更是各级党组织和各级领导干部的责任。

第四节 提高党的建设科学化水平

一、提高党的建设科学化水平的目标与任务

在新的历史条件下，提高党的建设科学化水平，在根本上就是要不断把握和自觉运用马克思主义执政党建设规律，努力在以科学理论指导党的建设、以科学制度保障党的建设、以科学方法推进党的建设上见到实效。❶ 胡锦涛在中共十八大的报告中，对此做了详细阐述。

（一）坚定理想信念，坚守共产党人精神追求

对马克思主义的信仰，对社会主义和共产主义的信念，是共产党人的政治灵魂，是共产党人经受住任何考验的精神支柱。要抓好思想理论建设这个根本，学习马克思列宁主义、毛泽东思想、中国特色社会主义理论体系，深入学习实践科学发展观，推进学习型党组织建设，教育引导党员、干部矢志不渝为中国特色社会主义共同理想而奋斗。抓好党性教育这个核心，学习党的历史，深刻认识党的两个历史问题决议总结的经验教训，弘扬党的优良传统和作风，教育引导党员、干部牢固树立正确的世界观、权力观、事业观，坚定政治立场，明辨大是大非。抓好道德建设这个基础，教育引导党员、干部模范践行社会主义荣辱观，讲党性、重品行、做表率，做社会主义道德的示范者、诚信风尚的引领者、公平正义的维护者，以实际行动彰显共产党人的人格力量。

---

❶ 胡锦涛. 努力开创新形势下党的建设新局面［J］. 求是，2010（1）.

（二）坚持以人为本、执政为民，始终保持党同人民群众的血肉联系

为人民服务是党的根本宗旨，以人为本、执政为民是检验党一切执政活动的最高标准。任何时候都要把人民利益放在第一位，始终与人民心连心、同呼吸、共命运，始终依靠人民推动历史前进。围绕保持党的先进性和纯洁性，在全党深入开展以为民务实清廉为主要内容的党的群众路线教育实践活动，着力解决人民群众反映强烈的突出问题，提高做好新形势下群众工作的能力。完善党员干部直接联系群众制度。坚持问政于民、问需于民、问计于民，从人民伟大实践中汲取智慧和力量。坚持实干富民、实干兴邦，敢于开拓，勇于担当，多干让人民满意的好事实事。坚持艰苦奋斗、勤俭节约，下决心改进文风会风，着力整治慵懒散奢等不良风气，坚决克服形式主义、官僚主义，以优良党风凝聚党心民心、带动政风民风。支持工会、共青团、妇联等人民团体充分发挥桥梁纽带作用，更好反映群众呼声，维护群众合法权益。

（三）积极发展党内民主，增强党的创造活力

党内民主是党的生命。要坚持民主集中制，健全党内民主制度体系，以党内民主带动人民民主。保障党员主体地位，健全党员民主权利保障制度，开展批评和自我批评，营造党内民主平等的同志关系、民主讨论的政治氛围、民主监督的制度环境，落实党员知情权、参与权、选举权、监督权。完善党的代表大会制度，提高工人、农民代表比例，落实和完善党的代表大会代表任期制，试行乡镇党代会年会制，深化县（市、区）党代会常任制试点，实行党代会代表提案制。完善党内选举制度，规范差额提名、差额选举，形成充分体现选举人意志的程序和环境。强化全委会决策和监督作用，完善常委会议事规则和决策程序，完善地方党委讨论决定重大问题和任用重要干部票决制。扩大党内基层民主，完善党员定期评议基层党组织领导班子等制度，推行党员旁听基层党委会议、党代会代表列席同级党委有关会议等做法，增强党内生活原则性和透明度。

（四）深化干部人事制度改革，建设高素质执政骨干队伍

坚持和发展中国特色社会主义，关键在于建设一支政治坚定、能力过硬、作风优良、奋发有为的执政骨干队伍。要坚持党管干部原则，坚持五湖四海、任人唯贤，坚持德才兼备、以德为先，坚持注重实绩、群众公认，深化干部人事制度改革，使各方面优秀干部充分涌现、各尽其能、才尽其用。全面准确贯彻民主、公开、竞争、择优方针，扩大干部工作民主，提高民主质量，完善竞争性选拔干部方式，提高选人用人公信度，不让老实人吃亏，不让投机钻营者得利。完善干部考核评价机制，促进领导干部树立正确政绩观。健全干部管理体制，从严管理监督干部，加强党政正职、关键岗位干部培养选拔，完善公务员制度。优化领导班子配备和干部队伍结构，注重从基层一线培养选拔干部，拓宽社会优秀人才进入党政干部队伍渠道。推进国有企业和事

业单位人事制度改革。加强和改进干部培训,加大培养选拔优秀年轻干部力度,重视培养选拔女干部和少数民族干部,鼓励年轻干部到基层和艰苦地区锻炼成长。全面做好离退休干部工作。

(五)坚持党管人才原则,把各方面优秀人才集聚到党和国家事业中来

广开进贤之路,广纳天下英才,是保证党和人民事业发展的根本之举。要尊重劳动、尊重知识、尊重人才、尊重创造,加快确立人才优先发展战略布局,造就规模宏大、素质优良的人才队伍,推动我国由人才大国迈向人才强国。统筹推进各类人才队伍建设,实施重大人才工程,加大创新人才培养支持力度,重视实用人才培养,引导人才向科研生产一线流动。充分开发利用国内国际人才资源,积极引进和用好海外人才。加快人才发展体制机制改革和政策创新,建立国家荣誉制度,形成激发人才创造活力、具有国际竞争力的人才制度优势,开创人人皆可成才、人人尽展其才的生动局面。

(六)创新基层党建工作,夯实党执政的组织基础

党的基层组织是团结带领群众贯彻党的理论和路线方针政策、落实党的任务的战斗堡垒。要落实党建工作责任制,强化农村、城市社区党组织建设,加大非公有制经济组织、社会组织党建工作力度,全面推进各领域基层党建工作,扩大党组织和党的工作覆盖面,充分发挥推动发展、服务群众、凝聚人心、促进和谐的作用,以党的基层组织建设带动其他各类基层组织建设。健全党的基层组织体系,加强基层党组织带头人队伍建设,加强城乡基层党建资源整合,建立稳定的经费保障制度。以服务群众、做群众工作为主要任务,加强基层服务型党组织建设。以增强党性、提高素质为重点,加强和改进党员队伍教育管理,健全党员立足岗位创先争优长效机制,推动广大党员发挥先锋模范作用。严格党内组织生活,健全党员党性定期分析、民主评议等制度。改进对流动党员的教育、管理、服务。提高发展党员质量,重视从青年工人、农民、知识分子中发展党员。健全党员能进能出机制,优化党员队伍结构。

(七)坚定不移反对腐败,永葆共产党人清正廉洁的政治本色

反对腐败、建设廉洁政治,是党一贯坚持的鲜明政治立场,是人民关注的重大政治问题。这个问题解决不好,就会对党造成致命伤害,甚至亡党亡国。反腐倡廉必须常抓不懈,拒腐防变必须警钟长鸣。要坚持中国特色反腐倡廉道路,坚持标本兼治、综合治理、惩防并举、注重预防方针,全面推进惩治和预防腐败体系建设,做到干部清正、政府清廉、政治清明。加强反腐倡廉教育和廉政文化建设。各级领导干部特别是高级干部必须自觉遵守廉政准则,严格执行领导干部重大事项报告制度,既严于律己,又加强对亲属和身边工作人员的教育和约束,绝不允许搞特权。严格规范权力行使,加强对领导干部特别是主要领导干部行使权力的监督。深化重点领域和关键环节

改革，健全反腐败法律制度，防控廉政风险，防止利益冲突，更加科学有效地防治腐败。加强反腐败国际合作。严格执行党风廉政建设责任制。健全纪检监察体制，完善派驻机构统一管理，更好发挥巡视制度监督作用。始终保持惩治腐败高压态势，坚决查处大案要案，着力解决发生在群众身边的腐败问题。不管涉及什么人，不论权力大小、职位高低，只要触犯党纪国法，都要严惩不贷。

（八）严明党的纪律，自觉维护党的集中统一

党的集中统一是党的力量所在，是实现经济社会发展、民族团结进步、国家长治久安的根本保证。党面临的形势越复杂，肩负的任务越艰巨，就越要加强党的纪律建设，越要维护党的集中统一。各级党组织和广大党员、干部特别是主要领导干部一定要自觉遵守党章，自觉按照党的组织原则和党内政治生活准则办事，任何人都不能凌驾于组织之上。要坚决维护中央权威，在思想上、政治上、行动上同党中央保持高度一致，坚决贯彻党的理论和路线方针政策，保证中央政令畅通，决不允许"上有政策、下有对策"，决不允许有令不行、有禁不止。加强监督检查，严肃党的纪律特别是政治纪律，对违反纪律的行为必须认真处理，切实做到纪律面前人人平等、遵守纪律没有特权、执行纪律没有例外，形成全党上下步调一致、奋发进取的强大力量。

二、全面推进党的建设新的伟大工程

（一）明确党的建设目标，全面推进党的建设新的伟大工程

党的建设涉及党的思想、组织、作风、反腐倡廉、制度建设，以及贯穿其中的能力建设和先进性建设等各个方面，是一项复杂系统的工程。首先把党的建设称作"伟大的工程"的是毛泽东。在1939年10月发表的《（共产党人）发刊词》一文中，毛泽东深刻总结中国共产党建立以来的经验，提出要"建设一个全国范围的、广大群众性的、思想上政治上组织上完全巩固的布尔什维克化的中国共产党"，并将其豪迈地称为"伟大的工程"[1]。通过实施这个伟大的工程，把中国共产党建设成为马克思主义理论武装起来的工人阶级先锋队，成功地解决了在一个无产阶级人数很少但战斗力很强、农民和其他小资产阶级占人口的绝大多数国家如何建设一个具有广大群众性的马克思主义政党的问题。

新中国成立后，特别是在社会主义基本制度确立以后，应当建设一个什么样的党，怎样建设这个党，成为在全国执政条件下中国共产党建设的一个新问题。对于这个问题，以毛泽东为代表的党的第一代领导集体曾进行过艰难的探索。在探索中既取得过突出的成绩，也一度走入迷途，有过严重的教训。

---

[1] 毛泽东选集：第2卷 [M]. 北京：人民出版社，1991：602.

第七章　中国特色社会主义理论与建设的领导力量

改革开放初期，面对国内外发生深刻变化的新形势，在改革开放和现代化建设的条件下，邓小平把建设一个什么样的党、怎样建设党的问题鲜明地提到了全党面前。为此，邓小平在总结经验教训的基础上，提出了改善党的领导、改善党的组织状况、改善党的纪律、改进党的作风等问题，并在党的历史上第一次提出了"领导制度、组织制度问题更带有根本性、全局性、稳定性和长期性"❶的重要论断。中共十二大提出努力把我们党建设成为领导社会主义现代化事业的坚强核心的建党目标。邓小平在党的十二大后进一步提出："把我们党建设成为有战斗力的马克思主义政党，成为领导全国人民进行社会主义物质文明和精神文明建设的坚强核心。"❷ 中共十三大指出：党的建设自身也必须进行改革，要"在新的历史条件下，在党的建设上走出一条不搞政治运动，而靠改革和制度建设的新路子"❸。这些表明，党对自身建设目标和途径的认识上有了巨大进步。

1992年召开的中共十四大，总结了改革开放以来党的建设的经验教训，以"加强党的建设和改善党的建设"为题，对如何改善党的领导提出了新的要求。面对世纪之交我国经济社会生活的深刻变化，中国共产党在全面推进中国特色社会主义伟大事业的同时，也全面推进党的建设新的伟大工程。1994年召开的中共十四届四中全会，把以邓小平为核心的第二代中央领导集体在改革开放和现代化建设条件下，围绕建设一个什么样的党、怎样建设党的问题所进行的理论与实践的探索，称为"新的伟大的工程"，并正式提出了"党的建设新的伟大工程"❹的概念，明确了新时期党的建设的总目标，并对党的建设面临的一些重大问题做出了具体部署。中共十五大重申了党的建设的总目标，提出："要把党建设成为用邓小平理论武装起来、全心全意为人民服务、思想上政治上组织上完全巩固、能够经受住各种风险、始终走在时代前列、领导全国人民建设有中国特色社会主义的马克思主义政党。"❺ 2000年，江泽民提出"三个代表"重要思想之后，按照"三个代表"的要求，以改革创新的精神全面推进党的建设，成为全党的共识。

2002年中共十六大强调，必须毫不放松地加强和改善党的领导，全面推进党的建设新的伟大工程，保证我们党始终是中国工人阶级的先锋队，同时是中国人民和中华民族的先锋队，始终是中国特色社会主义事业的领导核心，始终代表中国先进生产力的发展要求，代表中国先进文化的前进方向，代表中国最广大人民的根本利益。❻

2007年召开的中共十七大进一步指出，以改革创新精神全面推进党的建设新的伟大工程，"使党始终成为立党为公、执政为民，求真务实、改革创新，艰苦奋斗、清正

---

❶ 邓小平文选：第2卷 [M]. 北京：人民出版社，1994：333.
❷ 邓小平文选：第3卷 [M]. 北京：人民出版社，1993：39.
❸ 十三大以来重要文献选编：上 [M]. 北京：人民出版社，1991：54.
❹ 江泽民文选：第1卷 [M]. 北京：人民出版社，2006：403.
❺ 江泽民文选：第2卷 [M]. 北京：人民出版社，2006：43.
❻ 十六大以来重要文献选编：上 [M]. 北京：中央文献出版社，2005：318.

廉洁，富有活力、团结和谐的马克思主义执政党"❶。

可以看出，随着改革开放的发展深入，随着社会主义市场经济体制的建立和社会主义民主政治的发展，党的建设的目标越来越清晰。这表明中国共产党在执政的条件下，特别是在当前国际国内形势发生深刻变化的条件下，对建设一个什么样的党有了清醒的认识，深化了对共产党执政规律、社会主义建设规律、人类社会发展规律的认识和把握，这为解决怎样建设党的问题提供了前提条件，为在新的历史条件下实施党的建设新的伟大工程奠定了思想基础。党的建设新的伟大工程的实施和推进，保证了中国特色社会主义的创立、坚持和发展，引领着当代中国的发展进步。

党的建设是全面的自身建设，主要包括思想建设、组织建设、作风建设、反腐倡廉建设、制度建设等方面。党的各项建设既各有侧重又彼此联系，统一于党的建设新的伟大工程和中国特色社会主义伟大事业。其中，党的思想建设是党的根本性建设，为党的组织建设、作风建设、反腐倡廉建设和制度建设提供思想基础；党的组织建设为党的思想建设、作风建设、反腐倡廉建设和制度建设提供组织保证；党的作风建设、反腐倡廉建设关系到党的形象和肌体健康，既为党的建设提供纪律和作风保障，又反映党的思想建设、组织建设、制度建设的成效；党的制度建设关系到党的自身建设的制度化、规范化、程序化，为党的思想建设、组织建设、作风建设、反腐倡廉建设提供制度保证。在新的历史条件下，要把党建成思想上政治上完全巩固、能够经受各种风险、始终走在时代前列、领导全国人民建设中国特色社会主义的马克思主义政党，必须全面推进党的建设新的伟大工程。

推进党的建设新的伟大工程的主要任务是：把党的执政能力建设和先进性建设作为主线，坚持党要管党、从严治党，贯彻为民、务实、清廉的要求，以坚定理想信念为重点加强思想建设，以造就高素质党员、干部队伍为重点加强组织建设，以保持党同人民群众的血肉联系为重点加强作风建设，以健全民主集中制为重点加强制度建设，以完善惩治和预防腐败体系为重点加强反腐倡廉建设。❷

（二）以改革创新精神研究和解决党的建设面临的问题

1. 党的十八大报告对党的建设目标等做了进一步的阐释

党的十七大报告和十七届四中全会通过的《中共中央关于加强和改进新形势下党的建设若干重大问题的决定》中关于党的建设目标的表述是"使党始终成为立党为公、执政为民，求真务实、改革创新，艰苦奋斗、清正廉洁，富有活力、团结和谐的马克思主义执政党"。这次报告着眼于以改革创新精神全面推进党的建设新的伟大工程，全面提高党的建设科学化水平，对党的建设目标进行了新的定位。提出"增强自我净化、自我完善、自我革新、自我提高能力，建设学习型、服务性、创新型的马克思主义执

---

❶ 十七大以来重要文献选编：上 [M]. 北京：中央文献出版社，2009：118.
❷ 十七大以来重要文献选编：上 [M]. 北京：中央文献出版社，2009：808.

政党，确保党始终成为中国特色社会主义事业的坚强领导核心"。

建设学习型、服务型、创新型的马克思主义执政党，是党始终走在时代前列、引领中国发展进步的重要基础。学习型、创新型的马克思主义执政党，我们党的文件过去提到过，但服务型的马克思主义执政党，是新方法，它体现了我们党的历史方位变化以后，执政理念、执政方式的重大变化。我们建设社会主义市场经济，要转变政府的职能，建设服务型政府；要实现政企分开、资政分开、政事分开、政社分开，把经济建设型政府转变为服务型政府。我们党是执政党，党是社会的引领者，所以，首先必须把实现自身执政方式的转变，也就是说，由领导转变为服务。建设服务型政党，体现了我们党的与时俱进和时代特色。建设服务型、创新型的马克思主义执政党，前提是把党建设成为学习型政党。

2. 对党的建设主线进行了新的概括：牢牢把握加强党的执政能力建设、先进性和纯洁性建设主线

党的十七大报告关于党的建设主线的表述是："必须把加强党的执政能力建设和先进性建设作为主线。"这次报告通过分析世情、国情、党情新变化给党的建设带来的新挑战，对党的建设主线进行了新的概括，指出"要牢牢把握加强党的执政能力建设、先进性和纯洁性建设这条主线"，在党的建设主线中增加了"纯洁性"要求。

纯洁性是马克思主义政党的本质属性，保持党的纯洁性是马克思主义政党的本质要求和优良传统，是由党的性质和宗旨决定的。保持党的纯洁性是保持党的先进性、提高党的执政能力的前提和基础。

3. 对党的建设总体布局做了新调整：将反腐倡廉建设提高到更重要的位置

关于党的建设总体布局五大重点建设的顺序，党的十七大报告的表述是思想建设、组织建设、作风建设、反腐倡廉建设、制度建设。这次报告将反腐倡廉建设的位置从第五位调整到第四位，凸显了反腐败在党的建设中的重要地位。

腐败是当今世界政党政治中的"顽症"，是导致许多政党衰落乃至败亡的致命毒素。反对腐败、建设廉洁政治，是我们党一贯坚持的鲜明政治立场，是人民关注的重大政治问题。这个问题解决不好，就会对党造成致命伤害，甚至亡党亡国。反腐倡廉必须常抓不懈，拒腐防败必须警钟长鸣。

所谓廉洁政治就是在全面推进惩治和预防腐败体系建设基础上，实现干部清正、政府清廉、政治清明的局面。干部清正就是干部两袖清风、一身正气，政府清廉就是政务公开、阳光透明，政治清明就是人民的利益得到切实满足、社会祥和、群众幸福。建设廉洁政治就要做到：任何组织或者个人都不得有超越宪法和法律的特权，绝不允许以言代法、以权压法、徇私枉法；坚决查处大案要案，着力解决发生在群众身边的腐败问题，不管涉及什么人，不论权力大小、职位高低，只要触犯党纪国法，都要严惩不贷。

思考题

1. 在"中国模式""中国道路""中国经验"等成为热门词汇的同时,世界上一些有识之士也在思考,为什么中国共产党能取得如此辉煌的执政成就,为什么中国共产党在成立90多年、执政60多年的今天依然能够充满生机和活力。请谈谈你的看法。

2. 请结合党的建设面临的新课题新考验,谈谈加强和改进党的执政能力建设和先进性建设的重要性和紧迫性。

3. 在新的历史条件下如何提高党的建设科学化水平?

第八章　当代中国与世界

> **教学基本要求**
> 1. 了解当今世界发展的新特点和新趋势。
> 2. 把握当代中国与世界关系的历史性变化以及中国的国际战略和对外方针政策。
> 3. 认识中国和平发展道路的特点和优势。

当今时代，随着中国融入世界的步伐不断加快，中国的发展越来越离不开世界，世界的发展也离不开中国。日益紧密的联系和对外交流的频繁，让中国的战略抉择和外交政策更加引人注目，世界也需要这个拥有5 000年文明和占世界人口1/4的发展中的社会主义大国。国际局势历来波云诡谲，如今更是纷繁复杂，虽未有大的动荡，局部冲突不断，中国要想"走出去"，充满机遇和挑战。如何把握和理解当代中国与世界，宏观上需要我们对当今世界发展的特点、格局有准确深刻的分析，微观上需要对中国如何在世界上扮演更重要的角色所做出的努力进行实时实地的考虑。

第一节　当今世界发展的新特点与新趋势

环顾全球，大发展大变革大调整是当今世界形势深刻变化的突出特点，和平与发展仍是世界的主题，世界格局面临着转换，多极化是必然趋势。把握大势，需要我们从全局通盘考虑，更宏观、更客观、更辩证、更灵活地去看待世界的发展趋势，分析认识当前的新机遇、新挑战和新矛盾、新问题。

一、和平与发展是当今时代的主题

20世纪90年代，东欧剧变、苏联解体标志着东西方两大集团对峙格局的终结。随之，美国成为唯一的超级大国，欧洲则加快了一体化进程，世界正在向多极化发展。

同时，绝大多数国家都致力于发展本国经济，普遍反对建立一国独霸的单极世界。国际社会祈盼和平的呼声不断高涨，维护和平的力量日益壮大，争取世界和平是当今时代主题之一。两次世界大战的惨痛经历和大量核武器存在的现实，每时每刻都提醒人们要维护和平。所以维护世界持久和平，事关各国人民的福祉，是不可阻挡的时代潮流。所以，和平与发展是当今时代的主题。

（一）从历史的角度看和平与发展

人类文明延续至今，从来都是为了追求和平与发展。然而历史上许多国家的政治寡头、军事狂热者和宗教偏执者们为了追求生存、霸权、财富、宗教统一等欲望，却使更多无辜的平民陷入了残酷的、无休止循环的、热的冷的、大小不一的斗争之中，而这种斗争我们最熟悉的表现形式就是战争。

自从人类诞生以来，战争就从未停止过，从单个的两人决斗，再到原始的群族部落斗争。尤其自国家机器诞生以来，封建社会、资本主义社会、帝国主义社会，战争的规模不断扩大，战争的质量不断升级，战争的手段趋于多样，以国家为代表的组织之间的战争此起彼伏。而且伴随着科技的提升，战争由冷兵器时代过渡到以飞机坦克枪炮为代表的热兵器时代，战争的残酷性不断增加。据不完全统计，在有记载的5 560多年的人类历史上，共发生过大小战争14 531次，平均每年2.6次。从1740年到1974年的234年中，共发生过366次，平均每年1.6次。在第二次世界大战后的37年中，包括现在仍在进行着的，就有87次之多，平均每年2.3次。其间，29次在亚洲，26次在中、近东和北非，17次在中、南部非洲，10次在中、南美洲，5次在欧洲。第二次世界大战后的37年里，世界上爆发了470余起局部战争，大约有1 000万人死于战火，在世界范围内，无任何战争的日子只有26天。而人类历史上最为惨痛的战争经历，莫过于两次世界大战了。尤其是第二次世界大战，从欧洲到亚洲，从大西洋到太平洋，先后有61个国家和地区、20亿以上的人口被卷入战争，作战区域面积2 200万平方公里。据不完全统计，战争中军民共伤亡9 000余万人，4万多亿美元付诸流水。❶第二次世界大战过后，美苏争霸占据了世界的主流，斗争的形式转变为"冷战"。从丘吉尔的"铁幕演说"发端，美国和前苏联及他们的盟友在1945年至1990年使用了除武力之外的一切手段进行对抗，主要采用局部代理人战争、科技和军备竞赛、外交竞争等"冷"方式进行，既相互遏制，却又不诉诸武力。尽管分歧和冲突严重，但对抗双方都尽力避免导致新的世界大战的爆发，因为远程核弹头导弹和原子弹氢弹这样的核武器杀伤力巨大，核燃料半衰期有的长达数百年，所以，双方都不会轻易尝试。

经过战火洗礼的人们，在经受了战争的极大摧残之后，认识到了和平的可贵，人们更加热爱和崇尚和平。和平来之不易，在不知道下一次战争何时来临的情况下，人们倍加珍惜这宁静、安详的时刻，认识到了发展的重要性，追求个人和集体的美好幸

---

❶ 参见百度百科，第二次世界大战：http://baike.baidu.com/view/26336.htm。

福生活，开始反思战争的根源，反思人性中的战争基因，去追求和平。每一次战争之后，面对满目疮痍的土地和国家，人们都掀起了满腔的热情去建设和发展。第二次世界大战后，世界各国普遍迎来了高速发展的时期。美国政局相对稳定，通过加强国家对经济的宏观管理，积极应用高新技术成果，拥有雄厚的资本，加上第二次世界大战战火没有烧到本土，且在战争中发了一笔横财，进入了经济发展和建设的黄金期。欧洲各国开始了一体化进程，凭借原有的技术、资金、金融体系基础，经济迅速发展。德国和日本虽然作为战败国，但是在自立自强的信念以及美国的扶持下，经济迅速从战争中恢复过来，并且以民族的坚韧特性重新振作发展。

(二) 从现实的角度看和平与发展

20世纪后期，国际形势和世界局势开始发生重大变化。邓小平根据这一深刻变化，从战略的高度对世界基本矛盾和国际格局做出了科学判断。他指出："现在世界上真正大的问题，带全球性的战略问题，一个是和平问题，一个是经济问题或者说发展问题。"根据邓小平的论断，1987年中共十三大将"和平与发展"概括为"当代世界主题"，1997年中国十五大将"和平与发展"概括为"当今时代的主题"。

20世纪90年代以来，经济全球化迅猛发展，科技革命日新月异，世界各国的竞争越来越表现为以经济和科技为主的综合国力的竞争。总体和平、局部战争，总体缓和、局部紧张，总体稳定、局部动荡，是当今国际局势发展的基本态势。当今世界，和平与发展是两大发展主题，全球总体上保持和平稳定。但是，世界还很不安定，和平与发展这两大问题还没有得到根本解决，求和平、谋发展、促合作仍然是时代的主旋律。

如今，影响世界和平的因素不断增多。一是恐怖主义作为领土、民族、宗教、资源等矛盾交织的产物，给世界政治、经济、安全形势带来严重威胁。二是霸权主义、强权政治有新的表现。超级大国以其经济、科技、军事优势，鼓吹"先发制人"和"预防性干预"，以争夺和控制世界战略要地和资源重地。三是贫困、环境恶化、毒品等问题给人民生活带来的影响日益加深。要想获得和平的环境，让人民安居乐业，国家和睦相处，社会安定祥和，经济蓬勃发展，就需要建立公平、合理的国际政治经济新秩序，以平等对话、协商等和平方式妥善解决国际争端和国内矛盾。

第二次世界大战后，无论是发达国家还是发展中国家，无论是资本主义国家还是社会主义国家，都意识到经济实力在国际关系中的重要作用，因此，谋求经济发展成为时代的主流。但是发展问题一直伴随人类至今，虽然人类在经过三次科技革命之后，生产力大为发展，生产效率不断提高，创造了无数的财富奇迹和丰富的生产生活资料，尤其是第二次世界大战结束以来，在相对和平的国际环境中，世界经济发展的规模和速度是前所未有的。但当代社会仍是一个贫富差别悬殊的世界，南北贫富差距不仅没有缩小，反而进一步扩大。落后、贫困、危机、债务，困扰着占世界人口2/3的发展中国家的人民。当前，建立公正、合理、平等的国际经济新秩序和不断推进南北对话和南南合作成为当务之急，中国作为最大的发展中国家，一向支持发展中国家维护自身的正当利益，增强同它们的团结，为建立公正、合理的国际新秩序而不懈努力。

二、当今世界正处在大发展大变革大调整时期

（一）经济全球化深入发展

经济全球化是第二次世界大战以来，特别是20世纪90年代以来，世界经济发展的重要趋势。经济全球化是指在新科技革命和社会生产力发展到更高水平的推动下，社会再生产的各个环节和各种资本形态的运动超出国界，在全球范围内进行的过程。经济全球化的实质是资本的全球化，是生产社会化和经济关系国际化发展的客观趋势。经济全球化是在科学技术和社会生产力发展到更高水平，各国经济相互依存、相互渗透的程度大为增强，阻碍生产要素在全球自由流通的各种壁垒不断削弱，经济运行的国际规则逐步形成并不断完善的条件下产生的。经济全球化是一个历史的过程，其萌芽可以追溯到20世纪中叶。工业革命以后，资本主义商品经济和现代工业、交通运输业迅速发展，世界市场加速扩大，世界各国间的贸易往来大大超过历代水平。20世纪90年代以来，经济全球化得到了迅速的发展，现已发展成为以科技革命和信息技术发展为先导，涵盖了生产、贸易、金融和投资各个领域，囊括了世界经济和与世界经济相联系的各个方面及全部过程。其主要表现为：国际分工从过去以垂直分工为主发展到以水平分工为主的一个新阶段；世界贸易增长迅猛和多边贸易体制开始形成；国际资本流动达到空前规模，金融国际化的进程加快；跨国公司对世界经济的影响日增；国际经济协调的作用日益加强。

（二）政治多极化成为不可逆转趋势

进入21世纪以来，政治多极化趋势无论在全球还是地区范围内，在政治、经济等领域都有新发展。这是因为：第一，经济全球化进程使单极世界构筑的可能性大大降低，科技和经济实力成为越来越重要的因素，在科技与经济的迅速发展中，已没有哪一种力量能够全方位占据绝对优势，随心所欲地控制世界。经济多极化是政治多极化的基础，政治多极化是世界经济多中心和区域化趋势在世界政治发展中的体现。第二，世界政治多极化是世界经济发展不平衡规律作用的结果。世界各国综合国力的较量，必然导致世界政治的多极化格局。第三，各国文明的多样性成为世界多极化重要的社会基础。第四，多极化趋势必然发展的根本原因在于各大力量都要维护自己的国家利益，决不会牺牲或放弃自己的国家利益，屈服于别国利益。世界朝着多极化方向发展既是一个不以人们意志为转移的客观趋势，也是除美国以外的国家和国家集团所追求的目标。

（三）科学技术迅猛发展

第三次科技革命以来，生物科技与信息技术推动着各个科技环节的发展，冲击着

我们的日常生活，电脑网络、数码科技一步步融入人类的衣食住行之中。据测算，电脑的运算能力每18个月增强一倍，消费者会因各式由微晶片操控的低价设备而获益。就计算机而言，普通处理器的工作方式数十年来基本上没有变化：数据比特以电子的形式在计算机电路中运动和传输信息，将很快达到物理极限，难以适应科技飞速发展的要求，因此，量子、光学、分子和生物计算机逐步成为未来信息技术的发展趋势，它们的共同特点是更小、更快、更安全和更智能化。在新能源开发领域，新型清洁能源如聚变能、太阳能等的开发利用是目前能源科技中的重大攻关课题。

在太空领域，多个国家联合开展的国际空间站于1993年开始建设，然后以此作为联系和补给中心，以便进军离地球更远的星球。2012年5月，美国首次向国际空间站发射商业飞船。2012年8月美国"好奇"号火星探测器成功降落在火星表面，展开为期两年的火星探测任务。中国也开始了探月工程，并于2007年发射了探月卫星"嫦娥一号"。日新月异的科技发展，深刻地改变了现代人的生活。

（四）文化交流交融与交锋同时存在

世界各国都博采众善，广泛吸收为人类所创造的一切优秀文化成果，用以克服本国文化中的消极因素和弥补本国文化中的欠缺。中西方文化和各国文化交融交流交锋更加频繁，彼此互相借鉴和学习。

西方优秀文化成果是西方社会在其资本主义市场经济发展的基础上所凝聚的历史文明和人类智慧的结晶。西方优秀文化成果，是世界全人类发展的重要阶段和重要组成部分，是人类文化进步发展的重要基础之一。西方文化为人类文化做出了巨大贡献，可为其他文化提供有借鉴价值的经验、教训。

东西方文化是体系、性质很不相同的两种文化。粗略而言，西方文化是一种注重科学主义的"工具理性"文化，是一种注重追求自我价值的"智性"文化；东方传统文化则是一种强调人文精神、伦理道德、中庸和谐关系的"道德理性"文化，是一种强调集体主义、克己复礼的"德性"文化。应该说，这两种文化各有所长，也各有所短，并且是相辅相成、相依相存的。东方文化的人文精神、道德理性正是西方世界开始进入后现代化社会所迫切需要的；而西方文化中的科学技术、创新精神也正是东方的农业经济迈向工业经济、知识经济，即迈向现代化进程中所极为需要的。实际上，科学技术与工具理性、人文精神与道德理性本应是完美文化中的紧密融合的两个方面。因此，在21世纪，以工具理性为特征的西方文化和以道德理性为特征的东方文化走到了一起，互相交叉，互相渗透，互相融合。

（五）人类共同安全问题增多

当今时代仍不和平，科技的双刃剑以及人类共同的发展问题日益突出，尤其是在能源短缺、贫富差距逐渐拉大的后工业时代，环境污染、食品安全、恐怖主义、毒品泛滥、自然灾害、核安全等问题一直困扰着人类，无时无刻不在威胁着人们。现如今，随着网络的普及，生命科学的发展，人们生活水平的逐步提高，每个人个性的独立和解放，新的安全问题随之而来，例如信息安全、自杀倾向、心理疾病、职业病、伦理问题等。

三、格局转换："一超多强"向多极化发展

（一）世界格局"东升西降"

20世纪90年代初，苏东剧变震惊世界，随着苏联的自行解体，第二次世界大战后美苏争霸的两极格局不复存在。两极格局终结，冷战结束，但冷战势力和冷战思维还存在，霸权主义、强权政治还存在，国际局势的新发展令人关注。目前，我们众所周知的世界力量构成主要是"一超四强"（美国是一个超级大国，欧盟、日本、俄罗斯、中国是四大力量）。进入21世纪，国际力量格局的"东升西降"趋势明显，美国次贷危机引发的全球金融危机已过去5年，并未得到有效遏制，反而愈演愈烈。全球主要发达经济体陷入高赤字、高债务、高失业的"三高"困境。联合国发表的《2012年年中世界经济形势与展望》报告称，欧债危机是世界经济面临的最大威胁，美国经济的脆弱复苏也在逐步失去动力。2011年的福岛大地震和核事故，使日本经济雪上加霜。与此形成鲜明对比的是，"金砖五国"（中国、巴西、俄罗斯、印度、南非）力量上升，在全球事务中合作协调，中国的经济实力和军事力量持续壮大。据经济合作组织预测，2010年至2029年，亚洲国家仍将领跑世界经济发展，中国年均经济增长率为5.4%，印度6%，世界平均增幅仅为2.1%。此外，印度尼西亚、越南、土耳其等许多新兴市场国家也处于经济实力上升期。拉美一体化进入新阶段。这些发展中国家作为一个群体，其实力的增强与现行的国际政治经济秩序之间将产生更大的矛盾，有力地挑战发达国家的主导地位。

对于全球的经济来讲，"东升西降"的格局实际上也意味着全球经济和政治的重新利益分配，在这个分配和调整的过程当中，全球经济和政治都不可避免地会出现非常大的变化，这也意味着在未来很长一段时间之内，全球的经济都会受到新兴国家崛起的力量所带来的全球经济的变化和调整的影响。这样势必会一方面加大新兴国家所面临的资金和经济起伏的风险；另一方面由于以往的游戏规则是由发达国家来制定的，新兴国家的崛起势必会使一些游戏规则发生变化。

（二）美国极力维护世界霸权

作为冷战的胜利者、现今世界上的唯一超级大国，美国利用其在政治、经济、军事、科技等领域的极大优势，仍在奉行单边主义，想独霸世界，搞单极格局，继续充当全球领导者和国际警察的角色，但是由于受到自身实力的限制和多种力量的制约，并未得逞。但这绝不是说，美国已经完全无力或者自觉放弃了独霸世界、搞单级格局的目标。

21世纪以来，美国瞄准了世界霸主的地位，采取更为务实、有效的外交政策，尤其是奥巴马政府所提出并奉行的"巧实力"外交政策，这是一个具有丰富含义的战略，是深谋远虑的规划，其内涵包括四个方面。第一，提供全球福利是关键。重点抓住五大领域：（1）加强同盟友、合作伙伴及国际组织的关系，使其为美国利益服务，帮助美国应对21世纪的挑战；（2）支持全球发展及其他国家和地区民生的改善；（3）推动公共外交，重视青年交流；（4）推动经济一体化，使不发达国家或地区享受到自由贸易的好处；（5）推动技术创新、能源安全和气候变化，美国应在解决方案的开发创新方面发挥领导作用。第二，美国应该输出希望而不是恐惧。外交政策应坚持四条原则：（1）在反对国外的恐怖主义中应坚持进攻性姿态，但也必须拒绝对其[挑动]做出过度反应；（2）消除代表心胸狭窄、滥用权力、缺乏正义的美国形象的符号，如古巴关塔那摩基地；（3）利用外交实力谋求积极的目标，如解决巴以冲突；（4）向世界提供比反恐战争更积极的愿景。第三，保持传统盟友，赢得新伙伴。美国作为唯一超级大国的地位不可能永远保持，美国必须寻求将其权力变成道德意识的方式，长期积极地传播其价值观，以确保其他国家和人民乐意接受美国的领导地位。第四，从国内做起，提高政府效能，改善移民政策和妥善应对公共危机，加大人力资本投入等。

在这一政策的指导下，奥巴马入主白宫之后进行了一系列出人意料的举动。例如，任命中东、阿富汗和巴基斯坦、气候变化等一系列问题的特使，任命朝鲜问题特别代表；下令在一年之内关闭关塔那摩监狱；公开表示"美国不与伊斯兰世界为敌"，并向俄罗斯、伊朗示好；积极评价委内瑞拉就取消总统任期举行的全民公决，等等。尤其引人关注的是，国务卿希拉里·克林顿首次出访选择亚洲，把美中关系定位于"21世纪最重要的双边关系"。

但是，美国也加紧了对于可能对其产生挑战的国家进行遏制。目前，国际体系正在发生深刻变化，美国仍然是唯一的世界超级大国，但是相对实力逐渐下降。法国、德国、英国等传统大国力量有限。美国应对中国、印度等新兴大国崛起的紧迫感在增强。美国思考如何将新兴大国纳入美国主导的国际体系，减少国际冲突，增进国际合作。随着亚洲重要性的不断增加，现在应该把足够的注意力放在中国和印度的崛起上。中国在崛起过程中，采取了"两手抓"的战略，不仅硬实力资源在加强，而且软实力影响也在扩大。中国软实力正在增长的最明显的例子是对美国作用减小或缺失的国际多边组织的利用，有时是领导，尤其是在中国的"后院"，如东盟地区论坛、东盟"10+3"、上海合作组织、东亚峰会。通过"好邻居"政策，中国已经解决了这个地区的诸多领土争议。因此，美国也要以两手对两手。

（三）新兴国家的崛起与中国角色

20世纪八九十年代后，一批发展中国家和转型国家在发展市场经济中实现了快速增长，引起国际社会的广泛关注。1994年，美国商务部在《国家出口促进策略》中明确提出新兴市场的概念，其意是指那些市场经济体制逐步走向完善、经济增长速度较快、市场发展潜力大，正力图通过体制改革与经济发展而逐渐融入全球经济体系的经济体。从2004年开始，国际货币基金组织将全世界国家分为两大类：一类是包括亚洲新兴工业经济体在内的先进经济体；另一类是其他新兴市场国家和发展中国家。

新兴市场国家是由数十个国家和地区组成的一个群体，广泛分布在亚非拉以及东欧等地区，都是各地区的主要国家和各地区经济组织的核心成员，是全球资本的重要流入地、世界经济的重要增长点，其中以中国、巴西、俄罗斯、印度等"金砖国家"最为引人瞩目。2010年，南非正式加入"金砖国家"合作机制。尤其是近10年来，新兴市场国家经济实力明显增强。突出表现在：在全球贸易中的地位迅速上升，占全球贸易额的比重不断提高；不仅受到国际间接投资的青睐，而且成为国际直接投资流入的热点区域。以世界500强企业为代表的跨国公司纷纷大幅增加在新兴市场国家的投资，将业务外包给新兴市场国家。近10年来新兴市场国家年均经济增长率高出世界平均水平约2个百分点，工业化进程明显加快；研发投入占GDP比重显著上升，技术进步速度快，科技实力与发达国家差距逐步缩小。经历此次国际金融危机冲击后，新兴市场国家率先实现经济复苏，2010年对世界经济增长的贡献达到60%左右，成为拉动全球经济增长的主要力量。在全球经济治理中，新兴市场国家发出越来越有力的声音，在世界贸易组织、国际货币基金组织和世界银行等国际机构中的影响力不断提升，在国际经济合作和其他经济事务中扮演着日益重要的角色。

冷战结束后，全球化速度加快，市场经济体制迅速确立为世界性经济体制。因此，按照市场规律来运作经济，出于成本和效益的综合考虑，产业必然要从高成本国家向低成本国家转移，这是新兴国家的比较优势，新兴国家的崛起正是由全球化背景下产业转移的客观规律所决定的。全球性金融危机发生后，新兴国家崛起的态势将会进一步延续。欧洲陷入债务危机，美国经济复苏也在放缓。在这样的背景下，新兴国家进一步成为维持全球经济稳定的重要力量。2010年新兴市场经济体的实际GDP已经几乎占到全世界实际GDP的49%，而中国一个国家的实际GDP就占到全世界的13.6%，几乎与整个欧盟占的比例14.6%相当。

值得关注的是，新兴国家在面对国际局势的挑战时并非"抱团"应对。新兴国家关系的特点：政治上，理念和体制差别很大；经济上，彼此之间竞争性强；社会关系复杂，民间认同感不高；外交上，往往最重要的外交伙伴是美国，而不是彼此。由此也可以看出，新兴国家的崛起仅仅局限在经济上。所以，今后相当长的时间内，新兴国家之间很难集团化，很难使合作紧密化，不能排除冲突的关系进一步扩大。

金融危机爆发以来，西方中心主义进入低潮，需要有一种新的管理力量崛起来维持平衡。在这一过程中，中国应更加积极主动，可以积极扮演以下三种角色。首先，因势利导，使中国成为构建合理的国际政治经济新秩序的有力推动者。特别是在外部压力不断增大的情况下，联合其他新兴国家集体行动可以避免中国成为众矢之的。其次，把握求同存异的原则，使中国成为妥善处理各国间矛盾、分歧和推动包容性合作的协调者。彼此的共同利益是新兴国家走到一起的动力，但由于多种原因，相互关系中不和谐的声音时有发出。在这种情况下，中国应积极创造开放、透明、包容、团结合作、互利共赢的局面，为成员国之间化解利益冲突做出努力。政治上，要推动"金砖国家"加强政治互信，消除和减少误解造成的摩擦。经济上，努力协调成员国之间的利益，优势互补，为各个方面的合作打下坚实的基础。最后，加强执政党对话，使中国成为新兴国家治国理政的积极创造者。新兴各国往往面临着多种社会问题，危机时刻，对这些问题处理稍有不慎，就有可能引起各种问题的集中爆发，从而影响经济社会稳定。因此应该加强执政党之间的对话，探讨如何发挥执政党的作用，借鉴彼此的经验，从而促进新兴国家更好发展。

（四）俄罗斯成为平衡国际战略力量的重要因素

我们看到，在国际形势中另一个重要的变化，就是俄罗斯摆脱了20世纪90年代的低迷，在21世纪东山再起，逐渐地恢复了自信，成为平衡国际战略力量的重要因素，是制约美国的正能量，是我们可以借助的一个战略力量。

冷战结束后，美国不断挤压俄罗斯的战略空间，过去东欧国家，那是苏联的卫星国，现在的东欧，都变成了北约国家，都被美国策反了，并且还要在波兰、捷克建反导系统，直接针对俄罗斯，用普京的话说，美国人已经把我的外圈全部搞垮，过去的战略屏障现在变成了战斗的前沿。

为什么美国对俄罗斯不依不饶，一味打压？这是因为美国认为俄罗斯基础性的条件太好，迟早还会东山再起。俄罗斯条件好在哪儿？虽然苏联都一分十五了，但俄罗斯仍然是当今世界上版图最大的国家，有1700多万平方公里的国土，而中美这两个世界性的大国，总面积加一起也不过才1800多万平方公里。而且，俄罗斯还是全世界战略资源最丰富的国家，欧洲很多国家的天然气是由俄罗斯供应着，哪个国家跟他们有别扭，普京马上想到的是我要不要给他关阀门。另外，美国认为，俄罗斯是具有扩张传统的国家，无论姓资的时候还是姓社的时候，一律扩张，没停过，因此美国就要趁俄罗斯未强之际，下先手棋，这样俄罗斯发展起来就慢一点。美国搞定了俄罗斯的外圈之后，又奔俄罗斯的内圈下手。内圈是什么？就是现在的独联体国家，过去是苏联的加盟共和国，苏联解体后，分出去了，但是跟俄罗斯还有千丝万缕的联系，他们一起组成了独联体国家，普京认为这是他最后的一道防线。但是前些年的颜色革命都在那儿了，全部在这个内圈，阿塞拜疆、格鲁吉亚、乌克兰、吉尔吉斯斯坦，一个个都悄悄革命，改变颜色了。俄罗斯已无路可逃，正是在这样一个大的背景下，普京下决心要跟美国斗。

就是在这种背景下，习近平当选国家主席之后，第一站就出访了俄罗斯，为什么选俄罗斯呢？实际是反映了我们国家外交的优先次序和领导人的战略思路。俄罗斯既是大国，是国际战略力量平衡中的一支重要力量，又涉及周边，所以是双重重要，是我们在周边重点发展的一个战略协作伙伴关系。

中俄经贸关系有特殊的重要性，有两个不可替代的意义，第一个不可替代是什么呢？俄罗斯实际是资源过剩的大国，取之不尽、用之不竭。我们高速发展起来之后，变成资源短缺的国家，我们国家现在石油的对外依存度已经上升到62%，所以习近平同志访问俄罗斯的时候，跟普京讲得也很直截了当，说我们的石油、天然气有缺口，而普京很慷慨，做出承诺每年再增加对华出售1 000万吨，走地下管线；中俄两国又签订30年天然气的供应协议，金额涉及4 000亿美元，同样走地下管线，这很安全。

第二个不可替代就更重要了，就是高端的军品交易。以美国为首的西方从1989年限制我们的武器禁运、武器封锁到现在都还没解除，有一段时间，我们曾经跟法国联系，想在法国那里打开缺口，出高价钱买一点高端的东西，美国知道了也不让，法国想解禁，美国不干，所以整个西方对我们都是封锁的。我们武器系统当时非常落后，后来我们把目光投向了俄罗斯，从俄罗斯那边引进了先进的飞机、先进的军舰，也包括导弹系统，我们的军力、军品慢慢上来了。可以说我们之所以能追赶到现在这样一个程度，从俄罗斯方向军品的引进、军火的交易功不可没。

（五）国际战略重心逐渐东移

国际战略重心逐渐地东移了，这种战略重心的东移，首先是由于世界经济重心东移引起的，因为亚洲经济增长最快、最具有活力，所以世界500强企业纷纷跑到亚洲投资设厂，有的500强企业甚至把总部、研发基地都设在亚洲，就地研发，就地生产，就地销售。经济基础决定上层建筑，国际政治的重心、战略的重心也在逐步地东移。美国看到了这种情况，奥巴马一上任就高调宣布，美国是亚太国家，在亚洲有巨大的利益，美国要重返亚洲，要进行亚太战略的再平衡。

俄罗斯看到美国回来了不甘落后，它也回来了，梅德韦杰夫两次登上南千岛群岛。北方四岛在哪儿？亚洲，第二次世界大战时期，俄罗斯从日本手里夺过来的，接着普京总统高调宣布，开发北方四岛，全球招标，尤其欢迎中国人去投资，显然盯着中国钱袋了。

所以我们看到，在我们的周边现在来了外来的大国，出现群雄逐鹿的态势，各方围绕地区主导权的争夺突出了。我们应该清醒地看到，美国重返亚太，目的就是跑到亚洲来当领导，可是中国是独立自主的国家，独立自主是中国外交的一个红线，我们不愿意被美国领导。习近平同志在2016年亚信会议上讲了一句话，掷地有声，他说亚洲的事情归根结底要靠亚洲人民来办，亚洲的问题归根结底要靠亚洲人民来处理，亚洲的安全归根结底要靠亚洲人民来维护。亚洲人民有能力、有智慧通过加强合作来实现亚洲和平稳定。

习近平主席说过，中国不惹事，但也不怕事。这就是我们在南海的一个立场，不怕闹；对于钓鱼岛的问题，我们公布了东海的防空识别圈，这个防空识别圈最大的亮点，就是把钓鱼岛包括在内。

第二节　当代中国同世界关系的历史性变化

当代中国，尤其是改革开放30多年来，同世界的关系发生了翻天覆地的变化，这个拥有5 000年历史文化的东方古国正在一步步地融入现代社会，随着改革开放实践的不断拓展，社会主义现代化的不断推进，旧中国封建的王朝、脆弱的国防、落后的经济、屡弱的外交都已不复存在，中国正在兴盛发达起来，走在实现民族复兴和国富民强的新道路上，以一个负责任的大国形象出现在世界舞台上。

一、中国与世界的联系日益紧密

（一）融入世界经济

中国积极加入经济全球化进程，注重开展经济外交，提倡合作共赢，不断融入世界经济体系和国际贸易当中。目前，中国最具活力和影响的是经济的快速持续发展，以经济建设为中心是中国的百年大计。因此，中国积极加入经济全球化进程，并以加入世界贸易组织为标志，在全世界开展全方位、多层次的经济贸易合作与交流；不仅开放国内市场，而且加快开拓海外市场，实施"引进来"和"走出去"相结合的对外开放战略。通过对外援助和援建，推动国内企业到海外投资经营；通过调整进出口结构深化与其他国家的多边和双边合作。中国经济的国际化过程中，人民币的逐步国际化是一个显著的符号，这表明人民币不但可以在境外享有一定的流通度，同时以人民币计价的金融产品也成为国际各主要金融机构包括中央银行在内的投资工具，以人民币计价的金融市场规模将会不断扩大。同时，国际贸易中以人民币结算的交易可以达到一定的比重。事实上，人民币在东南亚的许多国家或地区已经成为硬通货。另外，2012年中国开始了大规模的事业单位改制，许多国有事业单位成为独立法人，变成股份制企业，这将进一步深化社会主义市场经济的改革，有利于中国市场同世界接轨。目前，中国一跃成为世界上第三大贸易国，中国制造通行全世界。美国亚太经济合作委员会主任波尔茨维克表示："北京在亚洲和外交舞台上的崛起是其经济影响力不断壮大的必然结果。中国正在利用经济实力来营造一个有利于自己的外交环境，利用市场和经贸关系的巨大辐射力使国际社会日益靠向中国。"

（二）中华文化勃兴

中国通过加大文化交流的力度，自觉展开文化外交，增加了中华文化的亲和力和吸引力。中华文化曾在历史上创造过辉煌的时代，一度处于世界主流文化之列，但近代以来，中华文化的辐射面和影响力逐渐缩小，西学东渐势头强劲。新中国成立以来，尤其是改革开放以来，中华文化又显示出开始复兴的新局面。近些年来，中国的文化外交逐渐自觉化。1998年，中国政府参加了联合国教科文组织在瑞典召开的"文化政策促进发展"政府间会议，积极地传播中国的文化发展理念；2000年，中国政府在美国九大城市举行以"走进中国"为主题的"中华文化美国行"大型巡回活动；2001年，在德国举办"柏林亚太周·中国主宾国"活动；2003年和2004年，中法两国政府决定在两国分别举行文化年活动；2006年和2007年，中俄两国分别举行文化年活动。全球首家孔子学院2004年11月21日在韩国首尔成立，目前孔子学院已在106个国家的350多个教育机构落户，中小学孔子课堂达500多个，成为推广汉语教学、传播中国文化及汉学的全球品牌和平台。中华文化所到之处都在当地引起相当大的轰动，中华文化的悠久历史和巨大魅力深深地感染着西方国家。与此同时，"汉语热"方兴未艾。近几年，我国"汉语水平考试"海外考生年增40%。"汉语热"已成为全球语言交际系统中的一种普遍现象，并呈现出强劲的发展势头，难怪美国《华尔街日报》的英文网站网管说，"中国文化对全世界的影响会越来越大，世界上任何一个主流媒体都不能忽视中国文化的影响"。

二、中国的国际地位不断提升

"中国"这两个字的分量在世人眼里已今非昔比，因为中国已成为当今世界发展最迅速、变化最活跃的一支力量，在经济、外交和文化等各方面稳步迈进，国际地位持续提升。

回顾21世纪前10年，首先，经济方面，在宏观调控政策的引导下，经济继续平稳高速发展，并成功地防止了经济"硬着陆"，使世界经济避免了一场震荡；同时，由于对外贸易规模扩大，进出口商品结构更加优化，中国经济对世界经济的影响不断加大。在国际多边贸易体制中，在遵守、运用以及制定规则能力等方面获得较大提高，并启动了争取在多边贸易体制中的完全市场经济地位的计划，这无疑是中国进一步提升国际经济地位的一个重要战略举措。其次，在外交方面，外交政策更显成熟，多边外交活动进入空前活跃的发展阶段，中国同周边国家的关系处于"新中国成立以来较好的时期之一"，同各大国不同类型的伙伴关系也得到新的发展，在大国关系的新一轮调整中继续处于主动有利地位，尤其是同发展中国家的关系大踏步向前推进，在国际事务中仗义执言，树立了一个负责任大国的良好形象。最后，在作为国家软实力的文化方面，中国文化的影响力日益扩大，为有效地利用丰富的文化资源进行了积极探索。

未来中国的发展将在科学发展观的统领下，经济、外交和文化等各方面互相促进，整体推进，构建和谐社会，与世界和谐发展，让世人真切地认识到20世纪末"中国的发展离不开世界"、而在21世纪"世界的发展离不开中国"这两句话并不是简单的同义反复，其中所隐含的历史性转折也许要在未来许多年以后才会被人们真正地感受到。

第三节　中国的国际战略与对外方针政策

国际战略和外交政策的制定，受制于该国的性质和一定时期的国内形势，同时也必须适应当时的国际形势和世界格局的发展趋势。中共十七大报告明确指出："共同分享发展机遇，共同应对各种挑战，推进人类和平与发展的崇高事业，事关各国人民的根本利益，也是各国人民的共同心愿。我们主张，各国人民携手努力，推动建设持久和平、共同繁荣的和谐世界。"❶ 维护世界和平、促进共同发展，是中国外交政策的宗旨。

一、当代中国的国际战略

改革开放以来，中国共产党紧扣和平与发展的时代主题，顺应历史潮流，提出同世界各国一道推动建设持久和平、共同繁荣的和谐世界的国际战略构想。中共十七大报告阐发了实施这一战略构想的基本原则："政治上相互尊重、平等协商，共同推进国际关系民主化；经济上相互合作、优势互补，共同推动经济全球化朝着均衡、普惠、共赢方向发展；文化上相互借鉴、求同存异，尊重世界多样性，共同促进人类文明繁荣进步；安全上相互信任、加强合作，坚持用和平方式而不是战争手段解决国际争端，共同维护世界和平稳定；环保上互相帮助、协力推进，共同呵护人类赖以生存的地球家园。"❷

政治上相互尊重、平等协商，共同推进国际关系民主化。国家不分大小、强弱、贫富，都是国际社会的平等成员，都应受到国际社会尊重。维护联合国在世界事务中的核心地位，遵循联合国宪章宗旨和原则，恪守国际法和公认的国际关系准则，在国际关系中弘扬民主、和睦、协作、共赢精神。各国内部事务应由本国人民自己决定，世界上的事情应由各国平等协商，各国平等参与国际事务的权利应得到尊重和维护。中共十七大报告秉持公道，伸张正义。"我们坚持国家不分大小、强弱、贫富一律平等，尊重各国人民自主选择发展道路的权利，不干涉别国内部事务，不把自己的意志强加于人。中国致力于和平解决国际争端和热点问题，推动国际和地区安全合作，反对一切形式的恐怖主义。中国奉行防御性的国防政策，不搞军备竞赛，不对任何国家构成军事威胁。中国反对各种形式的霸权主义和强权政治，永远不称霸，永远不搞

---

❶ 胡锦涛.高举中国特色社会主义伟大旗帜为夺取全面建设小康社会新胜利而奋斗——在中国共产党第十七次全国代表大会上的报告［M］.北京：人民出版社，2007：46.
❷ 胡锦涛.高举中国特色社会主义伟大旗帜为夺取全面建设小康社会新胜利而奋斗——在中国共产党第十七次全国代表大会上的报告［M］.北京：人民出版社，2007：47.

扩张。"❶

经济上相互合作、优势互补,共同推动经济全球化朝着均衡、普惠、共赢方向发展。努力建立公正、公开、合理、非歧视的多边贸易体制,使经济全球化成果惠及世界各国。携手落实联合国千年发展目标,使21世纪成为人人享有发展成果的世纪。中共十七大报告明确指出:"中国将始终不渝奉行互利共赢的开放战略。我们将继续以自己的发展促进地区和世界共同发展,扩大同各方利益的汇合点,在实现本国发展的同时兼顾对方特别是发展中国家的正当关切。我们将继续按照通行的国际经贸规则,扩大市场准入,依法保护合作者权益。我们支持国际社会帮助发展中国家增强自主发展能力、改善民生,缩小南北差距。我们支持完善国际贸易和金融体制,推进贸易和投资自由化便利化,通过磋商协作妥善处理经贸摩擦。中国决不做损人利己、以邻为壑的事情。"❷

文化上相互借鉴、求同存异,尊重世界多样性,共同促进人类文明繁荣进步。世界上不同民族文化的发展都经历了与其他文化相互冲突、相互吸收的过程,与经济全球化相适应的新文化也必然会经历这么一个过程或阶段。纵观人类文化发展的历史,不同文化既相互开放、碰撞、冲突,又相互交流、整合、吸纳,这是各民族文化发展的一条重要规律。随着经济全球化的发展,不同民族文化之间的交往与交流的范围不断拓宽,机会越来越多。今天,信息社会和网络社会为各民族文化的互补和相互促进提供了物质条件,世界文化的交流更加直接和频繁。在这种直接和频繁的文化交流中,人们的生活方式和价值观念都会在不知不觉中发生或多或少的变化,不同文化的交流交融交锋更加频繁。因此,中国政府大力提倡不同文明间对话和交流,消除意识形态偏见和隔阂,使人类社会更加和谐和睦,让世界更加丰富多彩。

安全上相互信任、加强合作,坚持用和平方式而不是战争手段解决国际争端,共同维护世界和平稳定。中国政府主张遵循《联合国宪章》、和平共处五项原则以及其他公认的国际关系准则,充分发挥联合国及其安理会在维护国际安全中的主导作用。倡导通过协商对话增进信任,减少分歧,化解纠纷,避免使用武力或以武力相威胁。主张以合作求安全,既重视传统安全问题,又重视非传统安全问题,通过对话与合作寻求共同安全。主张积极参加地区安全对话和安全机制建设,推动地区安全合作。

环保上相互帮助、协力推进,共同呵护人类赖以生存的地球家园。中国政府历来高度重视环境保护,把保护环境确立为一项基本国策,把实施可持续发展作为一项国家战略。我们提倡创新发展模式,走可持续发展道路,促进人与自然和谐发展。坚持共同但有区别的责任原则,加强环境保护和应对气候变化的国际合作。特别是进入21世纪以来,我国提出建设生态文明、推进环境保护历史性转变、让江河湖泊休养生息、

---

❶ 胡锦涛. 高举中国特色社会主义伟大旗帜为夺取全面建设小康社会新胜利而奋斗——在中国共产党第十七次全国代表大会上的报告[M]. 北京:人民出版社,2007:47-48.
❷ 胡锦涛. 高举中国特色社会主义伟大旗帜为夺取全面建设小康社会新胜利而奋斗——在中国共产党第十七次全国代表大会上的报告[M]. 北京:人民出版社,2007:48.

探索特色环保新道路等一系列新理念,环境保护从认识到实践都发生了重要转变,取得了明显成效。中国政府也高度重视国际环境合作,坚持"共同但有区别的责任"原则,承担与自己发展水平相当的责任和义务,积极主动参与全球环境事务,支持国际社会就全球可持续发展和环境保护采取行动。目前,中国已加入多项国际环境公约,领域涉及臭氧层保护、化学品和危险废物、气候变化、生物多样性保护、核与辐射安全等方面。同时,建立健全履约管理机制,制定和修改相关法律,制订了《应对气候变化国家方案》,发布了《中国生物多样性保护行动计划》。在当前国际金融危机的形势下,中国政府力主在绿色经济政策、环保资金投入、项目建设、技术研发和转让,以及基础能力提升等方面开展广泛而深入的交流与合作,切实加强国际环境合作的务实性、针对性和有效性,以更加主动的意愿、更加负责的态度、更加务实的行动,共同研究解决全球环境问题,推动绿色经济和绿色产业加快发展,努力创造人类更加美好的明天。

二、从地缘政治看中国的外交政策

中国处于亚洲大陆的东部,与俄罗斯、朝鲜、印度等14个陆地国家接壤,与日本、韩国等7个国家海上为邻。从地缘政治学的角度来看,古代中国由于中原发达的技术和文化,使得中央政府在竞争中保持主导的优势。如今,中国同周边的近邻在领土、经贸、地区防务等问题上存在诸多纠葛,尤其与俄、日、印三个大国为邻,形势不容乐观,加之大洋彼岸的美国战略重心调整,意欲重返亚太,如何在强敌环伺的地缘政治中继续维护中国的核心利益,中国的合理诉求能够得到表达,中国的外交任务任重而道远。

1. 美国:利益攸关方

中美关系是中国外交事务中最为重要的双边关系。新中国成立以来,中美关系跌宕起伏,随着双方力量的此消彼长以及国际局势的变化,既竞争又合作,中国"入世",使得双方展现出了更为紧密的联系。随着奥巴马政府的登台,一系列外交政策的改变,中国的实力迅速提升,双方关系呈现出了如下变化特点。

一是两国力量对比的变化越加深刻而难以逆转,由此引发两国战略心态发生微妙变化。2011年,中国GDP达到47.16万亿元人民币,约合7.3万亿美元,而同年美国的GDP是15.09万亿美元,中国GDP相当于美国的48.5%,而2001年这一比例仅为12.8%。这意味着,中国仅仅用了10年时间,将GDP总量从美国的约1/5提升至约1/2。而从未来预期看,受金融危机影响,美国面临国内经济金融体制调整,经济低迷态势短期难有改观,中国后发优势则依然强劲。同时,中国军事现代化的迅速发展,同美国10年来首次大幅削减军费的收缩动作,也形成某种反差。中国的发展壮大,使美国战略敏感性和焦虑感明显上升。总之,区域性军事对手、全球性经济对手、全面性政治对手的观念,正在逐步塑造美国精英、战略界人士的中国观。

二是两国战略基础出现了新的变化。随着美国有意终结反恐,将战略转向应对新兴大国等更加广泛的议题，导致过去 10 年支撑中美关系发展的反恐合作这一基础出现了重大松动。而美国公开宣誓将战略重心转向亚太，则使得美国同作为亚太大国的中国之间的战略矛盾愈加明显。另外，随着中美同步转变经济发展方式，中国推出"十二五"规划，强调扩大内需，增加消费，注重环保和民生；美国强调出口倍增，制造业回归，这使得中美两国长期形成的典型互补性经济经贸模式遭到部分侵蚀。两国经贸领域的互补性减弱，竞争性增强，合作面受阻，冲突面加大。一度有望成为两国关系新的合作空间的新能源合作、气候变化合作一波三折，不仅尚未成为两国新的战略合作基础，反而这些领域本身也开始成为问题的一部分。

三是两国关系所面临的国际、国内环境也在同步发生新的变化。从国际层面上来看，美国明显加大了针对中国的国际布局和军事外交能力。美国同日、韩、澳、菲等传统盟国的军事关系明显强化，针对中国的色彩和动作也愈加明显。而所谓空海一体战、濒海战斗舰等计划和倡议的出笼，针对中国的一面昭然若揭。美国还加强同越南、印度、菲律宾等与中国存在领土、领海、主权争端国家的合纵连横。以上种种，使"第三方因素"对中美关系的捆绑效应不减反增，负面冲击值得警惕。从国内层面看，两国各自的对外决策环境也都在发生深刻变化。大选年的美国国内政治历来是影响中美关系的重要因素。2012 年更是出现了两党总统候选人一致对华施压的态势，而且争相比较谁的调门高。经济低迷、失业加剧背景下的美国民众也一定程度上成为被右翼势力借重的力量，对华的抱怨和不满声加大。曾经是中美关系支持力量的美国商界，也因所谓中国自主创新、政府补贴、国民待遇等政策产生猜忌而抱怨声加大。

基于以上特点，中美双方关系面临极大挑战。同时，美国奥巴马政府一直奉行的"巧实力"外交政策，其实质是将硬实力和软实力相结合，软硬兼施，形成一个融合各种资源和手段的综合战略。面对美国的"巧实力"政策，中国应当对其同样有两手准备，采取温和、独立、审慎的外交政策。一是主动出击，把握外交当中的主动权，在朝核问题中，中国一改多年来的韬光养晦政策，主动充当斡旋者就是最突出的体现；二是坚持多边主义，坚持在多方介入的框架准则下对国际或地区问题进行妥善解决；三是尽量避免两国问题国际化，典型体现在南海问题上，美国意图将南海问题国际化，诉诸东盟框架内解决，中国则坚持在当事国之间进行协商解决，双方在主张上分歧巨大；四是坚持奉行独立自主和平外交政策和睦邻友好政策，为中国的外交营造良好的国际环境，避免后院起火；五是承担相应的国际责任，不断提高国际地位，树立良好的国际形象，在国际组织中发出代表中国和发展中国家的声音，争取建立公正合理的国际新秩序；六是立足国内，这也是最核心的一点，避免国内消耗影响对外力量，通过不间断的国内政治经济改革，稳固自身实力，借以应对美国的全方面遏制。

尽管中国同美国在对台军售、涉藏涉疆或人权、宗教、人民币汇率、南海问题、朝核问题、经贸摩擦等方面问题突出，然而双方都不愿影响双方合作发展的大局，进行一系列动作来加强互信，弥合分歧。2006 年 4 月，胡锦涛访美时指出，中美双方是"建设性合作者"。同年，中美战略经济对话这个两国最高级别的磋商机制形成。2009

年，美国国务卿希拉里在访华前引用了"同舟共济"这个成语，形象概括了中美两国在金融危机中加强合作的必要性。后金融危机时代，中美两国的关系更加紧密，时任美国财长盖特纳数次访华，两国防长也实现互访。中美两个大国虽然未必志同道合，但仍小心翼翼地在向对方迈步。合则两利，斗则两伤，这是胡锦涛在2011年第二次正式访美前为中美关系所下的断语。

2. 俄罗斯：殊途同归

中国和俄罗斯作为邻邦，两国的地缘关系将是永久的，可以成为最好的朋友，也可以成为最大的敌人。与其他大国关系相比，中俄战略协作伙伴关系有着自身的特点。中俄战略协作伙伴关系不断深入发展的动力源自双方广泛的共同利益和共识。双方在战略需求、地缘政治因素和安全利益的需要以及中俄处理相互关系的新观念，一致构成了中俄战略协作伙伴的现实基础。两国作为世界上的大国，它们的关系发展如何，不仅对中国和俄罗斯至关重要，而且将对世界的和平与发展、世界政治经济新秩序的建立产生深远的影响。

1991年12月，中俄两国在原中苏友好关系的基础上正式建立了两国之间的外交关系。1996年，中俄关系步入全面、深入发展的新阶段。1996年4月25日，中俄两国首脑在京签署的《中俄联合声明》宣布，双方"决心发展平等信任的，面向二十一世纪的战略协作伙伴关系"，"双方同意保持各个级别、各种渠道的经常对话……决定对此在北京和莫斯科建立中俄政府间的热线电话联系"。1996年年底，中俄两国又达成了包括决定建立中俄总理定期会晤机制在内的双边关系和国防问题等广泛的战略共识和重要协议，这样，中俄两国在从"相互视为友好国家"到"建设性伙伴关系"，再到"战略性协作伙伴关系"的发展过程中，关系日益密切，开创了中俄两国高层领导会晤制度化的先河，并使之成为有效机制。

双方的合作范围进一步广泛。从全球战略需求方面来讲，最近几年，随着伊拉克战争、北约东扩、利比亚战争、叙利亚战争、日美合作防卫指针以及美国研制部署国家导弹防御体系（NMD）和战区导弹防御体系（TMD）等的相继出现使得中俄两国面临的国际形势、国际力量对比和国际格局日益复杂。在地区安全稳定发展方面，两国在地区和边境问题上都面临着打击"三股势力"跨国犯罪和防止外来势力渗透和插手各国内部事务、共同维护本地区的安全和稳定的基本要求。为适应这种要求，双方与哈萨克斯坦、吉尔吉斯斯坦、塔吉克斯坦、乌兹别克斯坦在"上海五国"会晤机制的基础上建立了"上海合作组织"。两国双边合作也越来越密切。随着两国交往的深入，经济合作前景光明，军事合作日益密切，文化合作内容进一步丰富，"9·11"事件后，美国因反恐需要，缓和了对俄中的压力，同俄中的关系有了较大的改善，但是美国并未完全放弃对俄中的警惕，仍视俄中为"潜在竞争对手"和建立单极世界与推行单边主义的障碍。同时，摆在双方之间的问题并不少，如石油、天然气开发等贸易摩擦、渔民捕鱼冲突、经济发展不平衡等。面对这些问题，为了推动中俄关系全面、稳定、深入地发展，双方要注意做好以下工作。①两国政府继续依靠和保持现阶段两国关系发展的良好基础，相互尊重、密切合作，共同携手应对当前世界面临的深刻变革，有效地维护世界和平与本地区的安全与稳定。②继续大力发展两国的经济合作，这是两国关系的物质基础。在经济合作中要着重解决能源合作问题，包括石油管道问题。与此同时，要加大相互投资，通过相互投资来提高两国经济合作的层次和规模。③双方要加强了解，互信互利，共同发展，采取积极措施，把两国发展过程中出现的问题解决在问题形成过程中，不要等到问题成堆后再解决。④加强双方在科学、文化和教育等领域的交流，扩大中俄友好的社会基础。虽然现在已开始在做，但步子要大一点，投入要多一点。

3. 东亚：家门口的火药桶

东亚范围共有四个国家，中国、日本、朝鲜、韩国。四个国家同属儒家文化圈，彼此之间既有历史纠葛，也有现实矛盾。

日本作为中国一衣带水的邻邦，世界发达的资本主义国家之一，与中国既有渊源，更有第二次世界大战当中全面侵华的孽债，如今更因地区领导权和领土主权争端而矛盾重重，所谓冰冻三尺非一日之寒，双方关系扑朔迷离。纵观历史，日本极为推崇唐代封建社会的盛世，向唐朝派遣的使者、留学生和学问僧达13次之多，他们学习中国的政治经济制度等，其中更有"鉴真东渡"的历史佳话。19世纪60年代后，"明治维新"推动日本全面西化，跻身世界强国行列，遂对中国进行侵略。1894年甲午海战之后，中日签订《马关条约》，台湾成为日本殖民地。第二次世界大战中，日本全面侵华，对中华民族造成了极大的伤害，这是近代史上一个双方抹不去的回忆。1972年田中角荣访华，中日邦交正常化。冷战结束后，由于中日关系发展的基础和环境发生较大变化，中日关系也表现出了"政冷经热"的新特点。一方面，双方政治关系起伏不定，曲折多变。台湾问题、参拜靖国神社、钓鱼岛主权领土争端、东海联合军演等问题横亘在中日双方面前，加上中国的实力发展壮大，日本受制于"日美同盟"，在地区领导地位和大国利益等战略性问题上，双方都有着不可弥合的分歧。2012年8月以来，钓鱼岛争端愈演愈烈，双方各不相让，为保钓而进行多方交锋。日本宣称要将钓鱼岛"国有化"的方针，更让中国外交部发言人洪磊质问日本"究竟要将中日关系引向何方"，双方剑拔弩张。同时，两国人员交流剧增，但是双方民众都缺乏对彼此的信任。另一方面，中日的经济发展势头强劲。据日方统计，2011年中日贸易总额比2010年增长14.3%，达到3 449亿美元，其中自华进口1 834亿美元，增长20%；对华出口1 614亿美元，增长8.3%，三者皆创历史最高水平。这也造就了中日两国关系"高层冷，民间热"的特点。

面对局势，中国在对日外交政策上，同样是要在维护大局的前提下，面对诸多方面的日本外交挑衅。在面对日本中央政府企图购买钓鱼岛事件，中国外交部发言人表示将"采取必要措施"。如今日本正陷入内忧外困之中，国内经济不景气，政局更迭频繁，对外与中、俄、韩都存在领土争端，且屡遭强硬态度。中国应抓住时机，争取有利地位，但维护地区的和谐稳定、中日两国关系正常发展仍需各方努力。

朝鲜半岛被韩国前总统金大中视为"亚洲的巴尔干半岛",自从朝鲜战争开始,就成为亚洲的火药桶。1910年,朝鲜成为日本殖民地。20世纪50年代,美苏争霸导致朝鲜分裂为北部的朝鲜和南部的韩国。"三八线"成为朝鲜南北方人民不可逾越的鸿沟,南北统一成为双方的夙愿。朝鲜是镇守中国东北大门的重要战略缓冲区,中朝两国人民在朝鲜战争中建立了深厚的友谊,签订了《中朝友好条约》;朝鲜由于地形限制及本国工农业的落后,大量的粮食和其他生活物资需要从中国进口,中国对朝鲜的经贸发展提供了极大帮助,以"唇齿相依""唇亡齿寒"来形容中朝关系最为贴切。一直以来,中朝关系似乎牢不可破。然而,2006年,朝鲜进行首次核试验,继而2009年发射卫星并进行地下核试验,中朝关系不断下滑。中国外交部表态:"只有维持朝鲜半岛的现状,才最符合中国的国家利益。"显然,中国并不支持朝鲜进行任何军事扩大化行动,但朝鲜一意孤行,引发中国的强烈不满并对其进行谴责。中国的出发点在于东北亚安全大局,遏制朝鲜发展大规模杀伤性武器意在阻止日本以朝鲜为借口发展壮大军事力量。然而双方的裂隙正在逐渐加大,中国大量的无私经济援助不能换来朝鲜的理解;相反,中国忽略了朝鲜民族、政权的核心利益,与美、韩建立友好关系也加剧了朝鲜的不信任。2012年,金正恩当政,这个初出茅庐的年轻人成为朝鲜的最高领袖,但由于历史原因,他无法摆脱父亲金正日留下的先军政治,发展大规模杀伤性武器成为朝鲜与美国对峙的唯一资本和最重的筹码。长达四年的朝核六方会谈中,朝鲜一直想与中国争抢对美国谈判的头把交椅,渴望成为六方会谈中的绝对主角,然而始终未果。中国在对待朝鲜问题上,应该清醒明白,一味打压朝鲜不会让朝鲜屈服,双方毕竟是兄弟同盟,出现矛盾更应该协商解决。韩国则在第二次世界大战后,追随美国成为资本主义国家,经济发展迅速,成为美国在亚太地区的盟友。1992年,中韩两国建交,之后各方面关系发展迅速。韩国同样想统一朝鲜半岛,同时韩朝两国在边境线上争端不断,1999年以来多次爆发严重军事冲突,尤其是"天安号"事件和"延坪岛炮击"事件。对于朝韩多次爆发冲突,中国一直持续关注,并希望各方保持冷静克制,共同致力于维护朝鲜半岛的和平稳定。保持朝鲜半岛的稳定,才能使中国最大限度地控制东北亚的局势,才不会使局势遭到恶化。

4. 东南亚:海上咽喉

作为同处亚太的中国与东南亚各国,无论在文化传统、经贸往来,还是在地缘政治方面,双方关系都难以割舍。并且,东南亚是全球华人华侨集中最多的地区,所以,在中国的对外关系中,东南亚具有举足轻重的分量,无论是中国为实现现代化争取一个和平的国际环境,还是实施"立足亚太、稳定周边"的对外战略,以及为各国人民的传统友谊,东南亚都是不可或缺的一环。

中国与东南亚许多国家建立了外交关系,实现了关系正常化。1990年,中国与东南亚地区面积最大、人口最多的国家印度尼西亚恢复了外交关系。同年,中国与新加坡正式建交。1991年,中国与文莱建交并且与越南实现了关系正常化。这样,中国与东南亚关系翻开了新的一页。近年来，中国与东南亚国家高层接触增多，几乎所有东南亚国家的最高领导人都访问了中国，中国的国家主席、总理也多次出访东南亚。

目前，中国与东南亚国家已经建立了中国—东盟自由经济贸易区，这将会加快两地经济的发展。由于东南亚地区是华人、华侨最集中的地区，中国与东南亚的关系好坏也将影响到华人华侨的利益。维护好华人华侨的利益，对中国的国家统一有着非常深远的影响。另外，从中国的石油能源安全来看，中国必须要加强与东南亚各国的外交关系。中国的经济持续高速增长，资源消耗呈激增态势。而东南亚地区的石油资源非常丰富，更重要的是，在石油运输线路上，目前中国进口中东和非洲的石油主要通过"苏伊士运河——印度洋——马六甲海峡"这条线路运输。谁控制住马六甲海峡，谁就扼制住了中国的能源通道。所以中国要加强与东南亚国家的友好外交关系，以维护中国的能源安全。

但是，中国与东南亚各国在发展中，也突出地存在着许多问题。20世纪90年代，曾经在印度尼西亚、马来西亚出现过因为种族排外和嫉妒华人富有的反华事件，近年来绑架华人富商的事件也时有发生。如今，南海问题成为地区热点，挑动着中国和东南亚各国的神经。自古以来，中国就对南海拥有主权。南海问题的焦点在南沙群岛，自20世纪70年代以来，东南亚各国纷纷抢占南沙岛屿，其中，越南29个，菲律宾8个，马来西亚5个，文莱2个。2007年越南油气田招标事件以及2012年中菲黄岩岛之争，都使南海问题不断升级，成为国际关注的焦点。而美、日、澳、印各怀意图插手南海问题，这些大国插手南海事务，削弱中国、浑水摸鱼的意图十分明显，南海已然成为大国角力的战场。美国更是在重返亚太的大战略背景下，确定了"介入但不陷入"的策略，坚持在东盟框架下解决南海问题，试图将南海问题国际化，而中国则表示强烈反对，坚持与当事国谈判解决。面对南海问题，中国应小心应对，主打经济牌，坚持在"与邻为善，以邻为伴"和平崛起战略框架下，搁置争议，共同开发，通过对话来增进合作，通过谈判来解决分歧，积极推进地区经济一体化，与东南亚各国实现共同发展。

5. 印度：身后巨人

南亚次大陆上的印度和中国一样，同为世界古国，拥有悠久的文明和惨痛的西方殖民史。而如今，印中同为"金砖五国"的成员。作为新兴市场国家，经济发展迅猛，让世界对印度的看法不仅仅是IT行业的佼佼者。

中印两国关系具有许多一致的特点，双方都已经具备了相当的综合实力。按通行的观点，资源力、经济力、科技力、军事实力以及国际影响力等共同构成一个国家的综合实力。中印两国现在还处于发展中国家的行列，但都具有国土广阔、资源总量巨大、人口众多等优势，近年来又一直保持了较高的经济增长速度，从而成为当今世界最具活力和发展潜力的国家。就以最能反映国家总体国力的几项指标为例：国土面积，中国列世界第三，印度第七；人口，中国列世界第一，印度第二；2011年国内生产总值，中国列世界第二，印度列第十；军事力量，中印两国在常规武器数量、技术装备以及军队规模等方面居亚洲前列,而且都拥有核武器;国际影响力,中国是联合国安理会常任理事国,印度则在积极争取成为常任理事国;中印还在某些科技领域领先的同时不断提高整体水平,力争迈进科技大国的行列。

两国存在的领土争端问题至今仍未解决,1962年中印双方曾于边界爆发战争。1976年中印恢复互派大使后不断改善和发展两国关系,由于1998年印度核试验,再次遭受严重挫折。1999年6月,双方同意在互不威胁的前提下,在和平共处五项原则基础上,恢复和发展两国关系。近年来,中印关系明显改善,发展迅速。双方就两国关系的指导原则达成重要共识,两国领导人频繁互访和会见,军事交流与合作则增强了彼此互信,同时,双边贸易额迅速增长,经济合作逐步加强。同时,印度一直想要在世界性领导国家中占有一席之地,希望成为真正意义上的大国,在联合国中积极"入常",在地区事务中不断发出自己的声音。从战略意图上看,印度在谋求地区霸权的扩张道路上不断前进,尤其是在印度洋和南亚、东南亚地区,中印双方作为邻国和地区两个大国,在大国防务、地区安全、经贸合作、领土争端和许多共同关切的问题上仍需进一步加强交流和交换意见。

6. 中亚:西部后方

2011年上海合作组织成立后,为中国联系中亚地区、稳定西部后方提供了重要纽带。其中,中巴更是传统盟友。2006年胡锦涛访巴时曾表示:"中巴全天候友谊牢不可破。"中国汶川地震中,巴基斯坦无私捐助了2万顶帐篷。近年来,中国进一步强化了与中亚等国家地区的联系,并成功地经受住了政治变换的考验。无论是巴基斯坦军政府被迫下台,还是吉尔吉斯斯坦的"颜色革命",中国都维持和延续了与对方在国家层面的友谊。俄罗斯、哈萨克斯坦、土库曼斯坦更成为中国能源多极化战略中的重要一环。

第四节 中国的和平发展道路

改革开放以来,中国始终高举和平、发展、合作的旗帜,坚定不移地走和平发展道路,通过争取和平的国际环境来发展自己,又通过自己的发展来促进世界和平。

改革开放特别是进入21世纪以来,中国多次向世界宣示,中国始终不渝走和平发展道路,在坚持自己和平发展的同时,致力于维护世界和平,积极促进各国共同发展繁荣。在进入21世纪第二个十年和中国共产党成立90周年之际,中国再次向世界宣告,和平发展是中国实现现代化和富民强国、为世界文明进步做出更大贡献的战略抉择。中国将坚定不移沿着和平发展道路走下去。

一、中国的和平发展道路的内涵和特征

中国的和平发展道路归结起来就是：既通过维护世界和平发展自己，又通过自身发展维护世界和平；在强调依靠自身力量和改革创新实现发展的同时，坚持对外开放，学习借鉴别国长处；顺应经济全球化发展潮流，寻求与各国互利共赢和共同发展；同国际社会一道努力，推动建设持久和平、共同繁荣的和谐世界。

随着中国综合国力的持续增长和国际地位的持续提升，为了积极回应国际社会对中国发展方向的关切，中国适时地提出了"走和平发展道路"，这是中国根据时代发展潮流和自身根本利益做出的战略抉择。和平发展道路表明，和平既是中国需要维护的条件，也是中国需要追求的目标；中国的崛起是一条和平的道路，既有历史与时代的客观依据，又有政策与体制的现实保障。和平发展的道路是一条符合中国国家与民族根本利益的道路。只有这一条道路，才能使中国既有效利用经济全球化的有利因素，又消除由持续高速发展可能带来的国际摩擦，消除因中国综合国力的提升而引起的某些国家的担忧，消除"中国威胁论"的借口，维护稳定的国际环境，优化国内的政治、经济资源配置，增强民族的凝聚力，从而使全面建设小康社会的目标不因为各种因素的变化而受到干扰。和平发展道路是外交战略与发展战略的统一。和平发展包含了外交与内政两方面的内容，两者具有紧密的联系。和平既是中国崛起的条件，也是中国崛起道路的特征和中国崛起的目标。中国需要以和平稳定的外部环境保证自己的发展，也要以自己的发展为世界和平做出贡献。崛起是中国自己发展的目标，既有富民的内容，也有相对更高国际地位的内容。实现崛起包括了解决国内发展问题的全部内容，尤其是其中那些与外部世界有关的内容。和平发展道路的提出，表明中国对需要以和平方式崛起的坚强信念，对可能以和平方式崛起的坚定信心。这既是建立在外交战略基础之上的，也是建立在科学发展观基础之上的，因而是外交战略与发展战略的统一。

中国的和平发展道路最鲜明的特征，就是坚持科学发展、自主发展、开放发展、和平发展、合作发展、共同发展。

科学发展，就是尊重并遵循经济社会和自然发展规律，牢牢扭住经济建设这个中心，坚持聚精会神搞建设，一心一意谋发展，不断解放和发展社会生产力。自主发展，就是始终坚持独立自主，把国家发展的基点和重心放在国内，注重从中国国情出发，主要依靠自身力量和改革创新推动经济社会发展，不把问题和矛盾转嫁给别国。开放发展，就是把改革开放作为一项基本国策，坚持把对内改革和对外开放相结合，把坚持独立自主同参与经济全球化相结合，将国际国内两个市场、两种资源相结合，以开放的姿态融入世界，不断拓展对外开放的广度和深度，加强同世界各国的交流与合作。和平发展，就是把营造和平稳定的国际环境作为对外工作的中心任务。同时，积极为世界和平与发展做出自己应有的贡献，绝不搞侵略扩张，永远不争霸、不称霸，始终做维护世界和地区和平稳定的坚定力量。合作发展，就是坚持以合作谋和平，以合作促发展，以合作化争端，同其他国家建立和发展不同形式的合作关系，致力于通过同

各国不断扩大互利合作，有效应对日益增多的全球性挑战，协力解决关乎世界经济发展和人类生存进步的重大问题。共同发展，就是坚持奉行互利共赢的开放战略，坚持自身利益与人类共同利益的一致性，在追求自身发展的同时努力实现与他国发展的良性互动，促进世界各国共同发展。

中国和平发展的不懈追求是，对内求发展、求和谐，对外求合作、求和平。具体而言，就是通过中国人民的艰苦奋斗和改革创新，通过同世界各国长期友好相处、平等互利合作，让中国人过上美好生活，并为全人类发展进步做出应有的贡献。

二、中国和平发展道路的世界意义

和平发展道路是中国这个世界上最大发展中国家探索出的一条新型发展道路，随着时间的推移，这条道路已经并将继续显示出其世界意义，对世界的和平与发展产生深远影响。

中国的快速发展已经而且必将给国际社会带来更多的机遇，从而有利于世界经济的繁荣，有利于促进各国的共同发展。中国经济增长成为世界经济增长的重要推动力量。2011年，中国贸易进出口总额达36 421亿美元。随着经济规模的不断扩大，中国将给世界带来更大的市场机会、更大的合作空间。

中国的和平发展会使世界局势更加稳定，使世界和平更有保障。中国在国际社会中是负责任的大国，在国际秩序的建设与变革中是积极参与者和建设者，是维护世界和平与稳定的坚定力量。

在经济全球化的今天，具有五千多年悠久历史的中华文明焕发青春，并与其他文明共存与交汇，必将有助于世界文明的相互交流、相互融合和取长补短，必将进一步促进和谐世界的建设。

中国的和平发展为国际社会提供了一个全新的发展模式。建立殖民体系、争夺势力范围、对外武力扩张，是近代历史上一些大国崛起的老路。特别是在20世纪，追逐霸权、实力对抗、兵戎相见，使人类惨遭两次世界大战的浩劫。中国选择走和平发展的道路，打破了"国强必霸"的大国崛起的传统模式，即不是通过传统的军事扩张、争霸或称霸，而是通过和平的方式、渐进的方式，在与经济全球化紧密相连的进程中因势利导、趋利避害，既向整个国际社会实行全方位的开放，又坚持独立自主，主要依靠自己的力量，扩大内需，挖掘潜力，走中国特色的富民强国之路。这对国际社会将具有巨大的启迪意义。

中国通过自身的发展已经并日益深刻地影响着世界。随着中国的和平发展，占世界人口1/5的中国人民将走上富裕和文明之路，这将极大地改变世界的面貌，并对推动建设一个持久和平、共同繁荣的和谐世界做出更大贡献。

思考题

1. 目前,国际金融危机还没有结束,其影响将极为深远。如何看待当今世界发展的新变化?

2. 冷战结束后,国际上关于中国的前途和命运有各种不同的评论和预测,"中国崩溃论""中国威胁论""中国责任论"等各种论调反复出现,仅"中国威胁论"就演变出"中国人口威胁论""中国核威胁论""中国环境威胁论"等各种论调。如何认识和评价国际范围内关于中国的各种评论和预测?